미디어교육의 원리와 방법

미래지향형 교육으로서 미디어교육의 토대

이 학술저서는 2005년 정부재원(교육인적자원부 학술연구조성사업비)으로
한국학술진흥재단의 지원을 받아 연구되었음
(KRF-2005-079-BS0165).

미디어교육의 원리와 방법

미래지향형 교육으로서 미디어교육의 토대

주형일
강길호
김경아
서용순
홍종배

영남대학교출판부

서 문

Prologue

인간이 자신을 표현한다는 것은 특정한 메시지를 일정한 미디어를 통해 전달한다는 것이다. 우리는 언어나 글을 통해 자신을 표현할 수 있고 입는 옷이나 사용하는 물건을 통해서도 자신을 표현할 수 있다. 그림이나 사진, 영화, 텔레비전, 인터넷 같은 것을 통해서도 자신을 나타낼 수 있다. 가장 기본적인 미디어인 육체에서 오늘날 가장 강력한 힘을 가진 미디어인 인터넷에 이르기까지, 미디어를 이용해 인간은 서로 상호작용하며 인간관계를 형성하고 사회적 삶을 영위해 간다. 따라서 미디어를 이해하고 이용할 줄 아는 것은 인간의 사회적 삶에 있어 아주 중요한 의미를 갖는다.

메시지를 전달하는 물질적 수단으로서 각각의 미디어는 서로 구별되는 독자적인 물질성을 갖는다. 맥루언McLuhan이 이미 오래전에 지적했듯이 미디어가 가진 물질적, 기술적 특성은 그것이 전달하는 메시지에 영향을 미치며 나아가 사회적 환경을 변화시킨다. 이러한 미디어를 이해하고 활용할 수 있는 능력을 길러주는 교육은 사회 구성원에게 아주 필수적인 것이 되어 가고 있다.

사실 포스트모던, 후기자본주의 사회로 접어들면서 국가에 의해 통제되던 주입식 교육 방식에 대한 사회적 문제제기가 광범위한 공감을 얻기 시작했다. 이에 따라 창의적 교육, 열린 교육에 대한 사회적 수요가 증가하고 있다.

더구나 현대사회에서는 기계적으로 주어진 업무를 수행하는 단순 노동자가 아니라 자신을 표현하고 창조적으로 사고하며 적극적으로 행복을 추구하는 능동적 인간이 사회의 이상적 인간형이 되고 있다. 이에 따라 자신의 몸과 의상, 언어를 포함한 주어진 모든 미디어의 특성을 이해하고 효과적으로 사용할 수 있는 창조적 능력을 기르는 것이 중요한 것으로 인식되고 있다.

정보사회의 도래는 미디어와 관련된 교육의 문제를 더욱 중요한 것으로 만들고 있다. 미디어환경이 급변하고 있으며 미디어가 일상생활의 중요한 부분이 되고 있다. 신문, 영화, 라디오, 텔레비전, 컴퓨터, 인터넷, 핸드폰, PDA 등의 미디어는 일상생활에서 물과 공기처럼 필수적인 요소가 돼 인간과 사회에 절대적인 영향력을 행사하고 있다. 미디어는 현대인에게 세계 경험을 제공할 뿐만 아니라, 필요한 정보와 민주주의 발전을 위한 여론 형성이라는 주요 기능을 담당하고 있다. 이에 따라 미디어 내용을 수용하고 이해하는 능력뿐만 아니라, 자신에게 필요한 미디어를 선별하는 능력과 제작 · 활용하고 나아가 비판할 수 있는 능력이 현대인의 필수 덕목으로 요구된다. 즉, 각종 미디어를 이용한 커뮤니케이션 능력은 이제 현대인에게 필수적인 것이 됐다.

현대사회에서 살기 위해서는 국어나 수학을 알아야 하는 것과 마찬가지로 미디어를 알아야 한다. 미디어를 안다는 것은 가장 기본적인 미디어인 자신의 몸을 움직이고 타인과의 대화를 조직하는 것을 안다는 것이며 다양한 정보를 제공하는 미디어들을 이해하고 조작할 수 있다는 것이다. 따라서 미디어에 대한 교육은 국어, 수학, 역사 등과 같은 교육처럼 이제 학교에서부터 체계적으로 제공될 필요가 있다.

교육부가 제시한 7차 교육과정에서도 통합교육을 강조한다. 통합교육의 강화는 입시위주의 교육이 아니라 실생활에 유용한 교과목의 신설 혹은 시수 증가를 의미한다. 이에 따라 기존의 교과목과는 다른 다양한 특성을 가진 교과목에 대한 수요가 증가한다. 미디어교육은 일선 학교에서 통합교육의 일환으로 선택할 수 있는 주요한 교과목을 구성한다.

현재 학교교육은 입시위주의 교육이 아닌 인성과 사회적응력을 높이기 위한 교육을 필요로 한다. 정부와 사회 각 계층에서 입시 위주의 교육을 탈피해야 한다는 목소리가 매우 높다. 인성과 사회적응력을 높임으로서 종합적 사고 능력을 갖춘 미래 인재의 양성을 위한 새로운 교과목으로 미디어교육을 거론하는 사람들의 수가 점차 늘고 있다.

미디어교육은 다양한 언어미디어, 문자미디어 그리고 영상미디어를 이용하는 것이다. 이것은 교사의 창의적인 능력에 의해 수업자료로서, 또는 수업 내용으로서 재구성되며 소그룹의 협동적인 교육방법을 지향하기 때문에 창의적 수업, 촉진적 수업, 협동적 수업이라는 통합교육의 목적에 적합하다고 하겠다.

학교교육과는 별개로 일반 시민사회에서도 미디어교육에 대한 수요가 증가하고 있다. 시민단체들은 미디어 내용을 감시, 비평하는 과정에서 미디어의 본질과 특성, 기능, 효과 등에 대해 이해하고자 하는 욕구를 갖는다. 그리고 미디어를 이용해 자신들의 의견을 표현할 필요성을 느낀다. 이에 따라 전문적 미디어교육을 필요로 하는 시민단체들이 증가하고 있다.

새로운 방송법에 의해 시청자제작 프로그램의 설치와 방송이 의무화됨에 따라 텔레비전 방송국들을 중심으로 시민이 제작한 미디어 콘텐츠에 대한 수요가 증가하고 있다. 미디어를 이해하고 조작함으로써 자신의 의견을 표현할 수 있는 시민들의 참여가 이들 프로그램과 방송사의 존폐를 결정한다. 이에 따라 시민들을 대상으로 한 미디어교육의 필요도 증가하고 있다.

시민들의 경우에도 역시 미디어를 읽고 이해하는 능력뿐만 아니라 미디어를 이용해 표현할 수 있는 능력을 신장시키는 것이 필요하다. 한국언론재단 등 미디어관련 단체에서도 미디어교육에 대한 특별 프로그램을 실시하고 강사와 장비를 지원하고 있다.

이처럼 교육현장과 시민단체, 방송국 등 사회 일반에서 미디어교육에 대한 요구가 급증하고 있으나 이에 대한 학계의 대응은 미진하다. 교육관련 학과들과 언론정보학과 등을 중심으로 미디어교육에 대한 논의가 진행되고 있으나 아직 걸음마단계이다. 특히 국내 연구는 아직 미국의 연구들을 소개하고 있는 실정이다.

미디어교육이라는 개념 자체가 소개된 지 얼마 되지 않았고 세계적으로도 이에 대한 연구는 초기 단계이다. 유럽 및 미국 등 외국에서는 얼마 전부터 미디어에 대한 이해, 제작, 활용 능력의 교육을 강조하고 있다. 따라서 이들 국가들은 미디어교육을 제도화시켰고, 나아가 시민 교육 차원에서도 미디어교육이 활성화되고 있다.

일반적으로 국가의 교육정책은 보수적이어서 환경에 대응하며 발 빠르게 변화하지 않는다. 하지만 전통적인 학문분야에서 서구 선진 국가에 비해 뒤처진 채 출발한 한국의 경우 서구 국가들과 비슷하게 출발할 수 있는 새로운 학문 영역에 과감히 투자하는 전략이 필요하다.

한국이 정보기술 강국으로 자리매김하면서 뉴미디어를 중심으로 미디어 이용자 수가 급증하고 있고 미디어를 활용하고자 하는 강한 욕구를 가진 능동적 수용자 세대가 등장하고 있다. 미디어교육은 이러한 상황에서 미디어와 관련된 선진적인 이론적 논의를 전개할 수 있는 아주 좋은 분야로 주목된다. 이론과 실천의 성과물을 동시에 생산할 수 있는 미디어교육 연구는 이러한 점에서 전략적으로도 아주 중요한 연구이다.

미디어교육의 개념이 최초로 제기된 것은 1964년 유네스코에 의해서였다. 하지만 미디어교육의 필요성이 본격적으로 논의되기 시작한 것은 1980년대부터이다. 그런데 1980년대의 미디어교육 논의들은 대부분 미디어로부터 어떻게 청소년을 보호하고 나아가 미디어에 대한 청소년의 면역력을 기를 것인가 하는 보호주의적 관점 아래에서 진행되었다.

이후 미디어교육은 문자해독의 의미가 강한 미디어 리터러시 media literacy, 미디어 내용에 대한 비판적 수용 기술, 영상 제작을 통한 미디어의 창조적 활용 등과 같은 의미로 이해되면 이에 대한 실천적 연구들이 진행되어 왔다.

이러한 미디어교육에 대한 논의들은 미디어의 기능을 이해하는 교육, 미디어의 의미를 해독하는 교육, 미디어의 내용을 비판하는 교육, 미디어 내용을 제작하는 교육들로 나누어질 수 있다. 이들 논의들은 미디어를 통한 사회화라는 틀 안에서 수단으로서의 미디어에 대한 실용적 접근이 대부분을 차지한다.

1990년대 유럽의 학자들을 중심으로 미디어 능력media competence 개념이 미디어교육의 주요 요소로 제기되면서 성숙한 수용자를 지향하는 보다 넓은 의미의 미디어교육에 대한 논의가 전개됐다. 그러나 수용자 주권 개념을 강조하고 능동적인 수용자의 능력에 주목한 이러한 논의도 결국은 미디어를 매스미디어에 주로 국한시키는 협의의 개념으로 바라 본 한계를 갖는다.

우리는 이러한 기존의 미디어교육 관련 논의들에 대한 이해를 바탕으로 보다 폭 넓은 관점에서 미디어교육에 접근하고자 했다. 우리는 미디어를 가능한 넓은 의미에서 이해하며 미디어교육의 대상을 신문이나 방송과 같은 매스미디어에 국한시키지 않고 언어와 육체를 포함한 전 인간적 커뮤니케이션 현상에 주목하고자 한다.

일반적으로 미디어교육은 "미디어의 언어와 문법, 미디어의 본질과 기술 등을 이해하고 그것을 가르치며, 미디어를 사용하여 스스로를 표현하는 일련의 교육 · 학습과정을 통하여 우리 사회의 문화적, 사회적, 정치적, 경제적 환경을 이해하고 평가할 수 있는 능력을 갖도록 하는 교육"으로 정의된다.

미디어교육이란 신문, 사진, 영화, 라디오, 텔레비전, 비디오, 인터넷 등 여러 미디어에 대한 개인들의 비판적인 이해 능력을 향상시키고 그들을 이용해 콘텐츠를 제작할 수 있는 능력을 길러주는 것을 목적으로 하는 것이다. 미디어교육은 또한 미디어 콘텐츠의 생산 메커니즘을 이해하고 미디어 산업의 조직과 구조에 지식을 제공함으로써 미디어가 생산하는 의미를 해독할 수 있는 능력을 길러준다.

수용자는 미디어교육을 통해 미디어가 생산한 상품을 분석하고 콘텐츠를 직접 제작함으로써 비판적이고 창조적인 능력을 발전시키게 된다. 또한 미디어가 제공하는 즐거움과 오락에 대한 이해도도 향상된다. 미디어교육은 미디어를 다루는 방법을 가르치는 것이 아니라 미디어와 함께 살아가는 능력을 길러주는 것이다.

디지털 기술의 등장과 발전은 미디어를 인간에게 보다 밀접한 환경으로 변화시키고 있다. 환경으로서의 미디어는 새로운 능력을 요구하는 것이다. 디지털세대들은 미디어를 통해서 역사를 만들어가고 관계를 만들어간다. 이제 미디어교육은 "비판적인 해석"과 "새로운 창조적 의미의 생성"이라는 2가지 목표를 지향하게 됐다.

미디어교육은 이제 '미디어 능력 혹은 커뮤니케이션 능력Media Competence: Communication Competence'이라는 개념을 통해 새롭게 정의되고 있다. 이 대목에서 중요하게 부각되는 것은 역시 창조적 능력의 함양이라고 할 수 있을 것이다.

기존의 전통적인 미디어교육 개념은 교육공학과 매스미디어가 매개하는 커뮤니케이션이라는 두 가지 이론에 영향을 받고 있다. 국내의 연구에서도 미디어교육과 관련된 다양한 연구들이 교육공학분야에서 발표되는 경우들이 매우 많다. 따라서 흔히 미디어교육을 시청각교육이나 교육방송의 형태와 혼돈하여 쓰는 경우들이 있었다.

전통적인 의미의 미디어교육은 교육학의 기반과 커뮤니케이션 즉, 매스미디어를 이용한 커뮤니케이션이라는 2가지 축에 영향을 받으면서 구성되어졌다. 이 틀에서의 미디어교육의 주요한 목표는 사람들에게 텔레비전, 신문, 라디오, 컴퓨터 등과 같은 다양한 미디어 형태로 콘텐츠를 생산하고 읽고 분석할 수 있는 능력인 미디어리터러시를 제공해주는데 있었다.

전통적인 미디어교육은 매스미디어가 매개하는 정보에 대한 이해, 그리고 매스미디어를 이용할 수 있는 방법들을 수용자들에게 제시해주는 것이다. 따라서 전통적인 미디어교육은 '대중', 그리고 '매스미디어' 라는 개념 속에서 운영되어져왔던 것이다.

과거의 이론들 속에서 '식별능력discriminations' 과 '비판적 인식능력critical-awareness' 을 위한 예방접종으로 다루어지던 미디어교육이 '영화교육' 을 통해서 '탈신비화' 에 대한 영역으로 확장되어지고, 뒤이어 최근의 이른바 '포스트모더니즘' 에 입각한 '민주화능력' 및 '방어능력' 에 대한 논의로 확장되어지고 있다.

여기에서 우리가 주의해야하는 것은 미디어교육과 단지 미디어를 활용하여 다른 과목의 목표를 수행하는 의미의 미디어교육은 구분해야한다는 점이다. 미디어교육은 미디어에 관하여 가르치고 배우는 것이다. 예를 들어, 과학이나 역사를 가르치기 위해서 텔레비전이나 컴퓨터를 교수 보조 자료로 사용하는 것처럼 미디어를 통하여, 혹은 미디어를 이용하여 교과목을 가르친 수업과 미디어교육을 혼동해서는 안 된다.

최근의 미디어교육은 다양한 기타학문영역과의 통합을 통해서 개념의 전제를 매스미디어, 즉 매스 커뮤니케이션에 대한 이해에서 커뮤니케이션 일반에 대한 이해로 이동시키고 있다. 이는 물론 컴퓨터의 도입으로 인한 커뮤니케이션 수단의 개인화로 가능해진 개별 커뮤니케이션의 확대에 따른 것이지만, 사회변화에서 요구되는 정보력의 확대를 위한 인간능력의 확대(즉, 미디어 능력의 확대)와도 관련이 있다.

미래 미디어교육은 개별 미디어들을 이해하고 그것을 다루는 능력인 미디어능력을 커뮤니케이션 능력으로 확대시킴으로써, 사회와 환경의 변화에 적응할 수 있는 학교에서만 행해지는 단절된 교육이 아니라, 평생교육의 개념으로 확대되어져야할 것이다.

따라서 미디어교육의 개념은 교육학 이외에도 매스 커뮤니케이션이 확대된 커뮤니케이션일반론, 철학, 사회학, 문학, 심리학 등의 다양한 학문들과 연관관계를 맺고 있다. 이들 학문과의 관계 속에서 미디어교육의 개념은 사회 및 문화의 변화, 기술의 변화에 따른 교육방식의 변화, 리터러시 개념의 변화, 의미구성의 문제, 수용자론, 시민운동론에까지 확장되고 있다.

미디어교육에 대한 우리의 연구는 이처럼 오늘날 사회에서 점점 그 중요성이 커져 가고 있는 미디어교육에 대한 이론적 고찰과 실천적 내용을 제공하고자 하는 의도에서 기획되었다. 우리는 이 연구를 통해 미래지향적 교육으로서 미디어교육의 방향을 제시하고 국내 미디어교육을 활성화시키기 위해 미디어교육의 이론적 토대를 수립하고 미디어교육의 내용과 방법을 창출하고자 했다.

우리는 미디어교육이라는 실용적 성격이 강한 주제에 대해 한 발

자극 물러서 긴 호흡을 갖고 접근하고자 했다. 이 연구는 특히 기존 연구에서 많이 소홀히 해 온 철학적 문제에 대해 연구의 많은 부분을 할애함으로써 근원적인 문제를 제기하는 연구의 성격을 갖는다.

게다가 이 연구는 이론적인 논의의 전개에만 머무는 것이 아니라 그러한 이론적 논의를 바탕으로 새로운 미디어교육의 내용과 방법을 개발하는 실천적인 측면의 연구를 동시에 진행함으로써 단순한 탁상공론에 머무를 수 있는 위험에서 벗어난다는 장점을 갖고 있다.

우리는 연관 학문의 시도와 그 성과들을 종합적으로 비판, 검토함으로써 새로운 미디어교육의 지표를 마련하고자 노력했다. 미디어교육과 관련해서 우리가 주목한 것은 21세기의 새로운 미디어환경 속에서 능동적이고 창의적인 주체의 형성이 어떻게 가능할 것인가하는 문제였다. 우리는 이러한 주체의 형성이 커뮤니케이션 능력을 바탕으로 가능하다고 생각한다. 커뮤니케이션 능력의 배양은 바로 미디어교육을 통해 확보될 수 있다.

우리는 능동적 주체가 필요로 하는 커뮤니케이션 능력을 세 가지로 분류했다. 비판적 사고능력, 창의적 사고능력, 문제해결능력이 그것이다. 이 세 가지 능력을 개발하는 것과 관련해 우리는 미디어교육의 영역을 세 가지로 구분했다. 미디어 수용영역, 미디어 제작영역, 미디어 활용영역이 그것이다. 비판적 사고능력은 미디어 수용영역과, 창의적 사고능력은 미디어 제작영역과, 문제해결능력은 미디어 활용영역과 각각 연결돼 있다. 결국 미디어교육은 수용영역, 제작영역, 활용영역의 교육을 통해 주체의 비판력, 창의력, 문제해결력을 개발하고 양성하는 교육의 형태를 띠는 것으로 우리는 이해했다. 이 세 가지 영역 교육을 통한 세 가지 능력의 개발은 능동적 주체의 형성으로 이어진다는 것이 우리의 생각이다.

우리는 미디어를 신문이나 방송 같은 기존의 매스미디어에 국한시키지 않고 대화에서 인터넷에 이르는 다양한 미디어를 포괄하는 것으로 정의했기 때문에 단순히 매스미디어의 내용을 비판하거나 이용하는 차원을 넘어서 인간의 커뮤니케이션 능력을 개발하는 방식의 미디어교육을 제안할 수 있었다.

이를 위해 이 연구는 크게 네 부분으로 나뉘어 진행됐다. 첫 번째 부분은 미디어교육의 근거와 필요성에 대한 철학적 고찰에 할애됐다. 두 번째 부분은 미디어교육의 실행을 위한 교육내용의 발굴원리를 개발하는데 할애됐다. 세 번째 부분은 미디어교육을 위해 교육현장에서 직접 활용할 수 있는 교수방법을 발굴하는데 할애됐다. 마지막으로 교육현장에서 실제 미디어교육을 실천하는 세 주체인 교사, 학부모, 학생들이 실제로 미디어교육에 대해 갖고 있는 인식과 기대를 알아보는 연구를 진행됐다.

우리가 연구를 통해 미디어교육의 필요성을 역설하고 있지만 사실 한국의 미디어교육은 정부 혹은 교육 정책 담당자의 적극적 관심을 받지 못한 채 머물고 있다. 미디어교육은 아직 공교육에 의해 적법한 것으로 인정받지 못하고 있다. 학계에서 미디어교육의 필요성을 끊임없이 제기하고 있지만 정부 당국은 여러 정치적 이유로 이러한 요구를 적극적으로 수용하지 못하고 있다. 또한 미디어교육에 대한 장기적인 비전이나 대책도 부족한 형편이다.

정부의 의지가 명확히 드러나고 있지 않기 때문에 실제 교육 프로그램의 실행 주체인 지역 교육청이나 일선 학교에서도 미디어교육에 대해 어떠한 구체적인 행동도 취하려 하지 않는다. 이러한 공교육 틀 내에서의 미디어교육 정책의 부재로 인하여 미디어교육은 결국 시민영역에서 행해질 수밖에 없는 형편이다. 이러한 상황은 미디어교육의 통일성을 확보하는 것을 사실상 불가능하게 한다. 또한 미디어교육을 기술적인 방식과 비판적인 시각이 결합한 구태의연한 모습으로 유지시키는 결과를 초래한다. 미디어교육의 개념을 확장해 적용하려 노력한 이 연구가 미디어교육에 대한 정부와 교육계의 관심을 촉발하는 또 하나의 계기가 되길 희망해 본다.

차 례

Contents

01
미디어교육의 **철학적 전제들**

미디어교육의 **철학적 전제들**

chapter 01

미디어의 확장과 교육의 부재

미디어가 일상생활의 일부로 자리 잡은 것은 이미 오래전의 일이다. 오랜 시간 동안 우리는 미디어에 익숙해졌고, 그 영향 하에서 살아가는 것이다. 여기에 더하여 1990년대 이래로 우리는 다시 한 번 미디어의 혁명을 목격하였다. 인터넷을 위시한 새로운 미디어의 등장과 보편화는 미디어의 차원을 한 단계 더 올려놓는 계기가 되었다. 우리는 더 이상 미디어가 없는 현실을 상상할 수 없다. 미디어의 전면화는 전달과 소통이라는 인간적인 능력을 그 정점에 올려놓은 것 같아 보인다. 모든 일상생활은 미디어를 통하여, 미디어에 의해, 미디어 안에서 진행된다고 말해도 과언은 아니다. 우리는 이전의 모든 개인적이고 사회적인 행위가 미디어 안에서, 미디어에 의해 표현되고 실행되는 현실 속에 있는 것이다.

모든 변화의 양상이 그러하듯이 이처럼 빠른 변화는 반드시 부조화를 동반한다. 미디어 기술과 영향력의 급격한 발전을 따라가지 못하는 지체현상이 있는 것이다. 다시 말해 그 변화의 속도에 걸맞은 미디어 의식의 변화는 아직도 더디게 진행되고 있다. 의식은 항상 변화보다 늦다. 물질적 변화가 곧바로 의식의 변화로 연결되는 것은 아니기 때문이다. 미디어의 변화에 있어서도 그것은 마찬가지이다. 변화에 대응하는 의식의 발전은 무척 더디다. 이러한 의식의 지체는 여러 문제를 낳는다. 새로운 미디어 환경이 요구하는 새로운 접근과 적응은 상당히 감성적이고 즉자적인 방식으로 진행된다. 인터넷과 함께 자라온 세대들은 미디어를 그러한 방식으로 받아들였다.

그렇다고 기성세대가 그것을 지혜로운 방식으로 풀어나간 것은 아니다. 그들 역시 새로운 미디어를 즉자적인 방식으로 수용했을 뿐이다. 사실상 미디어의 혁명은 하부구조의 혁명이었다. 새로운 미디어의 현실적 기반이 확대되고, 그 파급력이 무차별적으로 확산된 것은 그리 오래 전의 일이 아니다. 이토록 급속하게 진행된 미디어의 혁명은 그 대량화 경향과 더불어 많은 혼란을 가져온 것이 사실이다. 그 혼란은 실제로 가치의 혼란이었다. 사람들의 의식은 미디어라는 새로운 공간을 합리적인 방식으로 소화할 준비가 갖추어지지 않았기에 이러한 혼란은 필연적인 것이었다. 미디어의 인프라는 괄목할 만한 확장을 이루어냈고, 새로운 미디어는 빠른 속도로 사람들의 삶을 점령해 들어가고 있었지만, 다른 환경에 갑작스럽게 내던져진 사람들은 그에 걸맞은 미디어 의식을 갖추지 못했다는 이야기이다. 다시 말해, 미디어 토대에서의 혁명은 그에 대응하는 상부구조의 조정을 사실상 거치지 않았던 것이다. 모든 문제는 바로 이 지점에서 일어난다.

새로운 미디어는 오늘날 혼란의 장이다. 그 지평은 확장되었고 매체의 양은 급격하게 늘어났으나 그것을 수용하고 이해하는 실제적인 노력은 사실상 없었다고 해도 과언은 아니다. 매스미디어의 시대와 비교할 때, 오늘날의 미디어 환경은 가히 '상전벽해' 라고 표현할 수 있을 정도로 변화하였다. 이전의 미디어 환경과 비교할 때, 오늘날의 그것은 확실히 그 차원을 달리할 정도로 근본적인 변화를 겪었다고 말하는데 이의를 달 사람은 아무도 없을 것이다. 이 변화가 근본적이라면, 그것은 새로운 미디어의 출현을 기점으로 인간의 미디어 행위 방식 자체가 완전히 변화했다는 것을 의미한다. 변화한 미디어 환경은 반드시 새로운 문제를 제기한다. 우리가 살펴볼 것처럼 새로운 미디어는 확실히 어떠한 혼란을 야기하였고, 그 긍정적 성격만큼이나 커다란 부정적 성격을 드러내었다. 우리는 이러한 새로운 미디어의 혼란과 부정성을 변화한 미디어 환경에 걸맞은 '주체의 부재' 로 파악하고자 한다. 미리 말하자면, 변화한 미디어 환경은 새로운 미디어의 주체를 이미 그 변화 속에 내포하고 있다. 그러나 새로운 미디어 시대의 진정한 주체, 그것을 특징짓는 새로운 미디어의 '발전적인 주체성' 은 아직 그 모습을 드러내지 못하고 있다. 새로운 미디어의 모든 혼란과 부정적 징후는 이러한 새로운 주체성의 부재로부터 연유한다고 말해야 한다. 그러나 이러한 주체성이 저절로 성립되는 것은 아니다. 그것은 어떠한 가치를 통하여 재조명되어야 하고, 새로운 미디어 환경이 갖는 긍정성뿐만 아니라, 현실적인 난점과 부정적 성격을 모두 고려하여 정립되어야 한다. 이를 위해서는 새로운 미디어에 대한 정확한 이해와 더불어 교육의 문제가 반드시 거론되어야 한다.

확실히 이것은 교육의 문제와 연관된다고 볼 수 있다. 새로운 환경의 등장은 반드시 그 교육을 필요로 한다. 실제로 새로운 미디어의 출현을 통하여 변화한 미디어 환경에 걸맞은 체계적인 교육은 새로운 환경이 야기하는 여러 문제들을 극복하는 중요한 고리가 될 것이다. 그러나 문제는 바로 여기에 있다. 우리는 아직 미디어교육의 정체를 알지 못하기 때문이다. 새로운 미디어의 등장 이후, 사실상 엄밀한 의미의 미디어교육은 존재한 적이 없다. 미디어교육은 이전의 낡은 패러다임 아래에서 진행되거나, 고작해야 미디어 콘텐츠의 기초적인 이해와 그 생산 과정에 관련된 지식의 교육에 만족해야 했다. 변화한 미디어 환경의 특수성에 입각한 미디어교육은 아직 미지의 영역이다. 우리의 철학적 연구는 이러한 미디어교육의 부재라는 현실에서 출발하여 교육과 미디어의 문제를 드러내고 그 원칙을 제시하는데 있다. 이 문제에 천착하는 것은 미디어를 둘러싼 혼란을 극복하고자 하는 노력이다. 새로운 미디어 환경에 능동적으로 대처하는 미디어교육의 목적은 '주체적인 미디어 활동의 생산자/수용자' 의 양성이 되어야 할 것이다. 올바른 미디어교육을 통하여 윤리의식을 갖춘 주체적인 미디어 콘텐츠의 생산자/수용자를 길러낼 수 있을 때, 비로소 우리는 새로운 미디어 환경에 대한 분별력을 발휘하여 미디어가 양산하는 문제를 극복할 수 있을 것이다.

이제 우리의 논의를 미디어와 교육이 동시에 가지고 있는 문제로부터 출발하자. 우리는 그 문제들을 검토함으로써 미디어교육에 대한 우리의 위치를 정확히 할 것이다.

새로운 미디어 시대의 긍정성과 문제들

인터넷으로 대표되는 새로운 미디어의 등장과 발전은 모든 것을 바꾸어 놓은 것 같아 보인다. 확실히 새로운 미디어의 등장은 질적 도약이라고 말할 만하다. 이전의 매스 미디어가 가지고 있었던 일방적 성격은 새로운 미디어의 등장과 더불어 해소되었다. 소통의 일방성은 미디어 수용자를 단순한 정보 습득자로 만들 뿐이었다면 새로운 미디어는 소통의 쌍방적 가능성을 보여준다. 정보의 비판이 그저 개인적이고 소집단적인 차원에서 부분적으로만 이루어지던 거대 매스 미디어의 소통 방식에 비해 뉴미디어의 쌍방적 소통 방식은 정보의 원활한 검증과 비판을 가능하게 한다. 이제 미디어를 통한 왜곡과 여론 조작은 아주 어려운 일이 되었다. 개인은 이전의 매스 미디어와 마찬가지로 새로운 미디어를 통해 의사를 표현할 수 있다. 미디어 콘텐츠는 더 이상 어려운 기술과 천문학적 비용을 요구하는 것이 아니다. 다양한 미디어 콘텐츠는 개인들의 손을 거쳐 제작되고 유통되며 다양한 방식으로 변형된다. 마침내 소통의 일방성은 해소되고 양방의 소통이라는 얼핏 보기에 이상적인 상황이 발생하는 것이다. 이것이 의미하는 바는 크다. 우리는 그 의미를 재현representation의 구조의 혁명에서 찾을 수 있다. 말하자면 이것은 개인의 표현과 발현에 있어서의 혁명이다.

한 사회 또는 집단은 반드시 재현의 구조를 가지고 있다. 예를 들어 대한민국이라는 나라는 대한민국의 모든 사람의 재현이라고 볼 수 있다. 다시 말해 이 나라의 모든 사람은 대한민국이라는 한 국가를 통해 재현(표현)된다.[1] 사람들의 정체성, 신분, 소속 집단은 모두 이러한 재현의 체계이다. 그것은 무엇인가를 '하나로 묶는' 작용이다. 모든 존재는 이러한 재현의 구조를 가진다.

새로운 미디어의 등장과 발전은 이러한 재현 시스템에 일대 혁명을 가져왔다. 재현 시스템은 주어진 상황에 통일성을 부여하고, 상황의 법칙성을 관철시키는 계기로 작용하는 것이다. 이러한 상황 속에서 개인들이 종종 무력하게 그 법칙을 그저 수동적으로 받아들이기만 했던 것이 이전의 미디어 상황이 부과하는 법칙이었다면, 새로운 미디어의 등장은 이러한 통일성에서 벗어나 스스로를 표현하는 것을 가능하게 한다. 그 매개는 다양한 형태의 인터넷 콘텐츠이다.

개인들은 새로운 미디어의 콘텐츠를 통해 자신을 스스로 재현(표현)했다. 그리고 그 내용으로 외부와 소통한다. 물론 그 외부도 자신의 재현 구조를 능동적으로 갖추고 있는 것으로 간주된다. 결국 모든 개인들은 자신을 미디어 콘텐츠를 통해 재현하면서 서로 소통하는 것이다. 그 실제적 내용의 한계를 따지기 전에 미디어 공간은 가능성, 즉 미디어의 생산과 변형을 통한 새로운 재현의 가능성과 함께 전면적 의사소통의 가능성을 창조한 것이다.

이제 재현의 공간은 좀 더 넓어졌다. 모든 (인간) 존재의 다양성은 실제로 공적 공간 안에서 스스로를 펼쳐내는 것이다. 우리는 이러

1 이에 대해서는 Alain Badiou, *L'Etre et l'événement*, Seuil, Paris, 1988, pp.109-128을 참고하라.

한 상황을 전면적 의사소통을 가능한 것으로 만드는 결정적인 계기로 간주할 수 있다. 전면적 의사소통이란 모든 개인이 미디어의 주체가 되는 것을 의미한다. 다시 말하면, 변화한 미디어 환경에서는 기존의 미디어에 의해 선택되고 대변되었던 부분적인 집단적 입장과 이해관계에서 벗어나, 모든 개개인이 자신을 표현하는 미디어의 주체임과 동시에 다른 개인들의 미디어 행위를 수용하는 수용자로서 간주되는 것이다.

이러한 새로운 상황에서 새롭게 문제가 되는 것은 창의성이다. 전면적 의사소통 가능성의 출현과 더불어, 기존의 틀에 박힌 미디어 형태에서 벗어나는 새로운 내용의 콘텐츠의 출현은 그 다양성이 펼쳐짐으로써 가능해졌다. 그 결과 새로운 미디어의 새로운 공간은 실제로 많은 가능성을 낳았다. 다양한 의사 표현 수단이 등장하였고, 그것은 이전의 미디어 수용에서 그다지 고려되지 않았던 새로운 능력을 요구하는 것이다. 이제 다양한 콘텐츠들이 새로운 미디어의 공간에서 생산된다. 그 콘텐츠를 특징짓는 것은 바로 그것들이 가지고 있는 창의성이다. 문제는 그 창의성이 어떠한 창의성인가 하는 것이다. 모든 새로운 것들이 좋은 것은 아니듯, 새로운 미디어 콘텐츠가 담고 있는 창의성이 그 자체로 긍정적인 것만은 아니다.

미디어를 통한 일방적 소통의 해소와 다양성의 표현, 창의적인 미디어 콘텐츠의 능동적 생산 등이 새로운 미디어가 가져온 이점이라 할 때, 우리는 그 안에서 역시 만만치 않은 문제들을 발견한다. 우리가 새로운 미디어라는 공간의 특이성 통제의 난점과 익명성 그리고 개방성 등 을 고려한다면, 이는 가히 필연적인 문제점이라고 말할 수 있다. 오늘날 새로운 미디어의 문제는 점점 위험수위로까지 치닫고 있다. 어쩌면 새로운 미디어는 무제한의 공간이다. 그 안에는 모든 욕망이 도사리고 있으며, 그것이 제한 없이 펼쳐지고 있다. 그것이 제기하는 문제는 과거의 모든 문제를 합친 것보다도 더 큰 것일 수 있다. 우리는 이러한 새로운 미디어의 문제점을 대략 두 가지 정도로 요약할 수 있다. 물론 다른 문제점들이 없는 것은 아니겠지만, 이 두 가지는 가장 시급하고 위험한 것이라고 할 수 있을 것이다.

우선 그 첫 번째 문제로 우리는 코드화된 미디어 콘텐츠의 홍수를 지적할 수 있다. 인기 있고 반응이 좋은 미디어 콘텐츠의 내용과 형식은 분명 코드화된 것이다. 문제는 그 코드를 결코 긍정성의 코드라고 볼 수 없다는데 있다.

새로운 미디어의 특징은 개방성이다. 그것은 누구에게나 열려있다. 모든 개인들과 마찬가지로 새로운 미디어는 모든 사회적 집단에게 열려있다. 새로운 미디어라는 공간 속에서 어떤 개인들은 미디어 콘텐츠를 만들어 낸다. 그리고 그것은 나머지 개인들과 집단들에게도 마찬가지이다. 자본에 대해서도 그것은 마찬가지이고, 그렇기에 그들은 새로운 미디어를 통해 자신들의 논리를 더욱 빠르게 확산시킬 수 있다.

자본의 논리는 상업 논리이다. 쉽게 말해 자본의 활동은 돈벌이를 위한 활동인데 이 돈벌이의 논리는 모든 것을 희생시키며 앞으로 나아간다. 그리고 그것은 사람들의 미디어 활동을 지배한다. 새로운 미디어는 이러한 상업주의, 배금주의의 코드를 더욱 강화하는 수단으로 자리 잡은 것이다.

오늘날 미디어의 주요한 코드는 이데올로기가 아니다. 그것은 극단화된 상업 논리이고 배금주의의 논리이다. 새로운 미디어의 힘은 강하다. 그것은 엄청난 흡수력과 확산력으로 이러한 논리들을 확산시킨다. 이전의 가치들은 시대에 뒤쳐진 것으로 치부되고 만다. 비로소 상업 논리는 새로운 미디어를 장악한다. 신자유주의로 인해 개시된 경쟁의 생존 논리로서의 상업 논리는 새로운 미디어라는 날개를 달고 끝없이 날아오르는 것이다. 흔히 새로운 미디어의 발전을 통해 우리는 무한한 가능성에 주목하며, 이러한 부정성을 애써 무시하는 경향이 있다. 아무리 가능성이 열려져 있다 해도 그것은 가능성일 뿐이다. 현실의 문제는 가능성을 압도한다.

상업 논리와는 또 다른 문제가 존재한다. 현상적으로 보면 그것은 새로운 미디어에서 나타나는 폭력의 문제이다. 흔히 미디어에서의 전체주의라고 표현되곤 하는 폭력의 문제는 심각하다. 2005년 당시에 큰 사회적 반향을 불러 일으켰던 황우석 박사의 문제, 2007년 심형래 감독과 영화 디-워D-War를 둘러싸고 벌어진 인터넷 상에서의 혼란스런 논쟁을 보면 이 문제가 얼마나 큰 미디어의 병폐인지 알 수 있다. 이러한 문제들은 물리적인 폭력만큼이나 직접적인 미디어를 통한 언어폭력이 우리 사회에 얼마나 만연해 있는지 적나라하게 보여주는 사례라고 할 것이다. 우리는 이러한 문제들 속에서 소통이 아닌 강요와 협박 행위만을 볼 뿐이다.

새로운 미디어의 가상현실 속에서 드러나는 폭력의 문제는 그 규모와 주제, 각종 분야와 영역에 관계없이 인터넷상에서 매일 볼 수 있는 무제한의 폭력이다. 그것을 모르는 사람이 어디에 있겠는가? 소위

댓글 문화는 그 긍정성을 압도할 만큼의 부정성을 보여준다. 인터넷 게임에서의 폭력은 그대로 의사 표현 공간에 연장되어 무제한의 폭력을 가한다. 이는 과거 국가가 자행했던 폭력에 비해 결코 가볍지만은 않은 것이다. 새로운 미디어 공간의 구석구석에서 우리는 폭력의 군림을 확인할 수 있다. 여기에는 가해자와 피해자가 서로 겹쳐있다. 익명성 뒤에 숨어있는 수많은 사람들이 언어의 폭력을 가하고, 그만큼 많은 사람들이 집단적인 폭력의 희생자가 되는 것이 미디어의 공간인 것이다. 그리고 그 배후에서 상업논리와 폭력이 결합한다. 결국 '쓸모없는 것', '이득 없는 것'은 폐기처분되어야 마땅한 것으로 치부되고 소수의 견해는 용납되지 않는다. 공익 내지는 국익에 위배된다고 간주되는 것들은 더욱 그러하다. 집단의 이익을 위해 소수의 비판이나 이해는 철저히 무시되고 때로는 징치懲治되기까지 한다. 이는 결국 집단에 가해지는 집단의 폭력, 익명성의 공간에서 벌어지는 철저한 익명의 폭력, 그 근원을 추적할 수 없는 어둠 속에서의 잔혹한 폭력인 것이다. 우리는 그러한 문제들 속에서 소통의 근원적 한계를 본다.

과연 이러한 새로운 미디어의 부정성, 부정성이라고 말하기에는 그 문제가 한계를 초과하고 마는 이 부정성을 여론이라는 이름하에 합리화할 수 있겠는가? 물론 그러한 부정성들을 드러내는 미디어 콘텐츠들이 특정한 여론을 표현하고 있는 것이 사실이다. 그러나 비록 그것이 다수의 의견이라 할지라도, 다수의 의견이 이렇게 코드화된 형태를 띠고 있다면 그것을 올바른 여론으로 인정하기는 힘든 일이다. 다수의 의견이라는 것이 반드시 올바른 여론과 일치하는 것은 아니다. 진리의 여부를 결정하는 것은 그것의 보편적인 진실성이지 다수결이라는 결정의 절차가 아니다. 여론이란 일시적인 의견의 흐름일 뿐이다. 사실, 파시즘이나 독일 나치즘의 예에서 볼 수 있듯이 여론의 흐름이라는 것은 반드시 진실을 말한다고 볼 수 없다. 올바른 여론은 반드시 보편적인 가치와 일치하는 것이어야 한다. 그것이 가치를 상실했을 때 지배적인 여론이라는 것은 거의 대부분 폭력적인 방향으로 나아간다. 1930년대의 독일 여론은 파시즘에게 지상의 권력을 부여하지 않았던가? 새로운 미디어가 가지는 부정성이 여론을 형성하는 흐름을 지배할 때, 그 여론이란 위험천만한 것이다. 코드화된 미디어 콘텐츠가 가지는 위험은 실제로 가치의 위기를 불러오는 것이고, 그렇게 가치가 배제된 소통은 위험하기까지 하다.

이제 우리는 아주 오래된 가치의 문제를 다시 논하지 않을 수 없다. 부정성이 지배하는 미디어 콘텐츠가 범람하는 새로운 미디어의 공간에서는 이러한 가치가 상당 부분 결여되어 있기 때문이다. 그 공간에 어떤 지배적인 가치가 있다면 그것은 상업논리에 입각한 실용주의와 집단 이기주의 또는 폭력과 일상의 파시즘일 뿐이다. 평등, 정의, 민주주의와 같은 인류의 보편적 가치들은 그 안에서 여전히 주변적이고 미미하다. 새로운 미디어가 드러내는 문제는 이러한 가치의 실종이고, 그것이 현재 새로운 미디어의 한계를 말해준다고 할 수 있다. 이러한 한계를 벗어나 보편적인 가치를 세우는 것이야 말로 현재 미디어 공간에서 가장 시급한 과제인 것이다. 이러한 과제는 저절로 달성되지 않는다. 이 문제에 대한 가장 이상적이고 효율적인 해결책의 마련은 새로운 미디어교육을 통하여 가능할 것이다. 새로운 미디어 환경에 대응하는 새로운 미디어교육은 새로운 미디어 공간의 무차

별성의 극복, 그 개방성과 익명성이 만들어내는 치명적인 약점의 보완을 가능하게 하고, 그것을 통하여 우리는 새로운 미디어가 던져놓은 여러 부정성을 극복할 수 있을 것이다.

미디어교육의 문제

우리는 교육 전반에 대하여 말하지는 않을 것이다. 그러나 오늘날 교육의 경향을 되짚어 보는 것은 필수적이다. 앞서 말한 새로운 미디어의 문제들은 결국 오늘날의 교육 경향과 어느 정도 관련을 맺고 있다. 신자유주의의 전 지구적 확산 이후 한국의 모든 교육은 대자본의 이해에 부합하는 경쟁력 있는 인간의 교육이 되었다. 기업의 논리, 다시 말해 경쟁논리와 상업 논리가 교단을 장악한 것이다. 모든 교육은 넓은 의미의 기술 교육이 되었다. 건강한 시민을 양성하는 기본적인 국민 교육은 입시와 경쟁의 강제에 의해 약화되거나 해소되었고 규범적 가치의 교육은 기술과 실용의 교육으로 대체되었다. 그 바탕에는 무한 경쟁의 절대적 합리화라는 위험한 발상이 자리 잡고 있다.

건강하고 민주적인 시민은 이제 교육에 있어 아주 부차적인 지위만을 갖는 것이다. 모든 교육은 암묵적으로 경쟁에서 승리하는 사람을 길러내는 실용적 교육만을 승인한다. 이러한 교육의 경향은 마땅히 수정되어야 한다. 물론 우리는 기술 교육의 의미를 부정하지 않는다. 그것은 교육의 한 방향으로 역시 존재하여야 한다. 그러나 기본적인 시민적 소양의 교육을 그 목표로 삼는 국민 교육의 기본 과정은 기술 교육과는 별개로 필수적인 것이다. 그러한 과정이 생략된 실용적 기술 교육은 가장 기본적인 시민적 소양을 그저 부차적인 것으로만 간주하여 마침내 보편적 가치의 상실을 초래할 것이다. 이렇게 볼 때 작금의 교육은 그 내용과 원칙 모두에 있어서 주객이 전도된 교육이라 할 수 있을 것이다. 교육의 기본은 어디까지나 시민적 소양을 기르는 민주적 교육, 부적절한 가치를 배제하고 보편적인 가치를 지향하는 교육이어야 한다. 현실적인 중요성을 핑계 삼아 그 본말을 전도시켜서는 안 된다. 실용교육 부문은 어디까지나 민주주의와 시민의 가치를 강조하는 기본 교육 이후에 따라오는 것이어야 하며, 그것에 추가되는 형태로 진행되는 것이 바람직할 것이다.

미디어교육 역시 이러한 전도된 모습에서 자유롭지 못하다. 현장의 교사들은 미디어교육을 통해 무엇을 어떻게 가르칠 것인지 알지 못한다. 교육의 원칙과 통일성은 고사하고 그 내용 조차도 불분명하게 다가오는 것이다. 그런 경우 미디어교육은 가장 기본적인 기술 교육이 되기 쉽다. 미디어교육은 그 방향과 원칙을 잡지 못한 채 미디어 콘텐츠의 생산 기술 교육이 되는 것이다. 이렇게 된다면 미디어교육 역시 오늘날의 교육이 가지는 주객전도의 경향에서 자유롭지 못할 수밖에 없다. 미디어교육은 외관상 세련된 미디어 콘텐츠의 생산을 위한 기술교육이 되고 마는 것이다. 반면 가치의 문제는 그 교육에서 철저하게 배제되거나 부차적인 것이 될 가능성이 농후하다.

우리가 앞서 말했듯 미디어교육의 문제는 단순한 미디어 콘텐츠의 생산이 아니다. 그러한 방식으로 미디어교육을 진행하는 것은 미디어교육을 기술 교육의 협소한 장으로 몰아넣는 일이다. 변화한 미디어 환경에 대한 적응과 참여는 중요한 문제이지만 그것은 좀 더 근본적인 교육 내용이 있을 때만 의미 있는 것이다. 결국 미디어교육의 무게중심은 기술의 교육이 아닌 다른 지점에 있어야 한다. 우리는 그 중심을 가치의 교육에 두어야 한다고 말하고자 한다. 모든 교육이 그러하듯이 미디어교육 또한 가치의 문제를 간과할 수 없다. 그것이 빠져있을 때 우리는 그 어떤 새로운 미디어의 가능성도 이야기할 수 없다. 오히려 정반대의 효과가 나타난다. 우리가 앞서 언급한 새로운 미디어 영역에서의 모든 부작용은 사실상 미디어교육의 부재, 즉 미디어 행위의 윤리에 대한 교육의 부재에서 비롯된 것이라고 보아도 무방하다. 중요한 것은 미디어 행위를 지배하는 가치를 정립하는 일이다.

우리가 앞서 말한 '전면적 의사소통'을 다시 언급하면서 가치 교육으로서의 미디어교육의 전제를 마련하기로 하자. 심층적으로 파악된 전면적 의사소통이란 모든 개인이 미디어의 주체가 되는 것을 의미한다. 이는 기존의 미디어에 의해 선택되고 대변되었던 부분적인 집단적 입장과 이해관계에서 벗어나, 모든 개개인이 자신을 표현하는 미디어의 주체임과 동시에 다른 개인들의 미디어 행위를 수용하는 수용자로서 간주되는 것을 의미한다.

존재론적으로 보면 기존의 거대 미디어의 의사소통 행위가 다자多者, multiple에 대한 일자一者, the One의 지배 행위였다면, 전면적 의사소통의 상호작용은 일자 없는 다자의 공존이라고 말할 수 있다.[2] 또한 기존의 미디어가 다수의 견해와 생각을 인위적으로 '하나로 묶는' 기능을 해왔다면 전면적 의사소통 행위는 다수의 견해와 생각이 각자의 미디어 능력에 따라 자유롭게 표현되며, 평등한 개인의 서로 다른 견해로서 서로 존중되는 민주주의적 기능을 수행한다고 할 수 있다.

결국 전면적 의사소통이라는 새로운 미디어 환경에서 필요한 것은 여러 보편적 가치를 미디어 공간의 중심으로 삼아 다수 개인의 미디어 콘텐츠를 수용하는 일이다. 실제로 이 공간 속에서는 여러 가지 다른 의견들이 충돌하고 있다. 이러한 복잡한 상황 속에서 보편적 가치가 중심이 되지 않는다면 미디어 공간은 일종의 전쟁상태, 어떠한 원칙과 규약이 통하지 않는 혼란의 상태에서 벗어나지 못할 수 있다. 오늘날 새로운 미디어 안에서 보이는 혼란과 무분별함은 그러한 전면적 의사소통의 가능성이 잠재적으로 가지고 있는 부정성이라고 말해도 좋을 것이다. 결국 전면적 의사소통은 양날의 칼이다. 그것은 확실히 중심이 사라진 공간, 기본적으로 민주주의적인 가능성을 담고 있는 공간임에 틀림없다. 그러나 만약 그 공간이 가치를 결여하고 있다면, 그것은 폭력, 배금주의와 같은 부정성이 난무하는 혼돈과 타락의 공간이 될 뿐이다. 문제는 전면적 의사소통의 가능성을 살리는 동시에 인간과 사회가 갖는 보편적 가치를 견지해냄으로써 그것이 가지고 있는 가능한 부정성을 차단하는 일이다.

우리는 그러한 전제하에서 미디어교육의 구체적인 내용을 제안하고 검토할 것이다. 물론 그것은 앞서 언급한 것처럼 단순한 기술 교육의 문제를 넘어선다. 그러나 그런 이유로 미디어교육의 독자적인

---

2 일자와 다자의 존재론적 선택에 대해서는 대해서는 Alain Badiou, *L´Etre et l´événement*, Seuil, Paris, 1988, pp.31-39을 참고하라.

영역이 희생당하는 일은 없어야 한다. 미디어교육은 윤리 교육으로 환원될 수는 없다. 말하자면 모든 것은 미디어교육의 틀 속에서 동시적으로 이루어져야 한다. 미디어 콘텐츠의 활용 교육과 미디어 윤리의 교육(가치의 교육)은 따로 분리되는 것이 아니다. 미디어 콘텐츠를 활용하고 비판하며, 그 안에서 문제를 발견하는 동시에 새로운 미디어 콘텐츠를 생산해내는 미디어교육의 구체적인 각론은 넓은 의미의 가치의 교육을 의미한다. 미디어교육은 홍수와 같이 범람하는 미디어 콘텐츠에 둘러싸여 방향을 잃어버리거나 무분별한 상업 논리에 노출되는 것에서 미디어 수용자를 보호하기 위한 최소한의 노력이 되어야 한다. 그렇게, 활용과 가치의 교육은 동시적이어야 한다. 미디어의 올바른 활용 속에 그 윤리적 가치를 담아낼 수 있을 때 윤리의 추상성은 극복되고 실용의 맹목성은 지양될 수 있는 것이다.

미디어교육의 원리들

미디어의 활용과 가치의 동시적인 교육은 어떻게 가능한 것인가? 그것은 규범적인 규준과 미디어 활용의 원칙을 결합시킬 때만 가능하다. 규범적인 규준만이 미디어교육의 내용이 된다면 그것은 도덕, 윤리 교육과 다를 바가 없으며, 무원칙적인 미디어 콘텐츠의 활용만을 교육의 내용으로 삼는다면 미디어교육은 기술 교육의 틀에 갇혀버릴 뿐이다. 우리는 둘 중 어느 것도 포기해서는 안 된다. 미디어의 활용과 미디어 능력의 테두리 내에서 규범적 원리를 제시할 수 있을 때 미디어교육은 비로소 의미를 가질 것이다.

그 교육의 가장 큰 원칙으로부터 출발하도록 하자. 우리가 제안하는 미디어교육의 목표는 비판 능력, 문제 해결력, 창의력의 배양이다. 이전의 일방적 소통이라는 미디어 환경에서는 미디어교육이 콘텐츠가 담고 있는 내용에 대한 비판적 사고의 배양에 중점을 두었다. 그러나 급격하게 변화한 현재의 미디어 환경에서는 그것만으로는 부족하다. 새로운 미디어 시대에서 미디어 콘텐츠를 활용하는 것은 단순한 일방적 수용에서 벗어나 기존의 미디어 콘텐츠가 담고 있는 문제를 해결하는 방식으로 새로운 콘텐츠를 생산해내는 것을 포함하기 때문이다. 단지 미디어 콘텐츠의 비판에 교육의 초점을 맞추는 비판의 패러다임은 엄밀히 말해 긍정성을 산출하는 생산적인 교육으로 이어질 수 없다. 그것은 기껏해야 '......이 아니다' 라는 소극적 부정의 효과만을 가질 뿐이다. 새로운 미디어의 등장과 확산은 이러한 소극적인 수동성에서 벗어나 적극적인 미디어 행위를 통해 콘텐츠를 활용하는 것을 가능하게 한다. 여기에서 필요한 것은 그 비판능력을 창의력, 문제해결력과 결합시켜 내는 것이다. 미디어 콘텐츠에 대한 비판능력은 이제 창의력과 문제해결력을 동반하는 것이어야 한다. 그것은 수동적이고 방어적인 비판 능력이 아니라 창의와 문제 해결을 위한 비판 능력이다.

미디어교육에서의 창의성이란 무엇인가? 그 창의력은 무엇을 동시에 필요로 하는가? 그것은 분명 기존의 미디어 콘텐츠와 긴밀히 연결된 창의력이다. 다시 말해 그것은 기존의 콘텐츠를 활용하여 새로운 것을 만들어내는 능력인 것이다. 기존의 콘텐츠에 대한 비판과 콘텐츠가 가지고 있는 문제의 발견을 통하여 그것을 지양하고 전환시키는 과정이 바로 새로운 미디어 콘텐츠를 만들어내는 과정이다. 실제로 우리는 새로운 미디어 공간에서 유통되는 미디어 콘텐츠 중 이러한 세 가지 능력이 발휘되는 새로운 미디어 콘텐츠를 발견할 수 있다. 문제는 그러한 시도에 활력을 불어넣어 새로운 미디어 공간의 장점을 활용하는 동시에 건전하고 발전적인 미디어 주체를 만들어내는 일이다. 그러한 콘텐츠의 생산이야말로 앞으로 필요한 미디어교육이 지향해야 할 방향이 될 수 있는 것이다. 결국 미디어교육 과정에서 역점을 두어야 할 사항은 창의력, 비판 능력, 문제 해결력이다. 미디어교육이 겨누고 있는 것은 기존의 콘텐츠를 원재료로 삼아, 비판과 문제의 발견을 통하여 새롭고 창의적인 미디어 콘텐츠의 생산하는 능력을 기르는 것이다. 앞으로 진행될 우리의 구체적인 연구는 이러한 세 가지 능력에 대한 고찰을 중심으로 진행될 것이다.

여기에서 중요한 문제가 제기된다. 그것은 비판과 문제의 발견 그리고 새로운 콘텐츠의 생산은 어떤 규범적인 규준을 필요로 하는가의 문제이다. 이 문제에 접근하기 위해 앞서 이야기했던 코드의 문제로 되돌아가보자. 새로운 미디어의 공간에서 지배적인 것은 역시 상업주의와 폭력의 코드라고 볼 수 있다. 그 코드는 미디어 콘텐츠의 부정적인 성격을 말해주는 것이다. 그러나 그 코드는 있는 그대로 드러나지 않는다. 때로는 멋들어진 이미지와 결합하여 마치 가상의 것을 진실인 양 포장하기도 하고 여러 개인들의 물질적이고 감각적인 욕망을 자극함으로써 자연스런 것으로 다가오기도 한다. 우리는 이것을 있는 그대로 발견하기 힘들다.

앞서 묘사한 미디어교육의 과정은 이렇게 새로운 미디어의 공간에서 통용되고 있는 지배적인 코드를 콘텐츠에서 발견하고 식별해내는 데 중점을 두어야 한다. 그것이 곧 미디어 콘텐츠의 비판이자 문제의 발견이다. 이러한 코드의 추출은 '불가능한 것' l'impossible ; the impossible의 식별이라고 볼 수 있다.[3] 미디어 콘텐츠가 담고 있는 '불가능한 것', 다시 말해 받아들일 수 없는 것을 식별해내는 것이야말로 미디어 콘텐츠를 다루는 첫 번째 원칙인 것이다. 예를 들어 어떠한 미디어 콘텐츠가 아름다운 영상 속에서 배금주의를 미화하고 있다고 보았을 때 이 콘텐츠의 배금주의는 '불가능한 것' 이 된다. 우리는 그것을 옳은 것으로 받아들일 수 없는 것이다. 그러한 콘텐츠를 접했을 때 화려한 영상이나 아름다운 수사에 현혹되지 않고 그것을 비판하고 그 흐름 속에서 문제를 발견해내는 것은 받아들일 수 없는 '불가능성' 을 추출해내는 작업이다. 이것이 미디어교육의 첫 번째 과정이다.

그런데 어떠한 미디어 콘텐츠에서 불가능한 것, 즉 받아들일 수 없는 것을 발견하기 위해서는 규범이 필요하다. 그 공리적 규범을 기준으로 하여 우리는 '불가능한 것' 을 판단하고 추론해내야 하는 것이다. 그 규범은 멀리 있지 않다. 정의, 평등, 민주주의와 같은 고전적인 가치가 바로 그것이다. 예를 들어 지역 패권주의와 같은 '불가능한 것' 을 어떤 미디어 콘텐츠에서 식별해 냈다면 그것은 정의라는 가능

3 '불가능한 것' 과 '가능한 것' 에 대해서는 Alain Badiou, *Abrégé de métapolitique*, Seuil, Paris, 1998, pp.103-108을 참고하라.

한 것을 규준으로 삼아 다시 변형될 수 있다. 미디어 콘텐츠에 코드로서 침투된 배금주의와 인종차별, 폭력 등에 대립하는 이러한 공리적 규준의 힘은 아직도 크다. 그것을 부정하는 것은 인류 역사가 쌓아올린 보편적 가치를 부정하고 동물적인 질서로 돌아가는 것이다. 앞서 말한 '불가능한 것' 에 대립하는 것으로서, 이러한 가치들은 우리는 '가능한 것' le possible ; the possible이라고 부를 수 있다. 그것은 실현 가능하다는 뜻이 아니라 우리가 견지할 수 있는 것, 받아들일 수 있는 것이라는 의미이다. 이러한 가치들은 문제 해결력과 창의력에 연관되어 있다. 우리가 '불가능한 것' 을 식별해내는 것을 비판과 문제의 발견 과정과 연결시켰다면 그 이후에 오는 창의력의 과정은 '문제의 해결' 과 '가능한 것의 창안' 이 되어야 한다. 그런 규준이야말로 탈코드를 진정으로 실현시키는 요소인 것이고 '불가능한 것' 을 문제로서 발견하고 그것을 비판한 이후 새로운 미디어 콘텐츠의 창안을 통해 문제를 해결하기 위해 필수적인 것이다.

다시 말해 미디어교육이란 탈코드로서의 새로운 미디어 콘텐츠의 생산에 도달하는 과정이다. 그것은 구체적으로 미디어 콘텐츠를 지배하는 부정성으로서의 코드를 추출하고 그 코드로부터 벗어나 '가능한 것' (받아들일 수 있는 것)을 창안하는 것이다. 미디어교육의 전제는 바로 이것이다. 그것은 '가능한 것' 의 교육인 것이고 이는 '불가능한 것' (받아들일 수 없는 것)의 식별을 통하여 접근 가능한 것이다. 좀 더 구체적으로 말하자면 미디어교육에서의 창의는 '가능한 것' 의 창의이다. 그것은 '불가능한 것' 을 구분해내는 비판 능력과 '불가능한' 요소를 '가능한 것' 의 기본 요소(새로운 미디어 콘텐츠의 근거)로 전환시켜내는 문제 해결력, 그리고 이러한 변형 과정의 결과로서 비로소 '가능한 것(새로운 미디어 콘텐츠)' 을 창안해내는 창의력의 조합이다. 미디어교육은 '불가능한 것' 을 비판의 대상으로 놓고, 그 속에서 문제를 발견하고 해결하여, 미디어 능력의 극대화로서의 '가능한 것' 의 창의를 생각해야 하는 것이다.

이렇게 우리가 제안하는 미디어교육의 상은 미디어 콘텐츠를 활용하여 보편적인 가치를 적극적으로 사고하는 것이다. 이는 실제로 추상적이고 순수 규범적인 윤리의 교육으로 환원될 수 없는 것이다. 미디어는 구체적이다. 그 구체성 속에 미디어교육의 생명이 있다. 미디어 콘텐츠를 통하여 다양한 방식으로 표현되는 보편적인 가치는 구체적인 성격을 띤다. 그 다양성이야말로 미디어 속에서의 가치를 표현하는 언어이며, 미디어교육은 이 언어, 미디어 콘텐츠라는 새로운 미디어 상황의 언어를 떠날 수 없다. 그러나 그 콘텐츠는 보편적인 가치를 포함하는 것이어야 한다. 이 상황의 언어를 변화시키기 위해서 필요한 것이 바로 구체적으로 표현된 '가치' 이기 때문이다.

여러 의견들을 향하는 가치의 힘은 기존의 미디어 상황에서 통용되는 언어를 변화시킬 수 있다.[4] 그러나 이는 하루아침에 이루어질 수

---

4 알랭 바디우(Alain Badiou)는 진리가 이름들을 변화시킨다고 말하며 기존의 의사소통 코드의 변화 가능성을 가늠한다. 우리는 그가 말하는 진리가 결국 가치의 문제와 연결되어 있다고 생각한다. 이에 대한 자세한 논의로는 Alain Badiou, L'éthique : Essai sur la conscience du Mal, Hatier, 1993, p73(국역, 윤리학, 동문선, 100-101쪽)을 보라.

있는 일은 아니다. 여기에는 여러 가지 난점이 존재하는데, 그 중 가장 대표적인 것이 미디어교육의 부재로 인한 난점인 것이다. 우리는 앞으로 이어질 구체적인 연구를 통하여 새로운 미디어 상황에서 요구되는 미디어 수용자를 위한 미디어교육의 각론들을 보여줄 것이다. 그것은 가치의 교육과 미디어 활용 능력의 동시적 교육이다. 미디어 콘텐츠를 적극적으로 비판하고 그 문제를 발견하여 새로운 미디어 콘텐츠를 생산해내는 가운데, 가능한 것으로서의 보편적 가치의 힘을 발현시키는 적극적인 교육이 바로 우리가 추구해야 할 미디어교육의 모습이다. 이렇게 우리는 규범적 가치의 교육과 미디어의 활용 교육 중 어느 하나에 치우치지 않고 양자 모두를 담보해내는 길을 선택하고자 하는 것이다. 그 교육이 지향하는 목적지는 새로운 미디어 상황에 능동적으로 대처하는 주체적 인간의 교육이다.

주체적 인간교육으로서의 미디어교육

앞서 우리는 변화한 미디어 환경을 전면적 의사소통의 가능성이라는 전제 하에서 고찰하였다. 이전의 일방적 소통이라는 근원적인 한계를 넘어서는 것으로서의 새로운 미디어 공간은 그 자체로 긍정성을 지니는 것이 사실이지만 그 이면에는 만만치 않은 부정적 요소들이 자리 잡고 있다. 이러한 부정적 요소의 존재는 전면적 의사소통의 가능성을 말소시킬 수 있을 정도로 강력한 것이다. 여기에 더하여 현재의 미디어교육은 이러한 상황에 능동적으로 대처할 수 있는 미디어의 주체를 길러낼 수 있을 만큼의 역량을 축적하고 있지 못한 것이 사실이다. 결국 우리가 직면한 문제는 변화한 새로운 미디어 환경에 걸맞은 미디어 주체의 교육의 문제라고 말할 수 있다.

전면적 의사소통은 개개인이 미디어의 주체가 될 때 비로소 그 가능성을 엿볼 수 있는 것이다. 근대의 시민적 주체가 시민적 능력을 갖춘 개인들을 요구했듯이, 미디어의 주체는 자기를 표현하고 대화하며, 토론하고 생각하는 미디어 능력을 갖춘 새로운 미디어 주체를 요구하는 것이다. 따라서 전면적 의사소통의 문제는 곧바로 적절한 미디어 능력을 갖춘 주체의 교육, 새로운 미디어 환경에 도사리고 있는 부정적 요소를 분별하고 극복하는 적극적인 미디어 주체의 교육이라는 문제와 직결된다. 다시 말해, 전면적 의사소통의 실현은 새로운 미디어 공간이 제공하는 콘텐츠를 적절히 수용하고 활용하는 동시에, 그 공간 속에 존재하는 부정적인 요소를 스스로 통제하는 미디어 주체를 길러내는 것에 달려있는 것이다. 새로운 미디어의 등장은 전면적 의사소통의 가능성만을 제기할 뿐, 그 자체로 미디어 능력을 갖춘 주체의 등장을 의미하는 것은 아니기 때문이다. 이러한 주체의 등장은 미디어교육의 혁신을 통해서 이루어질 것이고 그때 비로소 전면적 의사소통은 가능해질 것이다.

미디어 주체를 양성하기 위한 교육은 미디어의 이해를 통한 미디어 능력의 함양과 미디어 콘텐츠를 둘러싸고 대화와 토론을 주도해나가는 비판적 능력의 수립으로부터 출발하여, 미디어 콘텐츠의 문제를 발견하고 그 문제를 해결해내는 문제해결력을 수립하고, 새로운 미디어 콘텐츠를 생산하는 창의력을 배양하는데 그 주안점이 있다. 그러나 그 과정에서 빠져서는 안 되는 것이 바로 가치의 교육이다. 이러한 가치를 누락시킨 미디어교육은 방향 없는 기술 교육으로 전락할 것이고, 진정한 미디어 주체의 교육, 새로운 미디어가 던져준 전면적 의사소통의 가능성을 실현을 실제적으로 담당할 미디어 주체의 교육은 더 이상 가능하지 않을 것이다. 새로운 주체적 인간 교육으로서의 미디어교육의 중심에는 가치의 교육이 있다. 가치가 결여된 주체는 결코 온전한 모습의 주체일 수 없다. 우리의 근대가 가지고 있는 문제는 사실상 가치를 망각한 무분별한 계산적 이성의 결과물이 아니었던가?

지금까지 우리는 다음 장에서부터 시작되는 구체적인 연구의 주요한 방향을 보여주고자 노력하였다. 그것은 구체적으로 미디어 환경의 변화에 따른 미디어교육의 방향 전환에 관계된 것이다. 그 변화는 미디어의 확장이라는 변화인데 이는 단순한 확장의 문제가 아닌 미디어의 확장-복원의 문제이다. 우리는 앞서 미디어의 확장에 중점을 두고 논의를 전개시켰다. 그러나 미디어의 확장은 본디 미디어 행위의 복원을 뜻한다. 즉, 전면화된 소통 행위라는 원래 의미의 미디어 행위, 다시 말해 가장 근원적인 미디어 행위인 개인 간의 소통 행위를 주요한 미디어 행위로 간주할 수 있게 한다. 이것이 가지는 효과는 미디어 행위의 일방적 성격을 해소시키는 것이다. 이렇게 확장-복원의 문제들을 통해 우리는 전면적 의사소통의 가능성을 사고할 수 있다. 이전의 비판 패러다임은 미디어교육을 수동성 속에서만 사고했지만 이제 미디어교육은 전면적으로 그 의미를 가질 수 있게 된 것이다. 문제는 이러한 미디어의 확장이 가져온 부정적인 요소들이다.

모두가 알고 있는 바와 같이 오늘날 범람하는 미디어 콘텐츠는 사뭇 여러 사람에게 우려를 자아내고 있다. 각종 모방 범죄와 배금주의, 퇴폐풍조, 일상화된 폭력 등의 문제는 새로운 미디어 공간 속에서 행해지는 각종 미디어 행위 속에서 매일 매일 드러난다. 우리는 이러한 상황을 갑자기 열려버린 미디어 공간 속에서 드러나는 미디어의 위기라 말할 수도 있다. 그러나 이러한 미디어의 위기는 단지 위기만은 아니다. 그것은 잘 드러나지는 않지만 다른 기회들을 내포하고 있다. 그 기회는 정확하고 체계적인 미디어교육을 통해 그러한 문제들을 하나하나 제거함으로써만 현실화될 수 있을 것이다. 진정한 전면적 의사소통은 미디어교육의 혁신을 통한 건강하고 능동적인 미디어 주체의 양성을 통하여 이루어 질 수 있을 것이다. 우리의 미디어교육은 주체적인 인간의 교육으로 자리매김 되어야 할 것이다.

참고 문헌

- Althusser, L.(1970), "Ideologie et Appareils ideologiaues d'Etat", in Positions, Francois Maspero, Paris.
- Badiou, A.(1988), Etre et Evenement, Seuil, Paris.
- Badiou, A.(1992), Conditions, Seuil, Paris
- Badiou, A.(1993), Ethique, Hatier, Paris
- Badiou, A.(1998), Abrégé de métapolitique, Seuil, Paris
- Dewey, J.(1966), Democracy and Education, The Free Press, New York.
- Habermas, J.(1984), The Theory of Communicative Action I-Reason and the Rationalization of Society, trans. by T. McCarthy, Beacon Press, Boston.

· Habermas, J.(1987). The Theory of Communicative Action II - Lifeworld and System: A Critique of Functionalist Reason, trans. by T. McCarthy, Beacon Press, Boston.

· Habermas, J.(1971). Toward a Rational Society, trans by J. J. Shapiro, Heineman, London.

02

미디어교육 내용의 **발굴과 활용 원리**

미디어교육 내용의 **발굴과 활용 원리**

chapter 02

미디어교육의 정의

일반적으로 미디어교육은 인간이 자신의 필요에 의해 만든 커뮤니케이션 수단인 미디어가 오히려 인간을 지배하게 됐다는 문제의식에서 출발한다. 미디어에 의해 지배되고 있는 미디어와 인간의 관계를 다시 인간(혹은 수용자) 중심으로 되돌려 놓아야 한다는 생각이 이러한 문제의식에서부터 나온다. 다시 말해, 미디어 쪽으로 치우쳐진 미디어와 수용자간의 불평등한 힘의 관계를 양자 간의 대등한 관계 혹은 힘을 가진 수용자empowered audience가 중심이 된 관계로 복구시키기 위해 수용자들의 힘을 키워주고자 하는 노력의 일환으로 개발되고 있는 것이 바로 미디어교육이다(Buckingham, 1991, 1996, 2003).

미디어와 수용자간의 힘의 관계를 평등하거나 수용자 중심의 관계로 만들기 위해 미디어교육은 어떤 내용을 중심으로 구성돼야 할

까? 이 질문에 대해 많은 연구자들이 여러 답변들을 내놓고 있다. 일반적으로 사람들은 미디어교육은 미디어에 관한 비판적인 이해, 미디어의 적극적인 활용과 능동적인 제작 모두를 가르치고 배우는 내용을 다루어야 한다고 말한다. 미디어에 대한 이해, 활용, 제작이 바로 미디어교육을 특징짓는 세 가지 영역으로 구분된다.

김양은(2003)은 통합리터러시literacy 혹은 디지털리터러시 교육으로서의 미래의 미디어교육은 미디어 콘텐츠를 어떻게 수용할 것인가라는 문제와 더불어 미디어 콘텐츠를 어떻게 생산하고 창조할 것인가라는 문제도 다루어야만 한다고 주장한다. 김기태(2005), 김양은과 안정임(2004), 은혜정(2000), 버킹엄(Buckingham, 2003) 등과 같은 여러 연구자들은 미디어교육내용은 비판적 이해/분석/평가와 창조적인 생산/제작/활용 이라는 2가지 요소를 결합한 내용으로 구성되어야 한다고 주장한다.

그들에 따르면, 수용자는 다양한 미디어의 본질에 대한 이해능력 및 콘텐츠에 대한 비판능력을 지녀야 하며, 다양한 미디어 메시지를 접근, 분석, 평가, 제작, 활용할 수 있는 창조적인 사용자가 되어야 한다. 이들 연구자들의 이야기를 종합하면 미디어교육은 결국 수용자들을 비판적이고 창조적인 미디어 사용자이며 동시에 적극적이고 능동적인 미디어 참여자로 만드는 과정이라고 규정할 수 있다.

미디어교육에서 일단 중요시되는 것은 미디어 콘텐츠에 대한 비판과 미디어 메시지의 분석/비평이라는 인지적 접근방식의 교육이다. 하지만 이뿐만 아니라 미디어교육은 미디어 외부의 다양한 현실과 소통의 문제를 다룸으로써 미디어를 통해 소통되는 문화를 비판적으로 이해하고 조적인 문화를 생산할 수 있는 능력과 자기를 표현할 수 있는 커뮤니케이션 능력을 배양함으로써 개인의 주체성 및 정체성 형성에 기여해야 한다.

수용자들이 미디어를 이해, 활용, 제작하는 능력은 커뮤니케이션 능력이라고도 할 수 있다. 미디어 능력은 "미디어내용을 비판적으로 수용하고 미디어를 올바르게 사용하며, 나아가 자신의 인성발달에 긍정적 영향을 줄 수 있는 개인의 미디어 선용능력"이며 이 능력은 곧 "현대 사회에서 기술적 미디어 발전으로 인해 확장된 인간의 커뮤니케이션 능력"을 의미한다(Baacke, 1999).

앞의 이야기를 종합해 보자면, 미디어교육은 미디어 자체와 미디어 환경 전반에 관한 총체적인 이해 교육과 더불어 미디어를 교육적 매개 수단으로 이용하여 미디어를 통하여 가르치고 배우는 것이다. 이러한 맥락에서 우리는 미디어교육의 원리를 다음과 같이 정리할 수 있다. 우선, 미디어와 미디어 콘텐츠에 관한 비판적인 인식 및 이해 능력, 미디어 콘텐츠의 적극적인 사용 및 활용 능력, 그리고 미디어 콘텐츠를 통한 창의적인 능력을 길러주는 것. 그리고 그것을 통해 수용자들이 일상생활 속에서 직면하는 다양한 문제들을 능동적이고 주체적이며 자율적으로 해결할 수 있는 능력을 키우는 것이다.

정리해 보자. 미디어교육은 ① 올바른 미디어 이해/비판 및 수용 교육, ② 주체적인 창조 및 활용교육이다. 이때 미디어는 언어나 글을 통한 일상적인 대화와 같은 미디어에서 신문, 방송 같은 매스미디어를 거쳐 인터넷과 같은 새로운 디지털미디어에 이르기까지 우리 주변에서 흔히 접하는 모든 다양한 미디어를 모두 포함한다.

이 장에서 우리는 미디어교육의 내용을 개발하기 위한 원리와 방향을 정립하려고 노력했다. 미디어교육자가 스스로 미디어 콘텐츠를 발굴하고 활용할 수 있는 능력과 소양을 육성하기 위해 필요한 기본적인 원리와 방향은 무엇일까? 미디어교육내용의 핵심을 발굴원리와 활용원리라는 두 가지 측면에서 논의하도록 하자.

① 발굴원리: 미디어교육 담당교사들이 미디어교육 내용을 어떻게 찾을 것인가?

② 활용원리: 미디어교육 담당교사들이 발굴해 낸 미디어교육 내용을 실제 교육 현장과 일상생활에서 어떻게 활용할 것인가?

미디어교육내용 발굴 원리

미디어교육의 내용은 미디어 사용자(수용자)들의 미디어 능력, 즉 커뮤니케이션 능력을 기르는데 기여할 수 있는 것으로 구성돼야 한다. 미디어교육내용의 발굴 또한 이러한 목적에 부합하는 것이어야 한다.

먼저, 미디어 능력 또는 커뮤니케이션 능력의 기본 구성 요소를 알아보자. 앞에서 우리는 여러 연구자들이 미디어 능력을 미디어 콘텐츠의 이해, 활용, 제작이라는 세 가지 영역으로 나눠 생각한 것을 봤다. 우리는 미디어 능력이라는 개념에 보다 체계적으로 접근하기 위해 미디어 능력을 다음과 같은 세 가지 영역으로 구분하기로 했다.

① 비판적 사고능력

② 창의적 사고능력

③ 문제해결능력

미디어교육내용의 발굴원리는 궁극적으로 인간과 미디어환경과의 관계에서 인간이 소외되거나 종속되지 않는 것을 목표로 한다. 미디어교육은 인각과 미디어환경 사이의 커뮤니케이션 질서를 회복하기 위한 과정으로서 이해될 수 있다. 이를 위해선 수용자가 미디어의 작동원리와 콘텐츠를 바로 바라볼 수 있는 비판적 사고능력, 기존의 것을 갖고 새로운 것을 창조할 수 있는 창의적 사고능력, 그리고 당면한 문제를 슬기롭게 해결할 수 있는 문제해결능력을 가져야 한다. 미디어교육은 당연히 이 세 가지 능력을 기르는데 중점을 두고 조직돼야 한다.

미디어교육내용의 발굴원리를 비판적 사고능력, 창의적 사고능력, 문제해결능력이라는 세 가지 영역에 따라 구분해보도록 하자.

비판적 사고능력

핼펀(Halpern, 1996)은 비판적으로 생각하는 능력은 항상 중요시되어 왔고, 특히 21세기를 살아가기 위해서 필요불가결한 시민 의식 중 하나라고 주장했다. 우리는 일생 동안 다양한 분야에서 지역적으로 혹은 개인적으로 중요한 결정들을 내려야 한다. 개인으로서 또한 한 사회의 구성원으로서 우리가 내리는 수많은 결정들은 현재 세대뿐만 아니라 미래 세대에까지도 영향을 미친다. 따라서 사회의 일원으로서 우리는 이러한 결정들이 내려지는 방식에 관심을 기울여야만 한다.

오늘날 전 세계가 점점 더 가까워지고 있는 지구촌-공동체라는 환경 속에서 비판적으로 생각할 수 있는 능력은 범국가적으로 반드시 필요한 것으로 인식되고 있다. 예를 들면, 미국 교육 위원회는 미국의 교육이 학생들에게 사고능력의 개발을 육성하는 교육을 제대로 제공하지 못했다고 지적하면서 일찍이 미국의 "국가위기"를 선언한바 있다(National Commission on Excellence in Education, 1983). 멕시코의 경우, 대부분의 교육자들은 오늘날 대학교육의 임무는 급변하는 세계에서 생각할 수 있는 능력을 지닌 학생들을 배출하는 것임을 인식하고 있다(De Lopez, 1992). 우리나라의 경우도 마찬가지로 교육의 본질적 목표 중 하나가 "생각하는 힘"을 기르는 것임을 분명히 하고 있다(한국교육개발원, 1989).

이처럼 생각하는 힘이 중요시되는 것은 비판적 사고 능력이 발달한 학생들이 효과적으로 커뮤니케이션을 하며, 실제로 문제를 잘 해결할 것이라고 생각하기 때문이다(National Education Goal Panel, 1991). 맥펙(McPeck, 1981)은 "비판적 사고 능력은 바람직한 인간의 특성이므로 자유, 정의 또는 깨끗한 환경을 가르치는 것과 마찬가지로 가능한 한 학교에서 가르쳐야 하며, 또한 학교의 목적이 교육에 있는 한 그 과업은 비판적 사고 없이는 완성되어질 수 없으므로 비판적 사고는 교육을 위한 필요조건"이라 주장하며, 비판적 사고능력을 향상시키기 위한 교육, 특히 학교교육의 중요성을 강조하고 있다.

비판적 사고의 정의

'비판적 사고' 라는 용어를 이해하기 위해서는 먼저 '비판적' 이라는 용어의 의미를 명확히 이해해야 한다. 우리나라에서 '비판적' 이라는 말은 다양한 관점에서 여러 가지 의미로 사용되고 있기 때문에 간단명료한 하나의 의미를 제시하기는 쉽지 않다(김공하, 1998; 이숙안, 1996).

일반적으로 우리나라에서는 이 용어가 일생생활 속에서 사용되는 경우 부정적인 의미로 사용되는 경우가 많다. 예를 들면, 우리는 어떤 주장이나 의견의 문제점, 결점 혹은 오류를 지적하고 그것에 반대하는 것을 비판적인 것으로 생각하는 경향이 있다. 그러나 이러한 시각으로 '비판적' 이란 용어의 의미를 다소 부정적인 것으로 한정시키는 것은 문제가 있다. 왜냐하면 비판적이라는 말은 단순히 어떤 주장이나 의견을 반대편의 시각으로 이해하고 바라보는 것이 아니라 그 주장이나 의견을 뒷받침하는 근거나 논리의 타당성과 정당성을 평가하는 것이기 때문이다(최진호, 2005). '비판적' 이라는 용어는 어떤 주장이나 의견에 대한 평가와 직접적으로 관련이 있고, 이러한 평가는 긍정적 태도와 부정적 태도에 대한 건설적인 반성 혹은 회의가 되어야만 한다(Halpern, 1996).

이러한 맥락에서 맥펙(McPeck, 1981)은 비판적 사고는 반대를 위한 회의가 아니라 어떤 문제의 개선과 해결을 목표로 반성적으로 회의하며 어떤 활동에 관여하는 성향과 기능임을 밝히고 있다. 따라서 비판적 사고란 어떤 주장이나 의견에 대한 단순한 부정, 거부, 반대가 아니라 그 주장이나 의견의 근거에 대한 타당성과 정당성을 분석, 비교, 평가해서 당면한 문제의 현명한 해결을 통해 우리의 삶을 보다 의미

있게 하는 정신적 활동(최진호, 2005)이라 할 수 있다.

연구자들은 비판적 사고를 관점에 따라 다양한 방식으로 정의하고 있다. 예를 들면, 브라운과 킬레이(Browne & Keeley, 2000)는 바른 질문하기라는 관점에서 비판적 사고를 정의한다. 그들은 비판적 사고를 "상호 관련된 비판적 질문들을 자각하고 적절한 시간에 이 질문들을 할 줄 알고 거기에 대해서 대답하려는 의지와 능력을 가지는 것"이라고 정의하고 있다. 올슨(Olson, 2000)은 인간 경험의 모든 영역에 적용되는 지적 가치를 토대로 "관찰, 추론 혹은 반성으로부터 야기된 정보를 분석, 조합, 혹은 평가하는 훈련된 과정"이라고 비판적 사고를 정의하고 있다.

엡스타인(Espstein, 1999)은 평가라는 관점에서 비판적 사고를 "어떤 주장이 진실인지에 대해 혹은 어떤 훌륭한 논의의 형성 과정과 그 논의 자체가 훌륭한지에 대해 우리가 수긍할 수 있는지를 평가하는 것"이라고 정의하고 있다. 한편, 핼펀(Halpern, 1996)은 비판적 능력을 "바람직한 결과를 가져올 확률을 증가시키는 인지적 기술이나 전략의 사용"으로 정의하여 비판적 사고에서 결과를 강조하고 있다. 그에 따르면, 비판적 사고는 의도적이고 추론적이며 목표지향적인 사고이다. 이러한 사고는 한 사고자가 특정한 맥락이나 사고 업무를 위해 사려 깊고 효과적인 기술을 사용하고자 할 때 등장하는 것으로 문제의 해결, 추론의 공식화, 가능성의 타진, 의사 결정 등과 연관되어 있다.

결국 비판적 사고는 ① 생산적이고 긍정적인 행위이며, ② 결과와 더불어 결과를 야기하는 과정 모두에 초점을 두며, ③ 부정적 사건이나 긍정적 사건 모두에 의해 시작될 수 있고, ④ 이성과 감정 모두에 관련되어 있다고 할 수 있다(Kipping, 2000).

비판적 사고에 대해 보다 구체적으로 접근하기 위해 비판적 사고의 주요 특징들을 살펴보자. 비판적 사고는 여러가지 하부 개념들로 구성되거나 혹은 그것들을 포함하는 복합적이고 다차원적인 개념이다. 비판적 사고는 비판 능력으로서의 추리와 논리(Bowell & Kemp, 2002), 해석, 분석, 평가, 추리, 설명, 자율(Facione, 1998), 개념화, 응용, 분석, 통합, 평가(Scriven & Paul, 2004), 논리적 사고와 추리력, 비교, 조리, 세분화, 유형화, 연결, 원인/결과, 유추, 연역/귀납법, 예측, 계획, 가설화, 비판(Bloom, 1956), 분석적, 수렴적, 수직적, 확률, 판단, 집중, 객관적, 응답, 구술적, 단선적, 추리, 독립적(Harris, 1998), 아이디어, 과정, 경험, 사물의 창조나 생산에 대한 평가(Klenz, 1987), 가정에 대한 의문, 편견의 발견, 맥락 분석, 대안적인 관점과 정보원 탐색(Kipping, 2000), 진술, 논증, 경험을 평가하는 과정(D′Angelo, 1971), 논리적 추론의 형성(Simon & Kaplan, 1989), 추리적, 비판적, 논리적 사고(서울대학교 국어교육연구소, 1998), 응집력 있고 논리적인 추론적 사고 유형(Stahl & Stahl, 1991), 판단을 수용, 거부, 유보할 것인지에 대한 신중하고 세심한 결정(Moore & Parker, 1994), 진술에 대한 올바른 평가(Ennis, 1962) 등의 매우 다양한 특징들을 지닌 개념이다.

비판적 사고에 대한 기존 학자들의 정의와 그것이 포함하고 있는 개념적 특징들을 종합해 보면 비판적 사고는 다음과 같은 특징을 지닌 것이라 할 수 있다.

① 비판적 사고는 어떤 문제의 확실성, 가치, 정확성을 판단하고 평가하는 일을 필수적으로 요구하는 사고이다.

② 비판적 사고는 추리적, 논리적, 분석적, 평가적 성격을 지닌다.

③ 비판적 사고는 건전한 회의로서 내용의 정확성, 주장의 타당성과 가치를 판단하기 위해 어떤 주장, 신념, 정보의 출처나 이유를 세밀하게 자율적, 지속적으로 분석, 평가하는 사고 활동이다. 한마디로 말해, 비판적 사고 과정은 "결과에 대한 지속적인 평가 과정"이라 할 수 있다.

펠트후젠과 트레핑거(Feldhusen & Treffinger, 1993)는 비판적 사고의 과정을 문제 인식, 가설 설립, 관련 있는 사실과 자료 수집, 검토/평가, 결론 등으로 제시하고 있다. 키핑(Kipping, 2000)은 비판적 사고 과정을 ① 촉매역할을 하는 어떤 사건이나 결과가 발생하고 ② 그것을 평가하며 ③ 그것에 대해 조사 탐구하고 ④ 대안들을 발견하고 ⑤ 그 대안들을 실제 삶 속으로 통합하는 것으로 본다. 이 다섯 단계는 지속적으로 순환하는 형태를 띤다. 즉, 최종 단계에서 제시된 대안들이 일상생활 속으로 통합된 후 산출되는 결과를 또 다른 내용이나 주장에 응용하여 거기에서 다시 새로운 문제를 발견하고 그것을 다시 평가하며, 조사, 연구, 분석 절차를 거쳐 그 문제에 대한 새로운 대안들을 제안한 후 그 새로운 대안들을 다시 우리의 실제 삶 속에서 응용, 통합하는 것이다. 그리고 이러한 과정은 지속적으로 순환적으로 반복된다는 특징을 갖는다.

우리는 어떠한 주장이나 사실이 타당한지 여부를 결정할 때, 자주 어려움을 겪게 된다. 왜냐하면 그러한 판단은 특별한 지식을 필요로 하기 때문이다. 예를 들어, 어떤 주제에 대해 평가할 때 배경지식이 광범위하면 할수록 더욱 더 그 문제를 효과적으로 평가할 수 있을 것이다. 따라서 어떤 대상을 평가할 때 그 대상에 대한 기본적인 이해가 필요하다. 이 기본적인 이해는 단순한 사전적인 의미만을 이해하는 것이 아니라 함축적인 의미도 함께 이해하는 것을 의미한다. 특히 중요한 것은 여러 개념과 정의에 대한 적절한 이해는 그 분야의 특수한 다른 개념과 증거에 대한 이해를 필요로 한다는 것이다. 이러한 점에서 맥펙(McPeck, 1981)은 효율적인 비판적 사고의 필요조건은 광범위한 분야의 기본적 개념과 인식론적 토대를 이해하는 것이라 밝히고 있다.

하지만, 모든 분야에 있어서 비판적 사고능력을 발휘할 수 있는 방법은 없으며, 비판적 사고능력을 향상시킬 수 있는 가장 효과적인 방법은 분야나 주제에 상관없이 지식과 이해의 범위를 넓히는 것이라고 할 수 있다. 또한 특정한 교과분야들과 독립해서 비판적 사고를 가르치는 것은 잘못이며 교과와 비판적 사고를 통합하여 가르치는 것이 가장 효과적인 방법일 것이다(김공하, 1998).

이러한 맥락에서 미디어교육의 중요성이 발견된다. 왜냐하면 현대인의 "종합교과서"로서의 미디어는 비판적 사고를 가르치고 배울 수 있는 아주 훌륭한 살아있는 교과서라 할 수 있기 때문이다. 특히, 다양한 형태의 미디어 텍스트나 콘텐츠를 분석, 비판, 평가하는 것은 수용자들의 비판적 사고를 육성하고 발전시키기 위해 매우 유용한 수단이다.

비판적 사고능력을 향상시키기 위한 개인적 태도

비판적 사고능력을 증대시키기 위해 개인들이 지녀야 할 자세,

마음가짐, 혹은 태도나 성향에 대해서 많은 학자들과 단체들이 다음과 같은 몇 가지 요소들을 제시하고 있다.

첫째, 덴젤로(D'Angelo, 1971)는 지적 호기심, 객관성, 개방성, 융통성, 지적 회의성, 지적 정직성, 체계성, 지속성, 결단성, 다른 관점에 대한 존중 등이 개인의 비판적 사고를 증진시키기 위해서 필요한 요소들이라고 주장한다.

둘째, 미국의 북중부 지역 교육연구소(North Central Regional Educational Laboratory, 2005)에서는 독립적 사고, 통찰력, 공정성, 감정과 사고에 대한 탐구, 지적 겸손과 판단의 유보, 지적 용기, 지적으로 훌륭한 신념과의 통합, 지적 인내, 이유에 대한 확신 등을 비판적 사고 향상을 위한 주요 성향이라 제시하고 있다.

셋째, 윤지중(1992)은 반대되는 관점에 대한 개방성, 오류 가능성의 인정, 공정성/추상성, 겸손, 비판성, 비가식성, 객관성(이해관계의 배제), 심각한 문제인식, 지적 정직성, 지적 자율성, 회의/의심, 명료성/정밀성, 행동과 사고의 일치 등의 중요성을 강조하고 있다.

넷째, 핼펀(Halpern, 1996)은 비판적 사고를 발전시키는데 있어서 사람들이 무엇을 할 수 있는가라는 점과 사람들이 실제로 무엇을 행하는가라는 점 사이의 구분distinction between performance and competence을 강조하면서, 비판적 사고자는 계획을 세우려는 의지, 유연성(융통성), 지속성, 신중함(메타인식 혹은 메타 인지적 모니터링), 합의consensus 추구의 태도와 성향을 지녀야 한다고 주장한다.

다섯째, 맥펙(McPeck, 1981)은 성숙함, 풍부한 상상력, 창의성, 민감성 등을 비판적 사고능력을 증대시키기 위해 개인이 지녀야할 태도나 성향이라고 강조한다.

이런 논의에 비춰 본다면 비판적인 사고 능력을 가진 수용자들을 육성하기 위한 미디어교육의 내용은 어떤 것이 돼야 할까?

첫째, 수용자가 어떤 문제에 직면했을 때 그 문제를 심각하게 받아 들여 유연하고 주의 깊게 계획적으로 그 문제를 바라볼 수 있도록 해야 한다.

둘째, 객관적이고 개방적이며 겸손한 마음 자세와 공정하고 정직한 태도로 세밀하고 명료하며 창의적으로 문제를 해결할 수 있도록 해야 한다.

셋째, 이와 더불어 이러한 태도나 성향들을 장려, 육성하는 방향으로 교육내용이 수립되어야 할 것이다.

비판적 사고능력 향상과 관련된 질문들

비판적 사고를 연구하는 학자들은 비판적 사고능력 증대를 위해 물어야 할 기본적인 질문들을 제시하고 있다.

브라운과 킬레이(Browne & Keeley, 2000)는 비판적 사고를 향상시키기 위해서 우리가 물어야 할 질문으로 다음과 같은 것들을 제안하고 있다.

① 이슈와 결론은 무엇인가?

② 이유는 무엇인가?

③ 어떠한 용어나 문장이 애매한가?

④ 가치 갈등과 가정은 무엇인가?

⑤ 서술적 가정은 무엇인가?

⑥ 추론에 오류가 있는가?

⑦ 증거가 얼마나 설득적인 것인가?

⑧ 다른 경쟁적인 원인이 있는가?

⑨ 통계 수치에 속임수가 있는가?

⑩ 어떤 중요한 정보가 누락되었는가?

⑪ 어떤 그럴듯한 결론들이 가능한가?

한편, 에니스(Ennis, 1962)는 다음과 같은 질문들을 제시한다.

① 진술의 의미는 무엇인가? 추론 과정에서 모호한 점은 없는가?

② 진술들 간에 서로 모순되는 점은 없는가?

③ 결론은 타당하게 유추되었는가? 진술은 충분히 구체적인가? 어떤 진술이 실제로 어떤 특정한 원리를 적용한 것인가?

④ 관찰에 의한 진술은 신빈성이 있는가?

⑤ 결론은 귀납적으로 타당한 것인가?

⑥ 문제는 확인되었는가?

⑦ 어떤 것이 가정인지를 알고 있는가?

⑧ 정의는 타당한가?

⑨ 권위에 대한 진술은 받아들일 수 있는가?

이러한 논의들을 종합해서, 핼펀(Halpern, 1996b)은 비판적 사고 기술과 성향을 향상시키는 방법으로서 앞의 논의들보다 더욱 더 구체적인 15가지 방안을 다음과 같이 제시하고 있다.

① 문제해결에 영향을 미치는 다양한 요인들을 인식하고 통제하며 숙고할 것

② 지식이나 정보의 갭gap을 지각할 것(불완전한 정보로 인해 소재나

주제에 관해 제대로 된 의미를 파악하지 못할 수 있음)

③ 조작적 정의의 필요성을 이해할 것(문제의 개념에 대한 분명한 정의)

④ 결론을 뒷받침하는 이유의 강도를 고려할 것(얼마나 잘 이유가 논의와 결론을 뒷받침하는가)

⑤ 실증적인 자료를 평가할 때 상관관계적 추리를 포함한 데이터와 증거로부터 추론을 이끌어낼 것

⑥ 결정을 내릴 때 합리적인 기준을 사용할 것

⑦ 문제해결을 위한 계획과 전략을 체계적으로 응용할 것

⑧ 전반적인 이해를 목표로 문제를 바라볼 것

⑨ 정확성에 관심을 둘 것

⑩ 새롭고도 유용한 반응을 산출하기 위해 창의적인 접근법을 시도할 것

⑪ 다양한 사고의 유형을 신중하게 사용할 것

⑫ 앞을 내다보거나 어려움을 예측하는 등 계획적인 방식으로 문제해결에 임할 것

⑬ 커뮤니케이션 기술을 숙지할 것(분명하고 효과적인 커뮤니케이션할 것)

⑭ 감정이나 정서에 호소하는 테크닉들을 인식할 것

⑮ 개방적인 태도를 유지할 것(판단을 유보할 수 있는 의지와 비호의적인 대안이 잘 추론되었을 때 그것을 받아들이려는 의지)

우리는 이와 같은 기본 질문들을 바탕으로 비판적 사고능력을 향상시키기 위한 전략을 수립할 수 있을 것이다.

비판적 사고 능력의 향상 전략

비판적 사고능력을 향상시키기 위해서는 체계적인 전략의 수립이 필요하다. 브라운과 킬레이(Browne & Keeley, 2000)는 그 전략을 다음과 같이 네 가지로 구분하고 있다. 첫째, 목표를 분명히 한다. 둘째, 분명히 알고 있는 정보와 추론적으로 혹은 부분적으로 알고 있는 정보를 구분한다. 셋째, 목표를 완수하기 위한 적절한 비판적 사고 기술의 산출 및 선택을 한다. 넷째, 정확한 목표달성을 위해 그 과정에 대한 지속적인 점검을 한다.

미국의 경우, 미디어 리터러시 센터(Center for Media Literacy, 2005)에서는 비판적 사고를 향상시키는 전략을 다음과 같이 다섯 개로 구분해 제시한다.

① 증명할 수 있는 사실과 가치의 구분

② 주장이나 소스의 신뢰도에 대한 결정

③ 타당한 주장과 그렇지 않은 주장을 구분하는 진술의 정확성에 대한 결정

④ 규정된 가정과 규정되지 않은 가정을 밝히는 편견의 간파

⑤ 논리적 비일관성의 인식 및 논의의 강도에 대한 결정

이와 유사하게 진 페어Jean Fair는 비판적 사고능력을 증대시키기 위한 전략을 다음과 같이 구분한다(이숙안, 1996).

① 사실과 가치 진술의 분리

② 가설과 증거의 구분

③ 언급된 가정과 그렇지 않은 가정의 파악

④ 논의의 논리적 모순 파악

⑤ 가설과 입증된 결론의 구분

⑥ 무관성의 구별

⑦ 논리적 오류의 파악

⑧ 편견이나 준거의 파악

⑨ 논의의 조직화된 기호나 원리의 파악

⑩ 설득 기교의 파악

우리나라의 경우는 한국교육개발원(1993)에서 중요한 비판적 사고 전략으로 다음과 같은 것들을 제시하고 있다. ① 사실과 의견의 구분. ② 타당하고 충분한 근거를 가지고 주장이나 의견 평가. ③ 정보원의 신뢰성을 비교, 분석한 후 보다 신뢰성 있는 정보의 선택. ④ 다양한 관점에서의 조망. ⑤ 주장이나 진술에 숨겨진 편견의 탐지. ⑥ 진술에 숨겨진 의미와 가정의 확인. ⑦ 문제의 본질에 적합한 평가 증거의 사용.

이러한 논의를 종합해 보면, 비판적 사고능력을 증대시키기 위한 전략은 크게 다음과 같은 세 가지로 구분할 수 있다.

① 사실과 가치/의견의 구분

② 주장의 타당성과 편견 파악(주장의 타당성과 충분한 근거 찾기, 주장이나 설득에 숨겨진 편견 찾기)

③ 주장의 신뢰성 확보와 타당성 검증(신뢰성 있는 정보 선택하여 분석하기, 진술에 숨겨진 의미와 가정 확인하기, 논리적 오류를 파악하여 타당성 검증)

미디어교육과 관련한 비판적 사고능력의 정의

앞에서 우리는 비판적 사고와 관련된 여러 논의들을 살펴봤다. 비판적 사고란 무엇이며 비판적 사고능력을 증대시키기 위한 방법과 전략에는 어떤 것들이 있는지 살펴봤다. 이를 토대로 미디어교육과 관련해 비판적 사고능력을 어떻게 정의할 수 있을까?

미디어라는 것을 현대생활의 중요한 교과서로 이해한다면 우리는 미디어교육이 비판적 사고능력을 향상시키기 위한 교육의 일환으로 운영될 수 있다는 것을 알 수 있다. 미디어교육과 관련해 비판적 사고능력은 "미디어 콘텐츠에 대한 논리적, 체계적, 통합적인 접근, 추리, 분석, 비판, 평가, 설명 능력"으로 정의할 수 있다. 다시 말해, 미디어 내용이나 스토리, 구성, 상황설정, 주장, 영향력 등에 대한 체계적, 논리적, 분석적, 그리고 지속적 평가 과정이라 할 수 있다. 이러한 평가 과정은 교육을 통해서 효과적으로 학습되어질 수 있는 것이다.

창의적 사고 능력(창의성)

현대 정보 혹은 지식 사회에서는 논리적, 창의적으로 사고할 줄 아는 능력이 최고의 자산이고 힘이 된다. 이미 다양한 분야에서 많은 사람들이 창의성을 이야기하고 있지만 미래 세대에서는 창의적 사고의 중요성을 아무리 강조해도 지나치지 않을 것이다. 21세기 무한경쟁의 시대에서 창의력은 필수적인 생존의 수단이다. 창의성이 없는 개인은 발전할 수 없으며 창의성이 없는 사회는 진보하지 않는다. 그리고 창의성이 결여된 나라는 번영할 수 없다.

모든 것이 새롭고 급변하는 환경 속에서 기존의 지식이나 생활 방식은 더 이상 통하지 않는다. 새로운 적응 방식을 스스로 개발하고 대처해 나가야 한다. 뿐만 아니라, 창의성은 가정이나 직장 그리고 학교생활에서 활력소가 된다. 지루하고 따분한 일상생활에서 자신의 삶과 환경을 새롭게 가꿈으로써 즐겁고 행복한 삶을 살아갈 수 있을 것이다(윤종건, 1994). 창의성은 후천적으로 개발, 육성되지 않으면 쇠퇴하여 제 기능을 발휘하지 못하게 된다. 창의성 개발교육은 개인의 미래를 위해서뿐만 아니라 국가의 미래를 위해서도 반드시 필요한 것이라 할 수 있다.

창의성의 정의

비판적 사고능력과 마찬가지로 창의성 또한 한마디로 정의하기 어려운 개념이다. 일반적으로, 누군가가 일상적이지 않고unusual 적합한(appropriate, 혹은 의미가 있거나 유용하거나 특히 좋은) 결과나 산물을 만들어 냈을 때 우리는 그 사람이 창의적이라고 말한다. 이렇게 본다면 창의성은 어떤 결과를 산출하는 과정과 관련된 문제라기보다는 결과가 지니는 이 두 가지 양상에 의해서 정의된다고 볼 수 있다(Halpern, 1996).

일상적이지 않다는 것과 적합하다는 개념은 모두 어떤 판단을 필요로 한다. 다시 말해, 어떤 아이디어가 얼마나 범상치 않은가 그리고 그것이 어떤 목표를 얼마나 잘 완수하고 있는가에 관련된 것이기 때문에 창의성은 정도의 문제인 것이다. 이 말은 어떤 행위나 아이디어가 더욱 혹은 덜 창의적일 수 있음을 의미한다. 창의성은 사람들이 지니고 있거나 혹은 지니고 있지 않다는 차원에서의 단일의미가 아니다. 그것은 어떤 하나의 맥락 속에서 발생하는 일련의 과정인 것이다. 이러한 과정들은 창의적인 결과를 이끌어 내는 하나 혹은 그 이상의 과정들 속에서의 새로움novelty과 관련되어 있다(Halpern, 1996). 그러한 새로움은 문제를 인식하고, 문제를 정의하며, 가능한 해결책을 산출하고 평가하며, 얼마나 고유하게 그리고 얼마나 잘 그 문제가 해결되었는지를 판단하는 확인 방식들과 관계가 있다.

많은 연구자들이 창의성에 대해 다양한 정의를 내리고 있다.

애머빌(Amabile, 1996)은 어떤 것을 창의적이라고 판단하는 것과 관련해 다음과 같이 주장한다. 하나의 생산품이나 반응이 창의적이라고 판단되는 경우는 그것이 당면한 문제에 대해 ① 새롭고도 적절하며, 유용하고, 정확하며, 가치 있는 반응이거나 ② 문제 해결 과정paths이 분명하거나 솔직한 경우이다. 그에 따르면, 새로움과 적절함이 창의성의 가장 두드러진 특징이라 할 수 있다.

박종안(2005)은 창의성이란 "유용성을 지닌 유형 혹은 무형의 새로운 무엇"이라 정의하고 있다. 김영채(1999)는 협의의 창의성은 많은 다양한 독특한 아이디어를 생산해 낼 줄 아는 능력으로 정의하고, 광의의 창의성은 새롭고 유용한 아이디어를 생산해 내는 능력으로 정의하고 있다. 다시 말해, 창의성이란 많은 독특하고 새롭고 유용한 아이디어들을 생산해 내는 것이라 할 수 있다. 이러한 맥락에서, 유종건(1994)은 창의성이란 한마디로 "바꾸어 생각하는 것"이라 정의하고 있다.

창의성 또한 비판적 사고능력과 마찬가지로 복합적이고 다차원적인 개념이다. 창의성과 관련된 주요 특징 혹은 하부 개념들을 살펴보면 다음과 같다.

① 다양한 기존 정보의 수정, 보완, 추가, 변형, 응용, 재응용, 결합, 기존 정보와의 차별화, 새로운 정보 가치(김상수, 2004)

② 생성적, 확산적, 수평적, 가능성, 판단 유보, 분산, 주관적, 정답, 시각적, 연합적, 새로움과 풍부함, 협동적(Harris, 1998)

③ 수평적/측면적 사고(DeBono, 1968)

④ 독창성, 실용성과 민감성, 생산성과 유연성, 시장 가능성과 실행 가능성, 포괄성(Finke, Ward, & Smith, 1992)

⑤ 지능 개념의 확장으로서 확산적 사고(Corpley, 1995)

⑥ 독창성, 창의성(곽원섭 & 차경호, 2000)

⑦ 독창성, 유연성, 유창성, 정교성, 민감성, 개방성, 탐구성, 독립심(김춘일, 2004)

⑧ 민감성, 조합력, 우연한 발견 능력(Parnes, Noller, & Biondi, 1977)

⑧ 민감성, 유창성, 융통성, 독창성, 정교성(김학준, 2003; 임선하, 1993)

뿐만 아니라, 해리스(Harris, 1998)는 창의성을 향상시키기 위해서 개인이 지녀야할 태도 혹은 개인적 성향으로서 호기심, 도전의식, 건설적인 반대, 모든 문제들은 해결가능하다고 믿는 신념, 판단과 비판 보류 능력, 나쁜 점 가운데서 좋은 점 찾기, 문제는 개선을 이끈다는 믿음, 문제가 곧 해결책이 될 수 있다는 사고, 문제를 흥미롭게 여기고 정서적으로 인정할 수 있는 태도, 인내심, 유연한 상상력, 실수도 환영할 수 있다는 신념 등을 제시하고 있다.

이러한 기존 논의와 개념들을 종합해 볼 때, 창의성은 우선 문제가 있거나 아이디어를 필요로 하는 곳에서 다양한 생각들을 구성해 내는 능력(Gallagher, 1975)이라고 볼 수 있다. 창의성은 다양한 아이디어를 창출해 내거나, 독창적인 아이디어를 생각해 낼 수 있고, 그 아이디어를 발전시키거나 더욱 정교하게 만들 뿐만 아니라, 문제를 명확하게 할 수 있는 분명한 질문 및 아이디어나 문제를 다른 사람들이 납득할 수 있는 대화나 표현의 형태로 바꿀 수 있는 것까지를 포함하는 개념이다(Feldhusen & Treffinger, 1993). 결국, 창의적인 능력이란 "당면한 문제를 해결하기 위해 기존 정보(과거의 경험이나 지식)를 끌어내고 새로이 조합함으로써 만들어내는 가치 있는 아이디어를 내놓는 힘" (진행규, 2002)이라고 할 수 있다.

창의적 과정은 새로운 아이디어를 만들어 내기 위해 긍정적인 사고를 가지고 지속적으로 유연한 상상력을 발휘하는 과정이다. 자신의 아이디어가 다른 사람에게는 이미 익숙한 것이라 할지라도 자신에게는 지금까지 생각하고 활용하지 못했던 새롭고 유익한 것이라면 그 자체로서 이미 창의적인 것이라고 말할 수 있다.

창의적 사고능력 향상을 위해 물어야 할 기본 질문

위팅(Whiting, 1958)은 창의성에 있어서 변화, 응용, 결합 개념을 중심으로 9가지 특성들 혹은 세부적인 질문을 다음과 같이 제시하고 있다.

① 다른 사용: 사용할 새로운 방식은? 변형되어진다면 다른 사용들은?

② 적용: 그 밖에 무엇이 이것과 비슷한가? 이것은 어떤 다른 아

이디어를 제시하는가? 과거의 것과 유사한가? 무엇을 따라할 수 있는가? 누구와 겨룰 수 있는가?

③ 변형: 새로운 것이 왜곡되지는 않았는가? 의미, 색깔, 움직임, 냄새, 형태, 모양을 바꾼다면? 다른 변화들은?

④ 확대: 첨가 할 것은? 더 많은 시간이 필요한가? 빈도, 강도, 크기, 두께, 기타 가치는 더 확대되는가? 다른 성분을 더 한다면? 복제는? 기하급수적인가? 과장은?

⑤ 축소: 무엇을 줄일 것인가? 더 작아지는가? 압축은? 축소화는? 더 낮게? 더 짧게? 더 가볍게? 빠트림은? 간결화는? 분할은? 줄여서 말함은?

⑥ 대체: 누가 대신하는가? 무엇이 대신하는가? 다른 성분은? 다른 재료는? 다른 과정은? 다른 힘은? 다른 장소는? 다른 접근 방법은? 다른 목소리 크기는?

⑦ 재배열: 구성요소들의 상호변화는? 다른 패턴은? 다른 밑그림은? 다른 순서는? 원인과 결과의 바꿈은? 페이스의 변화는? 스케줄의 변화는?

⑧ 역: 긍정과 부정의 뒤바꿈은? 반대편은 어떠한가? 순서를 되돌아가는 것은? 위와 아래의 뒤바꿈은? 역할의 뒤바꿈은? 신발의 변화는? 테이블의 변화는? 부당한 처우를 수용하는 것은?

⑨ 결합: 혼합, 연합, 각종 구색, 조화는? 단위의 결합은? 목적, 소구, 아이디어의 결합은?

이와 유사한 맥락에서 김학준(2003)은 ① 새로운 조합 만들기, ② 기존의 생각이나 사물의 가치를 부정하고 생각하기, ③ 생각을 시각화하기, ④ 연관된 다른 아이디어 구축하기, ⑤ 다양한 도구를 이용하여 새로운 모습 찾기, ⑥ 다르게 느껴보고 뒤집어 보기 등을 창의성 개발을 위한 구체적 방법으로 제시하고 있다.

이러한 논의를 종합해보면, 창의적 사고의 핵심은 기존의 개념이나 아이디어를 변화시켜 보고 응용해 보고 재결합해보는 것이다. 미디어교육과 관련해 창의적 사고능력을 생각해 본다면, 창의적 사고능력이란 미디어의 다양한 내용이나 메시지를 수용자가 있는 그대로를 받아들이는 것이 아니라 미디어 경험을 통해 얻은 지식이나 정보를 변화 응용 결합해 봄으로써 자신에게 적합한 새로운 지식이나 패러다임을 만들어낼 수 있는 능력을 말한다. 따라서 창의적 사고란 수용자가 기존의 아이디어에서 출발하여 가능한 한 다양하고 독창적인 방식으로 아이디어를 확장, 확대시켜나가는 사고라 할 수 있다.

창의성 개발 전략

김학준(2003)에 따르면, 창의적 사고능력을 갖기 위해서는 먼저 창의적 사고 기술을 학습해서 의식적으로 새로운 아이디어를 만들어 낼 수 있어야한다. 그리고 다음으로는 창의적 사고 기법의 실천을 통해 창의적 사고력을 향상시켜야 한다.

수용자의 창의력을 개발하기 위한 가장 기본적인 방법으로는 다음과 같은 세 가지 기술이 거론된다.

① 아이디어 발상단계에서 수용자들에게 아이디어를 발상시킬 수 있도록 유도하는 것

② 표현, 참여단계에서 수용자들의 창의적인 아이디어를 표현하

고, 참여할 수 있도록 하는 것

③ 직접 제작, 경험해보고 느낄 수 있도록 하는 것

이 세 가지 기본 기술을 바탕으로 많은 연구자들이 창의성 개발 기술을 논의하고 있다.

해리스(Harris, 1998)는 창의적 사고 전략은 다음과 같은 5가지의 특성들을 가지고 있다고 제안하고 있다.

① 진화evolution: 점진적 개선

② 종합synthesis: 기존 정보나 아이디어의 결합

③ 변혁revolution: 기존 정보나 아이디어와의 차별화

④ 재응용reapplication: 기존 정보나 아이디어에 대한 새로운 방식으로의 접근

⑤ 방향 바꾸어 생각하기changing direction, 창의적 통찰력creative insight: 다른 각도에서 기존 정보나 아이디어 바라보기

임선하(1993)는 창의적 사고를 증진시키기 위한 활동을 다섯 단계로 구분하고 있다.

① 민감성 획득 단계: 주변 환경 및 사고의 대상이나 내용에 대해 예민한 관심을 보이고 이를 통해 새로운 탐색 능력을 넓히는 단계

② 사고의 융통성 훈련 단계: 사고의 대상이나 내용에 대해 경직되고 상투적인 사고방식이 아니라 고정적인 사고의 틀을 깨고 발상 자체를 전환시켜 유연하고 융통성 있게 생각하는 방법을 교육시키는 단계

③ 창의적 사고의 기법 습득 단계: 자신의 독창적인 경험이나 과

거에 창의적인 사고를 한 사람들의 이야기나 구체적인 사례 및 각종 기법들에 대해 학습하는 단계

④ 창의적 사고 단계: 사고 대상이나 내용에 대한 사고의 민감성의 결과로서 얻어진 다양한 자료와 융통성 있는 사고 능력을 기초로 자유스럽게 창의적 사고를 수행하는 단계

⑤ 아이디어 평가 및 검증 단계: 창의적 사고의 결과들을 주어진 여건에 따라 평가하고 그 가치를 검증하는 단계

핼펀(Halpern, 1996)은 다음과 같은 14가지의 기술을 제시한다.

① 다양한 방식으로 문제 정의하기

② 제공된 아이디어의 수를 증대시키기 위한 브레인스토밍 기법

③ 다양한 배경을 가진 사람들과 함께 작업하기

④ 물리적 변화를 고려하기

⑤ 본질적인 동기를 극대화하기 위한 환경 배열

⑥ 위험 감수 태도의 장려

⑦ 가능한 해결책 평가하기

⑧ 새로운 것을 고안하기 위한 속성들의 나열과 결합

⑨ 관련된 용어들을 사용하여 문제에 관한 진술

⑩ 가, 감, 흥미Plus, Minus, Interesting의 차원과 더불어 해결책과 문제의 또 다른 양상 평가

⑪ 해결책을 찾기 전에 문제와 관련된 용어들을 열기하기

⑫ 부가적인 정보 수집

⑬ 잘 모르는 것을 알기 위한 유추법의 사용과 잘 아는 것을 모른다고 가정해 보는 유추법의 왜곡

⑭ 문제의 시각화

한편, 애머빌(Amabile, 1996)의 경우는 9개의 기술을 제시한다.

① 고정된 기존의 시각 구조 깨기

② 기존의 인지 구조 깨기(새로운 인식 경로들을 탐구하기)

③ 복잡성 이해하기

④ 가능한 한 많은 해결책 제시하기

⑤ 판단 유보하기

⑥ "폭넓은" 카테고리 이용하기

⑦ 정확하게 기억하기

⑧ 미리 정해진 잘 짜여진 연극 대본 버리기

⑨ 창의적으로 바라보기

다시, 핼펀(Halpern, 1996b)은 창의적인 아이디어의 흐름이나 과정을 증대시키는데 도움이 되는 9가지 창의적 사고 기술을 다음과 같이 제시하고 있다

① 문제와 목표의 재정의: 몇 가지 다른 방식으로 문제를 기술해 보고 서로 다른 유형의 해결책들을 제시해 보라

② 유추를 찾을 것: 서로 다른 지식의 영역에 걸쳐서 해결책과 아이디어를 적용해 보라

③ 연관된 용어들의 목록 작성: 해결책을 시도하기 이전에, 문제에 관해 생각할 때 떠오르는 모든 용어들을 적어 보라

④ 브레인스톰: 규제나 평가 없이, 문제에 대한 가능한 한 많은 해결책들의 목록을 작성하라

⑤ 목록 점검: 다양한 해결책의 방식들을 산출하고 그것에 대한

목록을 작성하라

⑥ 속성 목록 작성: 관련된 속성들의 매트릭스를 만들고 셀들을 결합해 보라

⑦ 긍정적, 부정적 흥미: 다양한 해결책들의 긍정적, 부정적, 흥미로운 양상들에 대한 목록을 만들어 보라

⑧ 시각화: 자신을 문제의 일부라고 상상해 보고 다른 관점으로부터 그것을 바라보라

⑨ 브라우즈Browse: 아이디어 강화 활동을 수행할 때 그 문제를 지속적으로 생각하라

이러한 논의들을 종합해 보면, 창의성 개발을 위한 전략의 핵심은 기존과는 다른 다양한 각도에서 새로운 시각을 가지고 문제를 인식, 평가, 응용, 재응용하여 그 다양한 결과들을 재결합, 재평가 해보는 과정이라 할 수 있다.

일반적으로 창의적 사고능력은 학교교육에서 가장 잘 실천되어질 수 있고 창의성은 학교교육을 통해서 개발되어질 수 있다. 로웰펠드(Lowelfeld, 1962)는 창의성을 "교육의 양자"라 불렀다. 비록 전통적인 학교교육과정에서 창의성 교육을 등한시해 온 것이 사실이지만, 최근 들어 많은 교육 프로그램들이 학생들의 창의성 교육과 훈련을 위해 실행되고 있다. 핼펀(Halpern, 1996)은 다양한 창의성 훈련 프로그램들이 갖는 차이점에도 불구하고 모든 프로그램들이 공유하고 있는 원칙들을 다음과 같이 제시하고 있다.

① 목표를 달성하기 위한 다양한 방식들을 생각하는 것과 어떻게 최선의 방식을 선택하는지를 학생들에게 가르칠 것

② 풍부한 예들을 제공하고, 모델을 연습해 보며, 창의적 기술을 실천하도록 할 것
③ 타당한 질문을 묻는 방법과 문제를 발견하는 방법을 학생들에게 가르칠 것
④ 결론을 가지고 아이디어의 질을 평가할 것
⑤ 최초의 아이디어와 타당한 아이디어를 보상하고, 창의적 과정을 즐길 수 있도록 지속적인 보상을 유지할 것: 학생들의 아이디어가 가치가 있음을 알게 할 것
⑥ 체계적으로 조직화되지 않은 상황들을 제공하고 학생들이 다양한 상황별 창의성 개발에 실패했을 경우에도 지속적인 노력 과정이 가치가 있음을 가르칠 것
⑦ 해결책을 발견하기 위한 구체적인 계획을 학생들에게 제공할 것: 여기서 계획이란 복잡한 사실의 인지, 정보추구, 가능한 해결책의 산출, 시각의 변화, 목표의 재기술 등을 포함함
⑧ 문제 해결 과정에서 지나치게 빨리 문제나 해결책들을 분류하지 못하게 할 것: 명확한 구분이나 분류는 유연한 사고를 위해서 반드시 필요한 상반되는 구분을 저해하고 특정한 사고를 고착화시키는 경향이 있다.

미디어교육과 관련한 창의적 사고의 정의

미디어교육과 관련해서 창의적 사고능력을 정의하면 어떻게 될까? 미디어교육에서 창의적 사고능력이란 "기존의 미디어 콘텐츠를 모방, 수정, 보완, 통합하여 새로운 효용성을 지닌 콘텐츠를 창출하는

능력"이라고 정의할 수 있다. 다시 말해, 미디어교육과정에서 창의력이란 미디어의 다양한 메시지를 수용자가 있는 그대로를 받아들이는 것이 아니라 미디어 콘텐츠를 통해 새로운 지식이나 정보 만들어낼 수 있는 능력을 말한다. 수용자가 기존의 아이디어에서 출발하여 가능한 다양한 방향으로 아이디어를 변화시켜나가는 사고의 한 방법이라 할 수 있다.

창의성은 문제해결능력과 밀접한 관련이 있다. 창의적 사고는 새로운 결과를 제공한다. 문제해결능력은 새로운 결과로서의 새로운 상황에 대한 새로운 반응을 제공하기 때문에 문제해결능력은 창의적인 측면을 지니는 것이라 볼 수 있다(Guilford, 1977). 창의성을 발휘할 수 있는 사람은 더 효과적인 목표를 세울 수 있고 일의 방식을 새롭게 할 수 있으며, 문제해결과 위기관리도 잘 할 것이라 예측할 수 있다.

문제해결능력

미디어교육이 향상시키고자 하는 수용자의 능력 중 마지막 세 번째는 문제해결능력이다. 비판적 사고능력, 창의적 사고능력의 습득과 향상이 현실적이고 실천적인 결과의 도출로 이어지지 않는다면 그러한 능력들의 습득과 향상은 그저 지적인 유희에 그칠 수도 있다. 미디어교육이 지향하는 것이 결국은 현실 속에서 배운 것을 실천하고 응용하는 주체적 인간의 형성이라면 실천과 직결된 능력을 길러주는 것이 필요하다.

문제해결능력은 우리가 현실 생활에서 만나게 되는 다양한 문제들을 발견하고 슬기롭게 해결할 수 있는 능력이다. 미디어교육내용을 구성하는데 있어서 우리가 염두에 두어야 할 것도 미디어교육이 결과적으로 미디어 콘텐츠를 이용해 현실의 문제를 해결할 수 있는 능력을 가진 수용자를 양성하는데 기여하도록 하는 것이다.

문제해결능력의 정의

문제해결능력이란 무엇일까? 여러 연구자들이 다양한 방식으로 문제해결능력을 정의해 왔다. 박종안(2005)에 따르면, 문제란 목표와 현상 사이의 차이에서 발생하는 것으로 해결해야 할 사항이다. 그리고 문제해결이란 창의적인 기술을 문제해결 방법의 도구로 이용해서 그 문제를 해결하는 것이다. 또 펠트후젠과 트레핑거(Feldhusen & Treffinger, 1993)에 따르면, 문제해결능력이란 어떤 모호하고 어려운 장애물들을 인지하고 그 문제에 관하여 가능한 해결책을 생각하고 그 해결책을 평가하는 인지과정으로서의 인간 능력이다. 따라서 우리가 흔히 '창의적 문제해결' 이라는 말을 사용하듯이 문제해결능력은 창의성과 밀접한 관계를 갖고 있다고 할 수 있다.

길포드와 호프너(Guilford & Hoepfner, 1971)에 따르면, 문제해결능력은 ① 주어진 사물이나 특성을 재빠르게 인지하는 능력, ② 사물이나 아이디어를 분류하는 능력, ③ 관계를 인지하는 능력, ④ 대안적인 결과를 생각해 내는 능력, ⑤ 목표의 특성을 세밀히 나열하는 능력, ⑥ 논리적인 해결책을 만들어 내는 능력 등과 같은 다양한 능력들을 아우른 복합적인 개념이다. 또한 문제해결능력과 관련된 주요 개념으로는 유창성, 융통성, 독창성, 유보된 판단, 평가, 종합, 유창성, 융통성, 독창성, 정교성 등이 있다.

이러한 논의를 종합해볼 때, 문제해결능력은 단순히 창의성과 직접적으로 연결된 개념일 뿐만 아니라 비판적 사고능력과 창의적 사고능력을 바탕으로 한 종합적이고 포괄적인 동시에 실천적 개념이라 할 수 있다.

문제해결과정

문제해결능력은 종합적이고 실천적인 개념이다. 어떻게 하면 이 능력을 향상시킬 수 있을 것인가? 여러 연구자들이 문제해결능력을 향상시키기 위한 효과적인 문제해결과정을 제시하고 있다. 문제해결과정은 다양하고 복잡하지만 몇 가지 단계를 거친다. 여러 연구자들의 의견을 정리하면서 문제해결과정의 단계들에 대해 알아보자.

윌래스(Willas, 1962)는 창의적인 문제 해결 단계를 준비단계, 부화단계, 발현단계, 검증단계로 나누어 설명하고 있다. 이 모델은 많은 다른 모델들의 토대가 되고 있는데 다음과 같은 네 단계로 구분된다.

① 준비단계preparation stage: 문제해결을 위한 준비를 하는 단계로서 문제의 성격과 바라는 목표, 그리고 주어진 여건 등을 이해하는 단계이다. 이 단계에서는 문제에 대해 자유롭게 생각하고, 자료를 수집하며 해결 대안들을 탐색하는 등 자연스럽게 여러 제안에 귀를 기울이게 된다.

② 부화단계incubation stage: 문제 해결을 준비하는 과정에서 문제의 해결책이 떠오르는 기간이 짧게는 몇 분에서 몇 달 아니면 몇 년이 지나는 경우가 있다. 준비 단계에서 접했던 문제의 해

결책이 즉각적으로 떠오르지 않고, 시간 간격을 두고 떠오르는 것이다.

③ 발현단계illumination stage: 창의적인 활동을 하는 사람이 자신이 직면했던 문제에 대한 해결책을 찾아내는 단계이다. 문제의 범위와 영역을 정의하고 문제 해결의 경로를 발견한다. 지속적인 부화단계를 거쳐서 갑자기 나타나는 직관이나 통찰의 형태를 띠고 있다.

④ 검증단계verification stage: 발현단계에서 나타난 해결책이 검증단계를 거쳐 확정되는 단계이다. 최선의 해결책을 선택하기 위해서 문제 해결 경로를 평가한다.

한편, 오스본(Osborne, 1963)은 문제해결과정으로서 다음과 같은 복합단계모델을 제안하고 있다.

① 혼란 탐색Mess-Finding: 문제 해결의 시발점을 찾기 위해 개인이 중요하게 생각하는 목표나 개인적으로 문제를 다루는 스타일의 고려

② 자료 탐색Data- Finding: 수집한 모든 정보의 검토 및 문제 해결 방향이나 지침 설정

③ 문제 탐색Problem-Finding: 문제의 명확한 정의

④ 아이디어 탐색Idea-Finding: 문제의 정리 및 가능한 많은 아이디어의 산출

⑤ 해결책 탐색Solution-Finding: 아이디어 목록 만들기 및 가장 가능성이 높은 해결책 결정

⑥ 수용 가능한 해결책 탐색Acceptance-Finding: 가능성이 있다고

생각되는 아이디어를 가장 잘 실천할 수 있는 방법의 결정

펠트후젠(Feldhusen, 1983)이 생각한 단계는 다음과 같은 다섯 단계이다.

① 문제 산출

② 문제의 명료화

③ 문제의 확정

④ 아이디어 탐색

⑤ 해결의 종합화

한편, 브랜스포드와 스타인(Bransford & Stein, 1993)은 효과적인 문제해결을 위한 모델을 다음과 같이 제시한다. 각 단계의 이니셜을 따이 모델을 IDEAL모델이라고 한다.

① I Identify the problem: 문제의 확인

② DDefine and represent the problem: 문제의 정의 및 표현

③ EExplore possible strategies: 가능한 전략의 탐색

④ AAct on strategies: 전략의 실행

⑤ LLook back and evaluate the effects of your activities: 실행 효과에 대한 재고 및 평가

핼펀(Halpern, 1996)이 제시한 단계도 이와 크게 다르지 않다.

① 문제 인식

② 최초의 문제와 진술된 목표를 포함한 문제 표현의 구성

③ 가능한 해결책의 산출과 평가

④ 가능한 해결책의 선택

⑤ 문제 해결 여부를 결정하기 위한 가능한 해결책의 실행

여기서 주의할 점은 만약 목표가 완수되지 않았다면 일부 혹은 모든 단계들이 반복 돼야만 한다는 것이다. 다시 말해 문제표현의 변경, 목표의 재정의, 부가적으로 가능한 해결책의 산출, 가능한 해결책의 재평가 등이 뒤따라야 한다는 것이다.

또한 해리스(Harris, 1998)는 ① 문제 발견, ② 문제 분석, ③ 다양한 해결책 제시, ④ 올바른 평가를 위한 최선의 해결책 선택, ⑤ 그 선택된 해결책의 효과에 대한 평가의 다섯 단계를, 그리고 토렌스와 마이어스(Torrance & Myers, 1970)는 ① 문제점과 목표의 지각, ② 실제 문제의 인식, ③ 대안적인 해결책의 산출, ④ 아이디어 평가, ⑤ 아이디어 적용을 위한 준비라는 역시 다섯 단계의 문제해결과정을 제시한다.

그리고 박종안(2005)은 좀 더 복잡하고 세부적인 11가지 문제해결 단계를 제안하고 있다. 그것은 다음과 같다.

① 문제제기, ② 문제분류, ③ 우선순위 결정, ④ 원인분석, ⑤ 핵심원인 찾기, ⑥ 목표설정, ⑦ 해결안 도출, ⑧ 해결안 평가 및 수정, ⑨ 실행 계획 작성, ⑩ 실행, ⑪ 피드백 미팅

이상의 논의들을 종합해 볼 때, 문제해결과정은 기본적으로 다음과 같은 과정을 거친다고 볼 수 있다.

① 문제의 발견/인식/확인

② 문제의 분류/분석

③ 다양한 해결책 제시/평가

④ 최선의 해결책 실행

⑤ 해결책의 종합화 및 재평가

문제해결기술

우리는 지금까지 문제해결능력을 정의하고 문제해결에 다다르는 과정을 살펴봤다. 그렇다면 문제를 발견하고 해결하는 과정에서 구체적으로 사용할 수 있는 기술은 무엇이 있을까? 핼펀(Halpern, 1996b)은 문제해결기술을 다음과 같이 제시하고 있다. 이 기술은 문제를 확인하고 정의내리며 목표를 진술하고 해결 경로를 산출하고 평가하기 위해서 필요한 것이다.

① 다른 종류의 해결책을 고려하기 위한 문제와 목표의 재진술: 대부분의 현실 문제들은 잘못 정의되었고, 많은 가능한 목표들과 그것들을 달성하기 위한 다양한 방식들이 존재한다.

② 지속성의 비판적 역할 인식: 훌륭한 해결책을 찾을 때까지 지속적으로 문제를 해결하고자 노력한다.

③ 문제에 대해 그래프, 트리, 매트리스, 모델 등과 같은 양질의 표현을 사용할 것: 시각적 표현을 적극 이용하자.

④ 세계관은 제한적임을 이해할 것: 우리가 확정한 문제와 그것들을 얼마나 잘 해결할 것인지는 우리의 문화에 의해 영향을 받는다.

⑤ 문제별 유형에 적합한 최선의 전략을 선택할 것: 문제를 해결하는 데는 많은 다양한 전략들이 존재하며, 비판적 사고는 그것들 가운데 무엇을 어떻게 선택해야 하는지를 알려 준다.

⑥ 적극적으로 유추를 찾을 것: 매우 상이한 주제들과 관련된 문제들도 그 해결책은 서로 비슷할 수 있다.

이 기술들을 보다 구체적으로 살펴보자. 데이비드 버킹엄

(Buckingham, 2003)은 문제해결력을 향상시키기 위한 방법 혹은 기술로서 다음과 같은 요소들을 반드시 살펴보고 생각해 볼 것을 강조하고 있다.

① 어떤 측면에서 어떠한 문제를 수반하고 있는가?

② 사건(문제)의 전체를 이해하고 있는가?

③ 문제(갈등)의 핵심과 주요 원인은 무엇인가?

④ 결론이 갈등에 직접적으로 영향을 줄 수 있는 것인가?

⑤ 콘텐츠에서의 문제가 단지 개인적인 문제로만 끝이 나는 것인가 아니면 모두의 문제로 받아들일 수 있는가?

⑥ 대안을 선택할 때 나타날 수 있는 예상들은 무엇인가?

⑦ 콘텐츠 내에서의 잘못된 선입견, 왜곡, 가치관, 문제 등을 발견하여 올바른 가치관 정립과 정직한 시각을 가져올 수 있는가?

⑧ 미디어를 대할 때, 수동적인 자세에서 능동적이고 적극적인 자세로의 변화를 가져올 수 있는가?

⑨ 미디어에 대한 창의력과 비판력을 가지고 있는가?

⑩ 미디어에 대한 올바른 시각을 가져올 수 있는가?

미디어교육과 관련한 문제해결능력의 정의

앞에서 살펴 본 문제해결능력에 대한 논의를 종합해서 미디어교육과 관련한 문제해결능력에 대한 정의를 내려 보자. 미디어교육에서 문제해결능력은 "문제가 발생했을 때 그 문제를 체계적으로 이해, 분석, 비판, 평가해서 최선의 방법으로 그 문제를 해결할 수 있도록 미디어 콘텐츠를 이용하는 능력"이라고 정의내릴 수 있다.

문제해결능력은 미디어 콘텐츠에 대한 지식을 바탕으로 미디어와 미디어 콘텐츠를 이용해 일련의 계획적이고 체계적인 방식으로 현실 생활에서 봉착한 문제를 해결하는 능력을 말한다. 미디어교육에서 문제해결능력의 향상과 관련된 교육은 일반적으로 미디어 콘텐츠를 다양한 문제 상황에 적용할 수 있는 능력을 기르기 위한 학습으로 구성된다. 이 학습의 궁극적인 목적은 문제를 직면했을 때 미디어와 관련된 경험이나 지식을 유용하게 활용하여 창조적 활동이나 반성적 사고를 통해 의문을 제거하고 명료화하는 데 있다.

문제해결능력은 미디어 콘텐츠의 특성과 내용에 대한 올바른 이해와 창의력, 비판력을 바탕으로 문제의 핵심 요인을 집어내어 다양한 측면에서 당면한 문제를 해결해 낼 수 있는 능력이라 할 수 있다. 하지만 미디어교육의 특성상 문제에 대한 확실한 해답을 제시하는 것은 어렵기 때문에 논리적인 사고력과 사물이나 현상을 정확히 관찰하는 능력을 향상시키는 것이 중요하다.

비판력, 창의력, 문제해결력의 특성 비교

우리는 지금까지 미디어교육내용의 발굴원리를 구성하는 세 가지 주요 개념들에 대해 살펴봤다. 비판적 사고능력, 창의적 사고능력, 문제해결능력은 미디어교육을 통해 습득시키고 향상시키고자 하는 수용자의 능력이다. 이 세 능력은 미디어교육이 지향하고 있는 자율적으로 생각하고 행동하고 실천하는 주체적 인간을 형성하는데 필요한 기본 능력이다. 지금까지 논의한 내용을 바탕으로 이 세 능력의 특성을 비교해 보자.

비판적 사고능력은 기본적으로 이성의 합리성에 바탕을 둔 사고 능력으로 객관적이며 논리적이고 합리적 특성을 갖는다. 그것은 현상의 요소들을 나누고 분석하는 능력이며 복잡해 보이는 현상들을 정리해 간추리는 능력이다. 단계적이고 순차적으로 요소들을 구분하면서 요소들 간의 관계를 알아내고 결과를 판단하거나 예측하는 능력이다. 이 능력은 우리가 단어를 조직해 문장과 단락을 만들고 결국 한편의 글을 완성하는 능력이라고도 할 수 있다. 따라서 비판적 사고능력은 수직적이고 단선적인 특성을 갖는다고 할 수 있다.

반면에 창의적 사고능력은 감성과 직관에 바탕을 둔 능력이라고 할 수 있다. 이 능력은 논리나 합리에 맞게 체계적으로 생각을 하는 능력이 아니기 때문에 비합리적, 비논리적인 특성을 갖는다고 할 수 있다. 비판적 사고능력과는 달리 창의적 사고능력은 현상을 나누고 분석하기보다는 현상을 총체적으로 보고 단숨에 어떤 결과를 도출해 내는 속성이 있다. 단계적이고 순차적으로 사고를 하는 것이 아니라 한 번에 문제의 핵심에 도달하거나 결과를 생산하고 하나의 작은 계기로부터 수많은 생각을 파생시킨다는 점에서 창의적 사고능력은 확산적, 수평적, 연합적이라고 할 수 있다. 그래서 말을 하거나 글을 쓰듯이 단선적으로 구성되는 것이 아니라 한 번에 전체를 보는 시각적 사고의 특성을 갖는다. 산술적으로 확률을 따져 결론에 도달하기보다는 적은 가능성에 모든 것을 거는 특성을 갖기도 한다.

표1 : 비판력, 창의력, 문제해결력의 특성 비교

비판적 사고능력	창의적 사고능력	문제 해결능력
분석적	생성적	분석적/생성적
수렴적	확산적	수렴적/확산적
수직적	수평적	수직적/수평적
확률	가능성	확률/가능성
과정 평가	결과 평가	과정/결과 평가
판단	판단 보류	판단/판단 보류
집중	분산	집중/분산
객관적	주관적	객관적/주관적
논리적	비논리적	논리적/비논리적
합리적	비합리적	합리적/불합리적
응답	정답	해답/정답
구두적	시각적	구두적/시각적
단선적	연합적	단선적/연합적
추리	새로움/풍부함	추리/새로움, 풍부함
독립적	협동적	독립적/협동적
비판	창의	비판/창의

미디어교육내용 발굴원리의 활용방안

미디어교육을 담당하는 현장실무자들은 수용자(학생)들의 미디어 콘텐츠에 대한 비판적인 사고능력, 창의적인 사고능력 및 이 두 가지 능력을 실제 교육현장과 일상생활에 응용한 문제해결능력을 향상시킬 수 있는 방향으로 미디어교육내용을 구성하고 활용하여야 한다.

미디어교육내용과 관련된 문제들

현재 우리나라의 경우 미디어교육내용에 대한 독립적인 연구는 크게 발달하지 않은 상태이다. 대부분의 미디어교육내용에 대한 연구는 미디어교육교재를 개발하는 과정 속에서 파생적으로 분류, 언급이 되고 있는 정도이다. 일반적으로 미디어교육교재에서 다루고 있는 미디어교육내용은 교육목표에 따라(지적 목표, 개인적 목표, 제작 목표, 사회/도덕적 목표, 문화적 목표), 전달내용 영역에 따라(미디어 자체에 대한 정보나 지식영역, 인간중심에서 미디어의 기능과 과정에 대한 전반적인 이해영역, 인간과 미디어의 관계 속에서 인간 가치 고양영역), 그리고 중심 교육 소재에 따라(주제 중심, 미디어중심, 개념중심) 다양하게 구분되고 있다(안정임 & 전경란, 2004).

이러한 구분은 대체적으로 영국의 미디어교육학자인 데이비드 버킹엄(Buckingham, 2003)이 분류한 미디어교육이 다루어야 할 네 가지 핵심 영역(언어, 생산, 재현, 수용자 영역)과 영국 영화 연구소(British Film Institute: BFI)가 제시한 여섯 가지 미디어교육의 핵심 영역(미디어 제작자, 미디어 범주, 미디어 기술, 미디어 언어, 미디어 수용자, 미디어 표상), 그리고 독일의 미디어교육학자인 튤로체키(Tulodziecki, 1997)의 다섯 가지 미디어교육 기본 과제(미디어 영향에 대한 인식과 체화작업, 미디어 내용의 이해와 평가, 대안적 행위를 기반으로 하는 미디어 프로그램의 선택과 이용, 미디어의 자체 제작과 보급, 미디어 및 그 영향력에 대한 분석과 비평)에 기초하고 있다.

기존 미디어교육교재 개발 연구에서 제기한 교육내용들은 상당

부분 서로 중복되고 분류 기준과 제목만 다를 뿐 비슷한 내용들로 구성되어 있다. 또한 다양한 기준들에 근거한 여러 가지 복잡한 교육내용으로 인해 체계적으로 틀 잡힌 통합적인 미디어교육내용이 없다고 할 수 있다. 미디어 내용을 실제로 연극, 학예회 등을 통해 재현해 보거나 실제생활에서 미디어 메시지나 내용과 관련된 것들을 찾아 따라해 보고 연기해 보는 퍼포먼스performance교육이 실행되고 있지 않다는 점 또한 지적할 필요가 있다.

미디어교육내용 영역의 구분

미디어능력뿐만 아니라 커뮤니케이션능력의 확장을 목적으로 하는 통합교육을 실천하기 위해 우리는 미디어교육내용을 다음과 같은 세 가지 영역에서 구성할 수 있다.

① 미디어 수용영역

② 미디어 제작영역

③ 미디어 활용영역(퍼포먼스 포함)

이 세 가지 영역들 중 수용영역은 비판적 사고능력의 향상과 밀접한 관계가 있으며 제작영역은 창의적인 사고능력의 개발과 관련이 있고 활용영역은 문제해결능력의 증대와 밀접히 연결돼 있다.

미디어 수용 영역

미디어교육의 기초는 미디어 콘텐츠의 수용과 관련된 교육이 차지하고 있다고 볼 수 있다. 이것은 아마도 가장 오래된 미디어교육내용의 핵심을 차지하는 것일 것이다. 20세기에 들어와 미디어(대중매체)가 일반화되면서 미디어 내용이 갖는 교육적, 사회적, 문화적 문제는 여러 연구자들의 관심을 받았다. 자연스럽게 폭력적, 선정적이며 싸구려 취향을 조장한다는 평가를 받는 미디어 내용에 대한 대중 계도가 필요하다는 여론이 형성됐다. 일차적인 의미의 미디어교육이 시작된 것이다.

오늘날 미디어교육에서 수용교육은 단순히 미디어 내용의 선정성이나 폭력성을 비판하는 것에 머무르지 않는다. 수용교육은 미디어 자체의 속성에 대한 이해에서부터 미디어를 접하는 수용자의 태도가 갖는 속성에 대한 이해까지를 포함한다. 미디어교육의 수용영역에서 수용자들은 미디어 관련 제도와 미디어 내용에 대한 토론을 통해 수용자들의 어떠한 욕구를 미디어의 도움을 통해 충족시킬 수 있으며 어떠한 행동의 선택이 가능한지를 의식적으로 연구해 보는 기회를 갖는다. 또한 선택한 미디어 내용을 보면서 현실이 미디어를 통해 어떻게 (재)구성 되었는지를 비판적으로 인식하는 능력을 기르기도 한다.

미디어교육의 수용영역에서 고려해야 할 사항들은 다음과 같다.

① 미디어의 코드와 관습, 선택과 조합, 이야기 구조 및 의미생성 과정과 방식, 영상기법 및 미디어의 표현 양식의 이해

② 미디어에 대한 비판적 이해, 가치판단, 태도 및 의식화 관련 내용, 모니터링 방법의 이해

③ 올바른 미디어 및 미디어 콘텐츠의 이용방법과 선택기준, 미디어일기 쓰기, 수용자 의무와 책임(주권)의 이해

④ 성, 스테레오타입, 폭력성, 선정성, 공정성, 편파성 등에 대한 이해

⑤ 미디어 콘텐츠의 발견, 선택, 소비, 반응 및 미디어의 영향력에 관한 이해

⑥ 미디어 텍스트와 실제 현실과의 차이에 대한 이해

⑦ 미디어의 진실과 진실 왜곡 방법 및 과정에 대한 이해

⑧ 미디어의 시각 및 존재와 부재 의견이나 인물에 대한 이해

⑨ 미디어 콘텐츠와 미디어 경험에 대한 의견교환, 발표, 토론 및 연기의 수행

미디어 제작 영역

미디어교육내용 중에서 일반적으로 가장 관심과 주목을 많이 받는 것은 바로 미디어 내용을 직접 제작하는 교육이다. 특히 얼마 전부터 불기 시작한 UCC 제작의 바람 덕에 미디어교육에서 제작영역은 큰 인기를 끌고 있다.

미디어교육에서 제작교육은 능동적이고 직접적인 미디어 내용물 제작 작업으로 구성된다. 수용자들은 단순하고 간단한 미디어 제작 실습에서 출발하여 단계적으로 보다 길고 다양한 미디어 내용물을 자율적으로 제작하는 방법을 배운다. 또한 기술적인 측면에서 미디어의 특성을 배우고 이에 적합하게 전달하고자 하는 내용을 창의적인 미디어 제작물을 통해 표현해 보며 그 제작 과정과 결과물 및 에피소드 등을 발표하고 토론한다. 제작영역에서는 각 미디어별 내용물 제작 전문가들의 조언과 도움이 필요하다. 제작영역에서 고려해야 할

사항들은 다음과 같다.

① 미디어 제작자와 제작 과정에서 제작자의 역할과 임무에 대한 이해

② 미디어 본질, 속성, 종류, 제도, 구조, 경제적 여건, 이데올로기, 제작 의도 및 결과, 제작 구조 및 환경, 철학의 이해

③ 미디어 테크놀로지의 역사, 미디어 산업, 미디어 간의 연계, 규제, 유통과 보급, 접근과 참여에 대한 이해

④ 신문/잡지/책, 텔레비전/라디오, 영화/비디오/뮤직비디오, 만화/애니메이션, 인터넷/PC통신/게임 등 다양한 미디어의 제작 메커니즘, 제작기술에 관한 내용, 제작과정과 최종결과물의 차이에 대한 이해

⑤ 제작과정 참여관찰하기 및 직접 미디어 콘텐츠 만들어 보기: 제작 실습 및 제작 활동

미디어 활용 영역

미디어 활용 영역은 미디어 콘텐츠를 전체적, 혹은 부분적으로 이용해 일상생활의 문제를 해결하는데 사용하는 능력을 기르는데 할애된 영역이다. 즉, 미디어 콘텐츠를 어떻게 활용할 것인지에 대한 전반적인 고민과 학습이 이뤄지는 영역이다. 여기에서 수용자들은 미디어 콘텐츠를 올바르고 효과적으로 사용하는 방법에 대해 묻고 생각하고 토론한 후, 그것을 실제로 일상생활에서 활용하는 방법을 습득한다.

사실 수용자는 미디어 콘텐츠를 비판적으로 수용하고 창의적으

로 제작하는 과정을 통해 자연스럽게 미디어나 미디어 콘텐츠 안에서 제시되는 문제를 파악하고 해결책을 강구할 수 있다. 이 과정을 수용자가 일상생활에 적극적으로 응용하게 된다면 일상의 삶 속에서 발생하는 다양한 문제들을 발견하고 해결할 수 있는 좋은 수단과 방법을 미디어와 미디어 콘텐츠 안에서 발견할 수 있을 것이다.

미디어 활용 영역에서 고려해야 할 사항들은 다음과 같다.

① 미디어 콘텐츠 안에서 발견되는 문제나 갈등 요소는 무엇인가?

② 문제나 갈등의 전체를 이해하고 있는가?

③ 문제나 갈등의 핵심과 주요 원인은 무엇인가?

④ 미디어 콘텐츠의 핵심아이디어가 문제나 갈등에 직접적으로 영향을 줄 수 있는 것인가?

⑤ 미디어 콘텐츠의 문제가 단지 개인적인 문제로만 끝이 나는 것인가 아니면 모두의 문제로 받아들일 수 있는가?

⑥ 어떤 대안이나 해결책을 선택할 때 예측되는 결과는 어떠한가?

⑦ 미디어 콘텐츠의 문제에서 쟁점(이슈)은 무엇인가? 특정 미디어와 특정 주제로 토론 내용을 구체화가 필요하다.

⑧ 미디어 콘텐츠를 수용자들이 연극이나 퍼포먼스를 통해 실제로 연기하거나 따라해 보고, 그것을 발표하며 또 그것에 대해 생각하고 의견을 교환하며 토론한다.

⑨ 수용자들의 의사소통과정과 정체성 확립에 대한 이해가 필요하다.

미디어교육의 필요성

21세기 지식정보 사회에서는 정보를 단순히 받아들이고 기억하는 능력은 그다지 중요하지 않다. 인터넷과 같은 새로운 매체들이 지식의 검색, 저장 기능을 담당하기 때문이다. 현대사회에서 중요한 것은 많은 정보나 지식을 분석, 조직, 종합 관리하여 새로운 정보나 지식을 생산할 수 있는 능력이다. 오늘날과 같이 다원화, 세계화되고 각종 매체를 통해서 정보나 지식이 쏟아지는 사회에서는 어느 정보를 취해야하고 또 버려야 할지, 그 선택된 정보가 과연 올바른지, 가치가 있는지에 대해 평가하고 재검토할 수 있는 능력이 요구된다.

기존 미디어교육은 매스미디어에 대한 불신에서 출발했다. 매스미디어의 해악으로부터 사회의 문화와 도덕적 가치를 보호해야 한다는 보호주의적 관점이 미디어교육을 지배했다. 하지만 21세기 새로운 미디어 환경에서 미디어교육에 대해 재정의가 필요하다. 사회 환경 변화와 관련된 미디어 환경의 변화 양상은 다음과 같이 정리될 수 있다.

① 미디어가 사회전반에 침투해 있으며, 미디어의 소비가 급증하고 있다.

② 미디어의 이데올로기적 중요성 및 의식산업으로서의 영향력이 크다.

③ 정보산업이 발달하고 있다.

④ 선거와 같은 많은 민주주의의 절차에 미디어가 관여하는 정도가 커지고 있다.

⑤ 모든 영역에서 영상커뮤니케이션과 영상미디어의 중요성이 점점 커져가고 있다.

⑥ 정보의 사유화 경향이 증가되고 있다.

이처럼 급속히 변화하는 사회에서 미디어교육은 현재와는 확연히 다른 미래에 대비해 학생들을 준비시키는 교육과정의 역할을 한다. 급변하는 미디어 환경 속에서 수용자들의 비판적 사고능력, 창의적 사고능력, 문제해결능력을 향상시키기 위한 미디어교육은 합리적인 정보 선택과 활용 능력을 기르는데 필수적인 것이라 할 수 있다. 미디어교육은 더 이상 선택의 문제가 아니라 삶의 문제이고 필수의 문제가 되고 있다.

참다운 인간관계는 바로 커뮤니케이션 질서 회복으로부터 비롯된다. 인간의 미디어능력과 커뮤니케이션능력의 확장을 추구하는 통합미디어교육이 필요한 시점이다. 체계적이고 조직적인 미디어교육 내용을 구축하기 위해 우리는 미디어교육담당 실무자들이 미디어교육내용을 스스로 발굴하고 활용할 수 있는 원리를 수용자들의 비판적 사고능력, 창의적 사고능력, 문제해결능력의 함양이라는 틀을 통해 제시하고자 했다. 또한 미디어교육 담당자들이 현장에서 사용할 수 있는 교육영역으로 미디어 콘텐츠의 수용, 제작, 활용이라는 세 가지의 영역을 제시했다.

빠르게 변화하는 미디어 환경 속에서 미디어교육 담당자들의 역할은 수용자들에게 미디어를 다루는 방법을 가르치는 것이라기보다는 미디어와 더불어 살아가는 의미를 이해하도록 도와주는 것에서 찾아야 할 것이다. 미디어교육내용은 능동적이고 적극적인 수용자 의식을 토대로 수용자들이 비판적으로 미디어와 미디어 콘텐츠를 선택하고 창의적으로 제작하며, 미디어 콘텐츠를 실제 삶에서 활용할 줄 아는 주체적 미디어능력을 배양시키는데 초점을 두어야 한다.

참고 문헌

· 곽원섭 & 차경호(2000). 창의성을 위한 자원과 광고교육. http://www.advertising.co.kr

· 김공하(1998). 비판적 사고와 교육: McPeck. 서울: 교육과학사

· 김기태(2005), 초중등 학교 미디어교육 목표 및 방향설정. 미디어교육컨퍼런스 2차.

· 김상수(2004). 김상수 교육칼럼. http://cafe.daum.net/kssks

· 김양은(2005). 미디어교육의 개념 및 학교 미디어교육의 방향, 학교로 간 미디어. 서울: 다할 미디어. 22-48.

· 김양은(2003). 미디어교육의 어제, 오늘 그리고 미래. 한국언론학회, 미디어교육위원회 미디어교육 컨퍼런스 1차. 94-116.

· 김양은 & 안정임(2004). 미디어교육의 개념 및 학교 미디어교육의 방향. 미디어교육위원회 미디어교육 컨퍼런스 1차. 16.

· 김영채(1999). 창의적 문제해결: 창의력의 이론, 개발과 수업. 서울 교육과학사

· 김춘일(2004). 창의성과 인성교육. http://www.ctskorea.co.kr

· 김학준(2003). 창조적 문제 해결 방법. 경남대학교 출판부.

· 박동숙(1994). 외국 사례를 중심으로 본 미디어교육 현황, 신문과 방송, 94/9, 92-100.

· 박종안(2005). [대한민국] 창의력 교과서. 서울: 푸른솔

· 서강대학교 언론대학원(2005). 미디어교육전공 홈페이지.
http://hompi.sogang.ac.kr/gscom/affairs.files/media_edu.htm
· 서울대학교 국어교육연구소 (1998). 국어교육학 사전, 서울: 대교출판
· 안정임 & 이창현(2003). 언론학교육의 변화와 미디어교육: 디지털미디어의 도전과 대응 한국언론학회 미디어교육위원회 미디어교육 컨퍼런스 1차. 68-84.
· 안정임 & 전경란(2004). 학교 미디어교육을 위한 커리큘럼 및 교재개발 방향. 미디어교육위원회 미디어교육 컨퍼런스 2차
· 안정임 & 전경란(1999). 미디어교육의 이해. 한나래.
· 은혜정(2000). 미디어교육의 역사와 필요성 그리고 미디어교육의 현황, 매비우스, 미디어교육교습법 개발을 위한 워크샵 및 토론회.
· 은혜정 & 김수미(2001). 해외우수프로그램 비교연구: 미디어교육, 한국방송진흥원
· 이숙안(1996). 비판적 읽기 책략 훈련 프로그램 개발에 관한 연구. 한국교원대 석사학위논문.
· 이영숙(1998). 미디어교육 커리큘럼 개발연구, 미디어교육 현장사례 및 학술발표회, 우리나라 미디어교육의 현실과 과제.
· 임선하(1993). 창의성에의 초대. 서울: 교보문고
· 윤종건(1994). 교사, 학부모, 직장인들을 위한 창의력의 이론과 실제. 서울: 원미사.
· 진행규(2002). 창의력 개발 방법. 서울: 한국산업경영연구원
· 최진호(2005). 비판적 사고력 신장을 위한 광고 텍스트 활용 수업 방안. 영남대학교 교육대학원, 석사학위논문.
· 한국교육개발원(1989). 교과별 사고력 신장 프로그램을 위한 방안 탐색. 한국교육개발원.
· Amabile, T. M.(1996). Creativity in Context.: Update to The Social

Psychology of Creativity. Boulder, Colorado: WestviewPress.

· Baacke, D.(1999). "Medienkompetenz": theorethisch erschliessend undpraktisch folgenreich. Merz, 1, 7-12. 문혜성, 김성완, 박병호, & 양유정(2004). 한국 대학교에서의 미디어교육 교사양성 방안 한국언론학회 미디어교육위원회 미디어교육 컨퍼런스 2차. 재인용.

· Bazalgette, C. (Ed.) (1989). Primary Media Education: A Curriculum Statement. London: British Film Institute.

· Bloom, B.(1956). Critical and criative thinking-Bloom′s Taxanomy. http://eduscapes.com/tap/topic69.htm

· Bowell, T. & Kemp, G.(2002). Critical Thinking: A Concise Guide. London & New York, Taylor & Francis Group: Routledge.

· Bransford, J. D. & Stein, B. S.(1993). The Ideal Problem Solver: A Guide for Improving Thinking, Learning, and Creativity(2nd ed.). New York: Freeman.

· Browne, M. N. & Keeley, S. M.(2000). Asking the Right Question Thinking(6th ed.). 김영채 역, 바른 질문하기: 비판적 사고의 가이드, 서울: 중앙적성출판사.

· Buckingham, D.(2003). Media Education: Literacy, learning and Contemporary Culture. Blackwell Publishing Ltd: London.

· Buckingham, D.(1996). Moving Images: Understanding Children′s Emotional Response To Television. Manchester: Manchester University Press.

· Buckingham, D.(1991). Teaching about the media, in Lasted D.(Ed.), The Media Studies Book, Eoutledge; NewYork.

· Center for Media Literacy(2005). 10 Classroom approaches to media literacy. http://www.medialit.org

· Corpley, A. J.(1995). Kreativitaet Unt Erziehung. 김선 옮김. 교육과 창의성. 서울: 집문당

· De Lopez(1992). Promote thinking, say university leaders. The News, June, 9, Mexico City, p. B4.

· Ennis, R. H.(1962). A concept of critical thinking. Harvard Educational Review, 32, 81-111.

· Espstein, R. L.(1999). Critical Thinking. Belmont, CA: Wadsworth Publishing Company.Feldhusen, J. F.(1981). Teaching gifted, creative, talented students in an individualized classroom. Gifted Child Quarterly, 25, 108-111.

· Facione, P. A.(1998). Critical thinking: What is it and why it counts, California Academic Press, CA.

· Feldhusen, J. F. & Treffinger, D. J.(1993). Creative Thinking And Problem Solving In Gifted Education. 전원경, 박정옥 공역. 창의적인 문제해결력. 서울: 서원.

· Finke, R. A., Ward, T. B., & Smith, S. M.(1992). Creative Cognition: Theory, Research, and Applications. Cambridge, Massachusetts: The MIT Press

· Gallagher, J. J.(1975). teaching the Gifted Child(2nd ed.). Boston: Allyn and Bacon.

· Guilford, J. P.(1977). Way beyond the IQ. Buffalo, New York: Creative Education Foundation.

· Guilford, J. P. & Hoepfner, R.(1971). The Analysis of Intelligence. New York: McGrawhill.

· Halpern, D. F.(1996). Thought & Knowledge: A Introduction to Critical Thinking(3rd ed.). Mahwah, New Jersey: Lawrence Erlbaum Associates,

Publishers.

· Halpern, D. F.(1996b). Thinking Critically about Critical Thinking. Mahwah, New Jersey: Lawrence Erlbaum Associates, Publishers.

· Harris, R.(1998). Introduction to Critical thinking. Virtual Salt. http://www.virtualsalt.com/crebook1.htm

· Klenz, S.(1987). Critical and Creative thinking. Saskatchewan Education. http://sasked.gov.sk.ca/docs/policy/cels/e14.html

· Kipping, P.(2000). Think TV: A Guide to Managing TV in the Home. Nova Scotia Department of Education. pp. iv-vii.

· Lowelfeld, V.(1962). Creativity: Education's stepchild, In S. J. Parnes & H. F. Harding(Eds.), A Source Book for Creative Thinking. New York: Scribner's.

· McPeck, J. E.(1981). Critical Thinking and Education. New York: St. Martin's Press.

· Moore, B. N. & Parker, R.(1994). Critical Thinking(4th ed.). Mountainview: CA, Mayfield.

· National Commission on Excellence in Education(1983). A nation at risk: The imperative for educational reform. Washington DC: Author.

· National Education Goal Panel(1991). The national education goals report: Building a nation of learners, Washington DC: U. S. Government Printing Office.

· Media Awareness Network http://www.media-awareness.ca

· North Central Regional Educational Laboratory(2005). Critical thinking skills. http://www.ncrel.org

· Olson, I.(2000). The Arts and Critical Thinking in American Education. Westport, Conn.: Bergin & Garvey.

· Osborn, A.(1963). Applied Imagination. New York: Scribner's.

· Schorb, B.(1997). Medienkompetenz. In Hüther u.a. (Hrsg.). Grundbegriffe Medienpädagogik. München: KoPäd. 234-240. 문혜성, 김성완, 박병호, & 양유정(2004). 한국 대학교에서의 미디어교육 교사양성 방안 한국언론학회 미디어교육위원회 미디어교육 컨퍼런스 2차. 재인용.

· Scriven, M. & Paul, R.(2004). Defining critical thinking. Foudation For Critical Thinking. www.criticalthinking.org

· Simon, H. A. & Kaplan, C. A.(1989). Critical thinking, In M. I. Posner (Ed.), Foundation of Cognitive Sciences. Cambridge, MA: MIT Press. 1-47.

· Stahl, N. N. & Stahl, R. J.(1991). We can agree after all! Achieving consensus for a critical thinking component of a gifted program using the Delphi Technique. Roeper Review, 14(2), 79-88.

· Torrance, E. P. & Myers, R. E.(1970). Creative Learning and Teaching. New York: Dodd, Mead and Co.

· Tulodziecki, G. et. al.(1995). Handlungsorientierte Medienerziehung in Beispielen. Bad Heilbrunn. 강진숙(2005). 독일에서의 초 · 중등학교 미디어교육 교과과정 연구. 미디어교육컨퍼런스 1차. 50-51 재인용.

· Tulodziecki, G.(1997). Medien in Erziehung und Bildung. Grundlagen einer handlungs/ und entwicklungsorientierten Medienpädagogik. 3. Aufl. Bad Heilbrunn. 강진숙(2005). 독일에서의 초 · 중등학교 미디어교육 교과과정 연구. 미디어교육컨퍼런스 1차. 50-51 재인용.

03

미디어교육의 **목표와 교수방법**

미디어교육의 **목표와 교수방법**

chapter 03

미디어교육의 문제

미디어교육은 미디어 수용자들의 민주적이고 비판적인 태도를 양성하는데 기본적 목적이 있다. 미디어교육의 단기적인 목적은 올바른 미디어 수용을 유도하는 것이며, 장기적인 목적은 창의적이고 능동적인 인간을 양성하는 것이다(Baacke, 1997a; Tulodziecki, 1997). 미디어교육의 궁극적인 목적은 인간과 환경의 상호작용에서 인간이 주체적으로 흐름을 통제할 수 있도록 하는 것이라 할 수 있다. 최근의 미디어교육은 다양한 학문영역과의 통합을 통해서 매스미디어와 매스커뮤니케이션만을 대상으로 하는 것이 아니라 커뮤니케이션 일반을 대상으로 적용 영역을 넓히고 있다. 이는 컴퓨터와 같은 커뮤니케이션 수단의 개인화로 가능해진 커뮤니케이션 영역의 확대에 따른 것이지만 급속한 사회의 변화과정에서 요구되는 인간의 커뮤니케이션

능력의 확대와 관련이 있다.

미디어교육은 미디어의 긍정적 기능을 보다 적극적으로 발휘하기 위한 수용·제작·활용교육과 부정적 기능을 최소화하기 위한 보호적 예방교육의 두 가지 형태로 진행할 수 있다. 교육적 관점에서 중요한 점은 미디어 수용자의 하나인 학생들의 발달 과정에서 어떠한 미디어 능력이 필요하며, 이들의 사회화를 담당한 교육기관이 구체적으로 무엇을 어떻게 해야 하는가하는 점이다. 또한 이들의 사회적·도덕적 발달에 저해되는 TV 프로그램, 인터넷의 과다사용, 폭력물의 과다노출 등 미디어의 역기능적 폐해를 최소화하고, 미디어와 관련된 사회 윤리적 문제 등을 분석하여 이에 대한 적절한 해결방법을 모색하는 것도 중요하다. 나아가 미디어능력을 향상시키기 위해 미디어 내용에 대해 비판과 분석을 하는 미디어 수용능력, 능동적 미디어 작업을 가능하게 하는 미디어 제작능력, 비판적 관점으로 자기 고유의 생활능력에 맞추어 미디어를 이용하는 미디어 활용능력을 신장시킬 수 있는 교육방법을 고안하는 것이 요구된다.

미디어 환경의 변화와 사회의 변화는 미디어교육에 대한 패러다임의 변화를 초래한다. 21세기 지식정보 사회의 미디어환경에서 자율적인 커뮤니케이션 능력을 가진 주체적인 인간을 양성하는 미디어교육의 교수방법은 어떠해야 할 것인가? 이에 답하기 위해 우리는 다음과 같은 두 가지 문제를 중심으로 논의를 진행할 것이다.

① 현대의 미디어교육은 어떠한 교육을 지향해야 하는가?

② 현대의 미디어교육은 어떠한 방법으로 가르쳐야 할 것인가?

첫 번째 문제는 미디어교육의 목표에 관한 것이고, 두 번째 문제는 미디어교육의 교수방법에 관한 것이다. 우리는 여기에서 과거와 현재의 미디어교육의 개념들이 어떻게 변화하고 있는지 알아보고, 이러한 변화 속에서 새로운 패러다임을 가진 미디어교육은 무엇을 지향하고 어떻게 가르쳐야 할 것인가에 대한 방향성을 제공할 것이다.

미디어교육의 목표 : 무엇을 지향하는가?

미디어교육 목표의 변화

미디어교육은 미디어를 어떠한 관점으로 보느냐와 이에 따른 미디어능력을 어떻게 규정하느냐에 따라 그 개념과 목표가 달라질 수 있다. 우리나라에서는 '미디어교육' 이라는 용어가 포괄적으로 사용되고 있지만 외국의 경우에는 '미디어교육media education', '미디어 리터러시media literacy', '비판적 시청기술critical viewing skill', '커뮤니케이션 기술communication skill', '미디어 언어media langage', '미디어 문법media grammar', '미디어 지식media knowledge', '교육커뮤니케이션 educommunication', '정보 교육information education', '미디어 연구media studies' 등 특징과 강조점에 따라 미디어교육에 대한 입장과 시각의 차이가 존재한다(김기태, 2005). 일반적으로 미디어능력은 미디어 리터러시literacy 능력이라고도 알려져 있다. 리터러시는 원래 인간이 인간으로서 살아가기 위해 갖추어야 할 가장 기본적인 능력인 읽기, 쓰기,

셈하기를 의미하는 것이다(권성호, 서윤경, 2005). 여기서는 새로운 패러다임으로서 미디어교육의 목표를 제시하기 위하여 기존의 연구들(김선남, 2005; 김양은, 2003, 2005; 원용진 외 2003; Buckingham & Domaile, 2001)을 참고하여 미디어교육 패러다임의 변화 과정을 대중예술적 관점, 기술 · 도구적 관점, 환경론적 관점의 세 가지로 정리해 살펴보도록 하겠다.

첫째, 대중예술적 관점은 초기에 등장한 것으로 도덕주의적 접근 또는 보호주의적 접근이라고 할 수 있다. 이 관점은 미디어가 수용자에게 미치는 역기능을 지적하면서 미디어 현실에 대처하는데 필요한 수용자 교육의 중요성을 강조한다. 특히, 미디어교육의 목표를 수용자의 미디어 식별력 배양에 두고 사회적 발달을 저해하는 요인들로부터 미디어 수용자의 하나인 청소년들을 보호하려는데 초점을 두고 있다.

둘째, 기술 · 도구적 관점은 능동적인 수용자를 완성하는데 교육의 목표를 두고 있다. 이 관점은 미디어교육을 통하여 수용자의 비판적 시청을 유도하려는 것이다. 이것은 일반 이용자들의 미디어에 대한 선택과 자율규제 능력을 강화시키는 것에 초점을 둔다. 특히, 비판적 시청 패러다임은 미디어를 학습도구로 인식함으로써 미디어를 일종의 학습도구이자 교육내용의 보조자료로 이용하는 것을 권장한다. 이 관점은 수용자들로 하여금 매스미디어가 제공하는 메시지를 분별하고 이를 적절하게 활용할 수 있도록 하는 교육에 초점을 두고 있다.

셋째, 미디어 환경론적 관점은 1990년대 이후 활발하게 제기되는 관점으로 디지털 미디어의 등장으로 다양해진 미디어 환경에서 미디어교육을 바라본다. 이 관점은 창조적인 인간을 양성하는 교육에 초점을 두고 있으며 수용자들이 미디어 활용과 관련된 문화적 · 도덕적 가치관을 형성하도록 유도하고 있다.

표2 : 미디어교육 패러다임의 비교

패러다임	교육목표	인간양성	미디어 정의	요구능력
대중예술적	관점 보호주의/ 예방적 차원	수동적 인간	대중예술	선별적 미디어 수용 메시지 분별
기술 · 도구적 관점	개인의 자율규제 능력	능동적 인간	미디어산업	적극적 미디어 수용 메시지 해독
미디어 환경론적 관점	환경적응능력	창조적 인간	일상환경	적극적 미디어 생산 메시지 창조

미디어교육 패러다임의 변화 과정에서 제시한 바와 같이, 대중예술적 관점, 기술 · 도구적 관점, 환경론적 관점은 결국 미디어의 영향력에 대한 대책의 방식과 목적 즉, 미디어교육의 목표를 어디에 둘 것인가의 문제인식과 관계가 있다고 볼 수 있다. 커뮤니케이션 기술의 발달로 인한 사회 환경의 변화와 인식의 변화는 미디어교육에 대한 생각들을 변화시키고 있다. 특히, 컴퓨터 매개 커뮤니케이션 상황에서 벌어지고 있는 많은 새로운 상황들은 미디어교육이 과거의 보호주의적인 측면이 강조된 형태로는 미래를 대비하는 교육이 될 수 없다는 점을 말해주고 있다. 새로운 미디어교육은 기존의 미디어에 대한 단순한 이해와 비판 능력의 배양이라는 전통적인 미디어교육 관점에서 벗어나 창의적인 미디어 활용 및 제작활동을 촉진할 수 있는 방향으로의 변화를 요구받고 있다.

새로운 미디어교육 목표와 영역

미디어교육의 목표

미디어교육은 미디어에 대한 수용자의 비판적 이해 및 평가 능력을 도모하고 나아가 메시지를 창조할 수 있는 능력을 배양하는 하나의 과정이라고 할 수 있다(은혜정, 2000). 미디어교육의 목표에 대해 구체적으로 살펴보기 위해 먼저 비판적 사고능력, 창의적 사고능력, 문제해결능력에 대해 간단히 정리해 보도록 하자.

① 비판적 사고능력은 미디어교육에서 매우 중요한 것으로 부각된다. 미디어교육에서 요구하는 비판적 사고는 미디어 수용자들의 미디어 전반에 걸친 포괄적인 이해를 필요로 한다. 이것은 수용자들이 미디어 콘텐츠를 무의식적으로 받아들이는 것이 아니라 미디어로부터 필요한 정보나 지식을 얻고, 그 정보가 갖고 있는 이유와 타당성을 비판적으로 해석, 분석, 추리, 설명하여 그 정보의 가치와 유용성을 판단, 평가하는 과정을 포함한다. 이러한 과정 속에서 수용자들은 미디어 정보나 현상을 토론해 봄으로써 스스로 통합적인 결론에 이를 수 있는 조직적인 사고를 하게 된다. 이러한 비판적 사고능력은 수용자들이 미디어 콘텐츠의 수용을 통해 문제를 해결하고 아이디어를 얻으며 활동들을 계획하고 수행하면서 어떤 계획서나 지침 없이도 삶을 생산적으로 영위해 나가는데 필요한 기초적인 능력이라고 할 수 있다.

② 창의적 사고능력은 미디어교육에서 새로운 가치 창조라는 측면에서 중요성을 찾을 수 있다. 창의력이란 미디어의 다양한 메시지를 수용자가 있는 그대로 받아들이는 것이 아니라 미디어 콘텐츠를

통해 새로운 지식이나 정보를 만들어낼 수 있는 능력을 말한다. 이것은 수용자가 기존의 아이디어에서 출발하여 가능한 다양한 방향으로 아이디어를 변화시켜나가는 사고로서 문제해결능력과도 밀접한 관련이 있다. 창의적 사고는 새로운 결과를 제공하고 문제해결능력은 새로운 결과로서의 새로운 상황에 대한 새로운 반응을 제공하기 때문에 문제해결능력은 창의적인 측면을 지니게 마련이다. 창의성을 발휘할 수 있는 미디어 수용자들은 궁극적으로 더욱더 효과적인 목표를 세울 수 있고 일의 방식을 새롭게 할 수 있으며 문제해결과 위기관리도 잘하게 되는 것이다.

③ 문제해결능력은 미디어 콘텐츠 안에서 문제를 발견하고 그 문제를 논리적으로 이해, 분석, 비판, 평가해서 최선의 방법으로 해결할 수 있는 능력과 이러한 과정을 일상생활에 응용하여 실생활 속의 문제를 해결할 수 있는 능력을 의미한다. 문제해결능력을 향상시키는 미디어교육은 미디어 콘텐츠의 비판적 수용을 통해 습득한 것을 현실의 여러 문제들에 적용할 수 있는 능력을 기르는 것이다. 미디어교육에서 중요시하는 문제해결능력 특성은 미디어 수용자들이 어떤 문제에 직면했을 때 미디어로부터 습득한 경험이나 지식을 유용하게 활용하여 창조적 활동이나 반성적 사고를 통해 의문을 제거하고 명료화하여 문제를 해결하는데 있다. 요약하자면 문제해결능력은 미디어 콘텐츠의 특성과 내용에 대한 올바른 이해를 바탕으로 문제의 핵심 요인을 추출해 내어 다양한 측면에서 최상의 해결책을 도출해 낼 수 있는 능력이라 할 수 있다.

이상에서 비판적 사고능력, 창의적 사고능력 및 문제해결능력은 서로 독립적이고 분리된 개념이라기보다는 상호연관성을 지닌 상호보완적 개념이므로 미디어교육 담당자들은 미디어 콘텐츠에 대한 수용자들의 비판적인 사고능력, 창의적인 사고능력 및 문제해결능력을 향상시킬 수 있는 방향으로 미디어교육을 구성하고 실시해야 한다. 결국, 새로운 패러다임의 미디어교육은 미디어 수용자들의 창의력과 문제해결력 및 비판력을 기르는데 목표를 두어야 할 것이다. 단기적으로는 미디어에 대한 미디어 수용자들의 이해력과 분석력 및 의사소통 능력을 기르는데 초점을 두며, 장기적으로는 이러한 능력을 바탕으로 인간이 자율적이고 주체적인 사고를 할 수 있도록 하는데 미디어교육의 목표가 있다.

미디어교육의 영역

미디어교육이란 올바른 미디어 수용교육인 동시에 주체적인 제작 및 활용교육이다. 즉, 인간의 필요에 의해 만들어진 미디어를 인간 스스로 적극적으로 수용 · 제작 · 활용할 수 있는 능력을 기르는 교육인 것이다. 따라서 인간의 미디어능력과 나아가 커뮤니케이션능력의 확장을 목적으로 하는 통합리터러시를 실천하기 위한 미디어교육은 미디어 수용영역, 미디어 제작영역, 미디어 활용영역의 세 가지 영역으로 나누어 실시될 수 있다. 수용영역은 비판적 사고능력의 향상과, 제작영역은 창의적인 사고능력의 개발과, 그리고 활용영역은 문제해결능력의 증대와 긴밀한 연관성을 지닌다. 이 세 영역에 대해 간단히 정리하면 다음과 같다.

① 미디어 수용영역은 미디어 프로그램과 제도에 대한 토론을 진

행하면서 미디어 수용자들이 자신의 욕구를 미디어를 통해 충족시킬 수 있는 방법과 미디어가 자신의 행동에 미치는 영향을 탐구하는 영역이다. 또한 미디어 콘텐츠를 선택해 분석함으로써 현실이 미디어를 통해 어떻게 (재)구성 되는지를 인식하는 작업도 포함한다.

② 미디어 제작영역은 능동적이고 직접적으로 미디어 내용물을 제작하는 작업으로 구성된다. 미디어 수용자들은 단순하고 간단한 미디어 제작실습에서 출발하여 단계적으로 보다 깊이 있고 다양한 미디어 내용물을 자율적으로 제작한다. 또한 기술적인 측면에서 미디어의 특성을 배우고 전달하고자 하는 내용을 미디어 제작물을 통해 표현해 보며 제작 과정과 결과물 및 에피소드 등을 발표하고 토론한다. 이 영역에서는 각 미디어별 내용물 제작 전문가들의 조언과 도움이 필요하다.

③ 미디어 활용영역은 미디어 콘텐츠를 어떻게 활용할 것인지에 대해 고민하는 영역이다. 미디어 콘텐츠를 효과적으로 사용하는 방법에 대해 묻고 생각하고 토론한 후 실제로 일상생활에서 활용하는 방법이다. 미디어 콘텐츠를 비판적으로 수용하고 창의적으로 제작해 봄으로써 자연스럽게 미디어 콘텐츠에서 제시된 문제를 파악하고 해결책을 강구할 수 있다. 이러한 과정을 일상생활에서 적극적으로 활용함으로써 삶 속에서 발생하는 다양한 문제들을 발견하고 해결할 수 있는 최상의 방법을 선택할 수 있는 것이다.

이상에서 제시한 바와 같이 미디어교육의 목표인 미디어능력 개발은 미디어 수용, 제작 및 활용의 세 가지 영역을 아우르고 있으며, 이러한 영역을 통해 미디어교육이 궁극적으로 지향하는 바를 세 가지로 정리하면 다음과 같다.

첫째, 현대사회를 살아가는 사회구성원들(다양한 미디어 수용자들)이 미디어에 대한 기본적인 지식과 정보를 습득하여 미디어를 올바로 이해한다.

둘째, 수용자들이 미디어의 내용 제작 과정을 이해하고 자율적인 제작 실습을 통해 미디어의 제작 원리와 표현 방식을 배움으로써 미디어 제작에 적극적이고 능동적으로 참여한다.

셋째, 수용자들이 미디어와 미디어 내용에서 제시되는 문제와 해결책을 인지하고 이에 대한 비평적 능력을 키워 일상생활에서 활용함으로써 자율적인 문제해결능력을 갖춘 주체로 성장한다.

결국, 인간과 환경의 상호작용에서 인간이 주체적으로 흐름을 통제할 수 있는 미디어능력을 개발시키기 위해서는 미디어 내용에 대해 비판 · 분석하는 미디어 수용능력과 능동적 미디어 작업을 통한 미디어 제작능력과 비판적 관점으로 자기 고유의 생활능력에 맞추어 이를 활용하는 미디어 활용능력을 신장시킬 수 있는 교수방법의 모색이 시급함을 전해주고 있다. 미디어교육의 방법은 미디어교육을 통해서 지식정보사회에서의 다양한 교육적 목표와 내용들을 구체화시킬 수 있는 가능성을 높여줄 수 있는 방식으로 개발되어야 한다.

표3 : 미디어교육의 목표와 영역

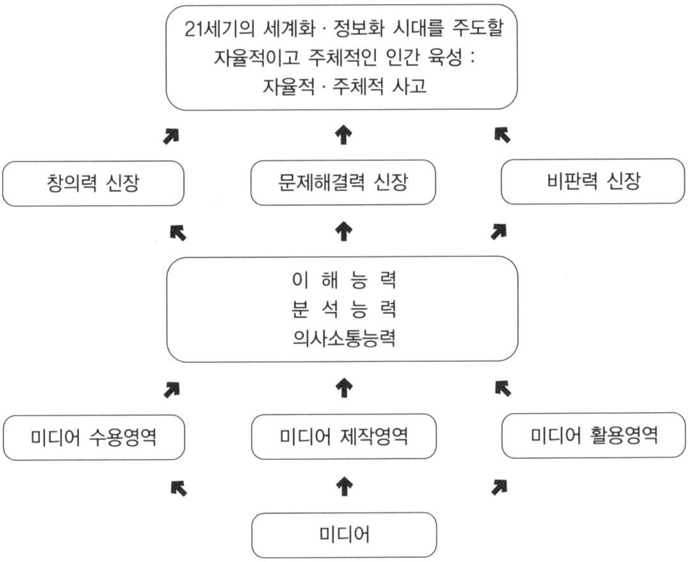

미디어교육의 교수방법 : 어떻게 가르칠 것인가?

미디어교육 방법의 변화

미디어교육에서 중요한 쟁점은 '무엇을 어떻게 가르칠 것인가?'이다. '무엇을 가르칠 것인가?' 라는 질문은 미디어교육의 내용에 대한 것이며 '어떻게 가르칠 것인가?' 라는 질문은 미디어교육의 방법에 대한 것이다. 전통적인 의미의 미디어교육은 교육공학과 매스미디어가 매개하는 커뮤니케이션이라는 두 가지 이론에 영향을 받아 왔다. 국내의 연구에서도 미디어교육과 관련된 다양한 연구들이 교육공학 분야에서 발표되는 경우들이 일반적이다. 따라서 흔히들 미디어교육을 시청각교육이나 교육방송의 형태와 혼돈하여 쓰이는 경우들이 있었다(백영균, 2003).

그러나 커뮤니케이션 기술발달로 인한 사회 환경과 인식의 변화는 미디어에 대한 생각을 변화시키고 있다. 특히, 컴퓨터 매개 커뮤니케이션 상황에서 벌어지고 있는 많은 새로운 변화들은 미디어교육이 과거의 보호주의적 패러다임 하에서처럼 미디어의 수용적인 측면만을 강조해서는 미래에 대한 교육이 될 수 없다는 점을 깨닫게 만들고 있다. 미디어에 대한 인식의 변화는 미디어에 대한 재정의를 요구하고 있으며 결과적으로 미디어에 대한 교육을 목표로 삼고 있는 미디어교육 방법에 대한 틀도 재정의할 것을 요구하고 있다(Messaries, 1994; Meyrowitz, 1996). 여기에서는 새로운 패러다임의 미디어교육 교수방법을 제시하기에 앞서 먼저 기존의 연구경향을 알아보고 적용 가능한 새로운 교수원리와 방법을 알아 볼 것이다.

최근 미디어교육 분야에 대한 관심의 증가로 다양한 학문영역에서 미디어교육 관련 교재가 많이 발간되고 있다. 그렇지만 양적인 증가에 발맞춰 질적인 향상도 이뤄지고 있는지는 확신하기 힘들다. 예를 들어, 교재의 특성을 뒤집어 생각해보면 교사의 구체적인 교육활동과 관련하여 '왜 그런 내용을 그런 방법으로 가르쳐야 하는가?'라는 질문에 대한 답변이 있어야 한다. 다시 말해, 교육목표, 교육내용, 교육방법이 맺고 있는 관계를 파악하고 이해할 수 있도록 만들어줘야 한다. 하지만 미디어교육 교재는 목표와 내용만 있고 미디어를 가르치는 교사들이 어떻게 가르쳐야 하는가에 관한 구체적인 방법은 제시되지 않은 경우가 많다. 결국 기존의 많은 미디어교육 교재는 미디어교육의 지침을 얻고자 하는 현장의 미디어교육 담당자(교사)들의 욕구를 해소하기에는 역부족이었다(김광희, 2005).

많은 연구결과(권성호, 1997; 김기태, 1994; 이미현, 1995)에 따르면 일반적으로 교육내용은 교육방법에 따라 다른 효과를 거둘 수 있다. 미디어교육의 효과를 높이기 위해서도 미디어교육 방법에 대한 깊이 있는 고찰이 필요하다. 과거에 미디어교육 방법은 미디어 내용의 해석과 텔레비전에 대한 비판적 시청과 관련된 기술에 집중되어 있었다. 최근에는 자신이 원하는 메시지를 인쇄 매체, 시청각 매체, 나아가 인터넷 매체를 이용해 제작 · 전달하는 능력과 방법이 새롭게 주목받고 있다. 또한 매스미디어의 메시지를 이데올로기적으로 판단하여 정답을 찾아내는 식의 미디어교육 방법에서 벗어나 보다 독창적이고 활발한 상호작용을 통해 교육하는 효율적인 미디어교육 방법(Masterman, 1980)에 대한 관심도 증가하고 있다.

미디어교육 방법이란 미디어를 교육하는 방법으로서 '가르치는' 교수와 '배우는' 학습, 즉 교수-학습을 위한 이론과 실제를 의미한다(Tulodziecki, 1997). 일반적으로 교육방법이란 교수와 학습에 대한 이론과 방법을 의미하며, 교수방법 또는 교수법이라는 용어는 가르치는 일에서 기능 및 기술적 측면과 인성적 측면 모두를 중요시하는 포괄적 의미로 사용될 수 있다(이성호, 1995). 따라서 미디어 교수방법은 학교나 그 밖의 교육기관에서 미디어를 적용하는 모든 교수-학습 상황에 해당이 되며, 미디어를 활용하는 포괄적인 교육방법에 대한 연구라고 할 수 있다(문혜성, 2004).

미디어 교수방법에 대한 실증적 연구에는 교육패러다임에 따라 행동주의, 인지주의, 구성주의에 따른 교수방법이 포함된다(권성호, 서윤경, 2005; 문혜성, 2004).

첫째, 행동주의 관점에서는 학습을 자극과 반응의 연합에 의한 인간의 행동변화 여부에 의해 결정된다고 보고, 객관적이고 측정가능한 행동과 지식의 변화를 추구한다. 이에 따른 교수방법에서는 반복 연습을 강조한다. 학습자들에게는 미디어의 형태를 통해 특정한 정보와 과제가 하나의 지침으로 소개된다. 이들 정보와 과제는 교수자가 설정한 학습목표에 가까운 것들인데, 이 지침에 맞게 주어진 학습목표에 도달해야 한다. 교수자가 원하는 행동에 학습자가 도달했을 때 강화를 제공할 것을 강조한다.

둘째, 인지주의 관점에서는 인지구조의 변화나 정보처리과정을 중요시한다. 이에 따른 교수방법에서는 학습과제를 학습 위계에 따라 하위 단계로 분석하고, 학습자가 그 과제를 학습하는데 필요한 선행학습능력을 분석하여 이를 토대로 외적 단서나 조건을 마련하여 제시할 것을 강조한다. 미디어와 관련해서는 학습자들은 많은 미디어 내용에 대해 상호작용적으로 반응하는 수신자로서 간주된다. 그러므로 여기서는 학습자료(학습의 외부조건)와 학습자간의 상호작용(학습의 내부조건) 사이에 내부적으로 어떻게 진행과정이 이루어지고 발생되는가가 중요하다.

셋째, 구성주의 관점에서는 한 개인이 경험에 대해 인지하는 작업은 환경에서 온다는 것이다. 미디어 교육에서 의미하는 구성주의란 미디어 또는 미디어 프로그램은 근본적으로 정보와 도구를 제공하는 것으로 간주되고 이것은 한 개인의 자율적 학습과정을 위한 것이다. 미디어는 이러한 학습을 위해 사용되고 적용될 수 있도록 계획되어야 한다. 이에 따른 교수방법에서는 학습환경을 조성하고 실제 생활 속에서 발생하는 것과 같은 복잡한 상황적 맥락을 가진 과제를 제시해야 한다. 이 과정에서 학습자 자신의 학습과정에 대한 지속적인 성찰과 실천을 강조한다.

이러한 교육패러다임의 변화와 관련하여 미디어교육의 방법은 교육내용, 교육대상, 교육환경이라는 세 가지 측면에서 새로운 방법과 활용이 요구된다.

첫째, 교육내용의 변화를 들 수 있다. 기존의 미디어교육에 비해 새롭게 미디어교육에서 부각되어져야 할 내용은 정보능력의 확대이다. 또한 정보능력의 확장을 위해서 반드시 전제되어야 할 것으로는 정보의 생산과 창조, 컴퓨터 등의 네트워크 커뮤니케이션에 익숙한 기술 및 지식에 대한 이해, 이를 둘러싼 새로운 문화, 공동체에 대한 이해임을 숙지하고 있어야 한다. 그리고 인터넷이 만들어내는 통합 미디어로서의 특성을 감안할 때 모든 커뮤니케이션 형태를 포함시켜야 할 것이다.

둘째, 교육대상의 변화를 들 수 있다. 기존의 교육 형태는 주로 아동부터 청소년까지를 대상으로 한 학교 중심의 교육이었다. 그러나 급속하게 진행되는 사회 변화와 기술 발달은 새로운 미디어들에 대한 광의의 미디어 리터러시를 요구하고 있다. 결국, 새로운 패러다임의 미디어교육은 유아에서 노인까지를 교육대상으로 하는 평생교육의 형태로 규정돼야 할 것이다.

셋째, 교육공간의 변화를 들 수 있다. 인쇄매체를 중심으로 이뤄지던 기존의 교육형태가 오늘날 인터넷과 같은 매체를 이용한 사이버공간의 가상현실로 대체됨으로써 온라인 도서관, 사이버대학 등을 통해서 시·공간을 초월한 교육이 가능해졌다. 특히, 온라인 미디어교육을 위한 교육방법으로서 인터넷의 활용은 궁극적으로 제작교육에서 큰 역할을 해줄 것으로 보인다.

이상에서 살펴본 바와 같이 미디어교육의 방법에 대한 논의는 미디어에 대한 개념과 교육목표의 변화와 깊은 관련성을 맺고 있다. 새로운 미디어교육을 위한 질문은 다음과 같이 제시될 수 있다.

① 다양한 교육대상과 교육내용 및 교육환경 내에서 미디어교육이 어떻게 효율적인 방법으로 실시될 수 있는가?

② 어떻게 다양한 미디어교육 방법을 개발할 것인가?

새로운 미디어교육 교수방법

미디어 교수방법이란 가르치는 사람인 교수자가 다양한 교수-학습 과정에서 미디어를 도입하여 사용할 때 배우는 사림인 학습자가 무엇을 알아야 하고 무엇을 고려해야 하는가에 대한 교육방법을 연구하는 분야이다(Tulodziecki, 1997). 따라서 미디어 교수방법과 미디어 교육내용은 서로 복합적으로 상호 연결되어 있으며, 모두 미디어 교육학에 대한 전반적 관점을 파악하고 교육적 가치와 이상을 실현하는데 있어 매우 중요한 부분이다.

미디어의 수용과 제작 및 활용을 강조하는 새로운 미디어교육은 미디어 수용자가 미디어 환경에서 주체적으로 생활할 수 있는 능력을 갖추었다고 전제하며, 그 능력을 개발할 수 있도록 다양한 접근방법을 취하고자 하는 것이다. 이러한 인식은 최근 교육 패러다임으로 각광받고 있는 구성주의 패러다임에서의 학습자관과 일치한다. 구성주의 패러다임에서는 학습자의 주관적 경험에 근거한 개인적 의미 창출을 중요시한다. 학습자가 능동적으로 정보를 수용하여, 정보를 정교화하고 스스로의 지식을 구성하는 것이 진정한 학습과정이라는 것이다. 이 과정에서 사회적인 협력 관계를 통해 상호작용 효과를 발생시키는 것도 구성주의 패러다임에서 강조하는 부분이다. 즉, 메시지를 수용, 제작, 활용하는 과정에서 미디어 수용자가 기존의 인식을 미디어환경에 적용시키는 동화과정을 경험할 수도 있고, 기존의 인식을 변화시키는 조절과정을 경험할 수도 있으며, 불일치가 일어나는 경우에는 미디어 수용자의 주관적인 적응과정을 통해 평형 상태를 유지하고자 할 것이기 때문이다. 이러한 과정 역시 구성주의의 패러다임과 밀접한 관련이 있으며, 미디어 능력을 갖추는 과정에서 지식 구성을 경험할 수 있다고 보는 것이다(강숙희, 1997; 권성호, 서윤경, 2005; 김광희, 2005;방선옥, 2002).

이처럼 최근의 교육 패러다임의 변화는 미디어교육의 개념도 확장시키도록 요구하고 있다. 앞서 지적한 바와 같이 구성주의적 패러다임에 토대를 둔 교육시스템의 변화는 커뮤니케이션 기술의 도입과도 연관성을 맺고 있다. 미디어교육은 수용자가 미디어를 통해 전달되는 메시지를 구성 · 평가 · 분석 · 수용하고 새로운 메시지를 창출하며, 창출된 메시지를 공유하는 커뮤니케이션 능력을 갖는 것을 목표로 한다. 구성주의 관점에서 한 인간은 '의미를 전달하는 형상(인물)'의 의미를 가진다. 이것은 인간은 자신이 처한 상황을 스스로 구성해 나간다는 것이다. 인간은 인지하고 행동하는 것과 동시에 상황을 자율적으로 형성할 수 있다는 뜻이다.

미디어교육에 있어서 구성주의적 접근은 미디어 또는 미디어 내용을 근본적으로 정보와 도구를 제공하는 것으로 간주한다. 미디어와 미디어 내용을 개인의 자율적 학습과정을 위한 것으로 보는 것이다. 미디어는 개인의 학습을 위해 사용되고 적용될 수 있도록 계획되어야 한다. 미디어교육을 통해 학습자들은 자신들이 이미 가지고 있는 사고의 유형과 행동양식을 바탕으로 자율적이고 새로운 지식체계와 교육환경을 구성할 수 있다(문혜성, 양유정, 박병호, 김성완, 2005). 이러한 새로운 패러다임의 미디어교육의 학문적 특성을 고려한다면 교수원리와 방법도 변화되어야 할 것이다.

미디어교육의 교수원리

구성주의적 관점은 지식이 외부적인 강화나 강요에 의해 교사로부터 학습자에게 전달되는 것이 아니라, 인식의 주체인 학습자의 내면세계에서 적절한 경험을 통하여 자주적으로 구성된다는 점을 강조한다(박수경, 2003; Kamii & Declark, 1985; Piaget, 1970, 1977; Vygotsky, 1978). 이러한 구성주의적 관점은 미디어에 대한 미디어 수용자들의 이해력과 분석력 및 의사소통 능력을 신장시키고 이러한 능력을 바탕으로 인간이 자율적이고 주체적인 사고를 할 수 있도록 하겠다는 미디어교육의 목표를 성취할 수 있는 이론적 토대를 제공해 주고 있다.

구성주의의 관점에 따라 미디어교육에 접근한다면 우리는 미디어교육의 교수원리로서 구성주의에서 강조하고 있는 학습자 중심의 개별화 원리, 발문 중심적 상호작용 원리, 의미 지향적 활동 원리, 반성적 추상화 원리(김광희, 2005; 박영배, 1996)를 제시할 수 있다. 각각의 원리에 대해 살펴보면 다음과 같다.

① 학습자 중심의 개별화 원리

학습자 중심의 개별화 원리는 학습자가 자신이 이미 알고 있는 것과 모르고 있는 것은 무엇이고, 자신의 이해의 수준을 높이거나 폭을 확장시키기 위해서 스스로 노력해야 하는 일이 무엇인지에 관해서 상호 의사교환을 하는 등 학습자 스스로 지식을 구성하는 활동을 한다는 것이다. 특히 미디어교육은 학습자의 주도적인 기획능력과 주도적인 참여가 적극적으로 요구된다. 미디어교육은 사회문화적인 환경을 중심으로 지식이 형성되는 학문적 특성으로 인하여 미디어교육이 목표로 하는 다양성을 인정하고 획득하기 위해서는 개인의 차이를 인정한 개별화뿐만 아니라 학습자간의 협동도 중요하다고 할 수 있다.

② 발문 중심적 상호작용 원리

발문 중심적 상호작용 원리는 학습자가 미디어교육에 대해 갖고 있는 선유 경험을 또래나 동년배 집단, 교사와 공유하고 그들이 원하는 학습내용에 대해 서로 합의를 이끌어내는 것이다. 이러한 합의를 토대로 학습자 스스로 미디어에 대한 관점을 정립하고 미디어를 체험하고 생산해 낼 수 있도록 동기를 부여하고 자극하는 상호작용의 중요성이 강조된다.

③ 의미 지향적 활동 원리

의미 지향적 활동 원리는 미디어교육이 학습자의 삶과 미래에 어떤 의미를 갖는가에 대한 확신을 갖게 하는 것이다. 이 과정은 체험활동을 통해 이뤄져야 한다. 미디어교육을 통해 학습자는 획일화되고 정형화된 것으로 보이는 자신의 존재가 다른 사람들과는 다른 차이를 갖고 있다는 사실을 인식하고 자신의 있는 그대로의 가치를 인정하고 다양성을 인식하게 된다. 이 과정에서 학습자는 자신의 주체성을 확인하게 되고 이를 통해 비로소 미디어교육에 대한 학문적 열의가 자동적으로 증가하게 된다. 즉, 자신의 주체성을 확인하고 시대적 공감대를 형성하며 진취적인 사회성을 확보하며 미디어 능력의 중요성을 인식하여 비판적 능력을 배양할 수 있는 것이다.

④ 반성적 추상화 원리

반성적 추상화 원리는 미디어교육의 목표 중의 하나가 비판력 신장이라는 점을 고려한다면 매우 중요한 원리로 적용되어야 한다. 반성적 추상화란 가용한 지식에 근거한 내적사고 또는 추상화, 즉 학습자 자신에 의해 내면적으로 이뤄지는 동화와 조절 등의 자주적 활동을 의미한다. 학생들은 미디어에 대한 경험과 그러한 경험에 근거한 자신의 사고방식, 가치관, 지식 등에 대해 성찰해 봄으로써 보다 고차원적인 미디어에 대한 지식과 이해를 구성할 수 있다.

이상의 네 가지 교수원리를 기본으로 전개하면서 미디어교육 담당자들이 유의해야 할 단계별 조력사항을 체험 중심 활동, 발문 중심 활동, 성찰 중심 활동으로 구분해 제시하면 다음과 같다.

첫째, 체험 중심 활동에서는 미디어 학습내용과 관련된 영상물이나 미디어물을 제시하거나 체험거리를 제공하고 제시된 자료를 바탕으로 학습내용의 주제와 관련된 이야기를 공유하거나 학습내용을 공유하여 확인하며 심화자료나 보충자료를 추가로 제시하거나 작은 모둠을 구성하여 직접 제작 등의 능동적인 체험 활동을 제공하는 것이 바람직하다. 또한 체험한 미디어물에 대한 자기 성찰의 기회를 부여하거나 체험적 과제를 부여하여 활동을 마무리한다.

둘째, 발문 중심 활동에서는 미디어 학습내용에 관련된 지식이나 상황에 대한 발문을 제시하거나 제시된 발문과 관련된 체험 자료를 제시하고 체험한 사항을 바탕으로 학습내용에 대해 사고할 수 있는 동료 학습자간의 발문 시간을 주어 발문을 통한 성찰의 기회를 유도하는 것이 바람직하다. 또한 심화학습이 필요할 경우 모둠별 심화 토론이나 발표의 기회를 제공하거나 협동과제를 제시한다.

셋째, 성찰 중심 활동에서는 미디어 학습내용에 관련된 개인적 경험이나 현상에 대한 문제의식 유발을 돕는 적절한 발문을 제시하고 발문을 통한 상호작용을 바탕으로 학습자 자신의 사고와 가치에 대한 자기점검을 유도한다. 또한 관련 내용에 대한 자율적인 체험과 참여를 유도하는 것이 바람직하다. 체험이 어려운 분야라면 작음 모둠별 토론 등을 통한 상호작용 활성화를 유도하고 체험을 통한 자기 성찰의 기회를 부여한다.

미디어교육의 교수 · 학습 특성

학습자 중심의 개별화의 원리, 발문 중심적 상호작용 원리, 의미 지향적 활동의 원리, 반성적 추상화의 원리를 적용한 교수 · 학습의 특성은 다음과 같다.

첫째, 교수자는 학습자들을 위한 커뮤니케이션 상황을 통해 발문을 유도함으로써 학습자들이 미디어에 대한 주관적 관점을 또래나 동년배 집단, 교사와 상호작용하여 미디어의 의미를 찾을 수 있도록 한다.

둘째, 학습자는 이러한 과정을 통해 미디어의 영향력을 인식하고 자신의 상황에 맞게 소화하여 사용하고자 하는 새로운 욕구를 가진다.

셋째, 학습자는 미디어의 의미를 파악하고, 이러한 의미를 미디어를 활용하는 교육이나 미디어 자체에 관한 학습과 연관지어 사고함으로써 주도성이 높아진다.

넷째, 학습자의 주도성은 미디어에 대한 제작활동으로 유도됨으로써 미디어를 스스로 제작하고 활용할 수 있게 된다.

다섯째, 학습자는 미디어와 관련된 사회적 의미를 통찰하고 미디어 문화에 대해 논의함으로써 단순한 미디어 수용자가 아닌 미디어 생산자, 나아가 비판적 능력이 있는 소비자로의 변화를 체험한다.

이상에서 살펴본 바와 같이, 미디어교육의 네 가지 교수원리를 적용하여 교육적 효과를 높일 수 있는 교수방법으로는 주입식이나 강의식 형태의 방법보다는 학습자들이 능동적으로 참여하고 학습과정에서 학습의 주도권을 가지고 창의적인 아이디어를 발산할 수 있는 것이어야 한다.

미디어교육의 교수방법

일반적으로 교수방법이란 성공적으로 교육목표를 달성하기 위하여 선정된 교육내용을 효과적 · 효율적 · 매력적으로 학습자에게 전달하기 위한 수단이다. 즉, 교수방법은 학습자로 하여금 학습내용이나 학습목표를 이해하고 달성하는데 도움을 줄 수 있도록 학습과제와 활동을 적절하게 선택하고 배열하여 효율적으로 가르치는 것과 관련된 일련의 절차이다(박숙희, 염명숙, 이경희, 1997; 변영계, 김영환, 1998). 미디어교육에서 교수방법의 중요한 의미는 교수자와 학습자 모두의 입장에서 미디어가 제대로 기능을 발휘할 수 있도록 하는데 있다.

미디어교육을 효율적으로 수행하기 위하여 요구되는 교수방법으로 촉진적 방법, 창의적 방법, 협동적 방법이라는 세 가지 방법을 제시할 수 있다(박숙희, 1999; 배진수, 이영만 역, 1995). 이러한 방법들은 배우는 사람의 학습을 촉진하고 주변 환경과 유기적인 협력을 하여 궁극적으로 창의성을 발달시킨다는 점에서 미디어교육의 교수방법과도 일치된다고 할 수 있다. 미디어교육은 다양한 문자미디어와 영상미디어를 교사의 창의적인 능력을 통해 수업자료로서 또는 수업내용으로서 재구성하기 때문이다. 또한 미디어교육에서는 학습자가 소그룹의 협동적인 방법을 통하여 능동적으로 학습경험을 하도록 권장하고 있다. 따라서 미디어교육의 일반적인 교수방법으로 문제중심학습, 협동학습, 탐구학습, 프로젝트학습이라는 네 가지 학습방법을 제안하고자 한다. 다음은 각각의 학습방법에 대한 간단한 소개이다.

① 문제중심학습

문제중심학습은 비구조화된 실생활과 유사한 문제를 해결하는

데 초점을 두는 학습방법이다. 실생활에서와 같은 복잡하고 비구조적이며 실제적인 특성을 지닌 문제를 해결하기 위해서 학습자들은 문제해결을 위한 학습목표를 스스로 정하고 역할을 분담하여 개별 학습과제를 정한다. 스스로 문제를 제시하고 해결하는 과정을 통해 학습이 이루어지는 이러한 학습방법은 학습자들이 당면하고 있거나 당면하게 될 수 있는 실제적인 문제를 해결해 나가는 과정과 결과를 통해 자기주도적으로 학습하는 학습모형이다.

② 협동학습

협동학습은 소규모로 구성된 학습집단이 구성원 간의 협동적 상호작용을 통해 공동의 학습목표를 달성함으로써 구성원 모두에게 유익한 학습효과를 얻게 하는 방법이다. 각 그룹에 속한 구성원들 간에 하위 학습과제를 할당하여 개별적으로 학습과제를 수행하고 공동의 학습목표를 성취하기 위해 개별적으로 수행한 학습과제를 공유하여 학습목표를 성취하는 것이라고 할 수 있다. 협동학습에서 교사는 초기에 기본적인 개념이나 기술을 습득하도록 안내하는 역할을 하지만, 진행과정에서 학습자들이 스스로 학습해 나가도록 하는 촉진자의 역할을 한다. 협동학습을 적용한 미디어 교육을 통해 학습자는 고차원적인 지적 능력을 요구하는 미디어교육 내용에 대한 학습이 가능하고, 타인과의 지속적인 상호작용을 통해 학습에 대한 흥미와 동기를 유발할 수 있으며 타인과 의견을 조율하고 협상하는 과정을 통해 사회적 의사소통기술을 향상시킬 수 있다.

③ 탐구학습

탐구학습은 가설을 설정하고 이들 가설과 관련된 근거 있는 자료를 이용하여 불확실한 상황을 검증해 가는 과정이다. 탐구적이라는 말에는 객관적인 근거를 바탕으로 하여 논리적으로 문제를 해결한다는 의미가 내포되어 있으므로 증거를 제시할 수 없거나 문제해결과정에 논리성이 결여되어 있을 때에는 탐구라는 용어를 쓰는 것은 적절하지 않다. 그러므로 탐구학습은 문제제기-가설형성-실험설계-자료수집-가설검증-결론의 과정을 거친다. 탐구수업을 계획할 때는 첫째, 수업목표가 분명해야 하고 둘째, 학생들이 초점을 알도록 문제가 분명하게 나타나야 하고 셋째, 다양한 자료를 분류하고 위치시킴으로써 수업과정에서 모든 자료가 발전되도록 해야 하고 넷째, 학생의 설명은 데이터를 분석하고 결론을 설명하는 것을 포함하도록 해야 한다.

④ 프로젝트학습

프로젝트학습은 학습자들이 많은 시간을 투자하여 과제해결을 위한 문제를 발견하고 문제의 해결방법을 스스로 구성하도록 하는 데 주안점을 두는 구조화된 방법이라고 할 수 있다. 그러므로 프로젝트학습은 목표설정-계획-실행-평가의 과정을 거친다. 학습자들은 스스로 질의응답을 통하여 현안 과제에 대한 문제를 찾아낸 뒤 토론과정을 통하여 아이디어를 교환하고 과제해결을 위한 예측, 문제의 핵심 부분의 설계, 정보 수집, 정보 분석, 해결책 제시 등 활발한 커뮤니케이션을 통하여 과제를 해결하면서 일련의 순서를 효과적으로 적용하는 과정으로 이뤄진다. 프로젝트학습을 적용한 미디어교육은 참여자들간의 상호작용을 통해 인간관계를 향상시키는 효과적인 학습활동이 될 수 있으며 과제를 주도적으로 해결하는 과정에서 책임감을 증진시킬 수 있다.

이상의 미디어교육 교수방법은 영역별 학습목표와 내용의 특성을 고려하여 전개하되 특히 다음과 같은 사항에 유의한다.

① 학습자 수준에 적합한 과제를 제시하여 이를 창의적으로 해결하도록 함으로써 자기주도적 학습력을 신장시킨다.

② 개별적인 미디어 현상을 지나치게 분석하는 접근방식을 지양하여 미디어 관련 환경을 총체적으로 이해할 수 있게 한다.

③ 미디어 관련 지식을 주변 세계의 언어 자료나 구체적인 사례와 관련지어 지도함으로써 지식의 생성과정을 경험할 수 있게 한다.

④ 문제해결과정(문제인식, 문제이해, 해결계획 수립, 해결시행, 반성 등)과 구체적인 해결전략을 적절하게 사용하도록 하고, 문제해결의 결과뿐만 아니라 해결과정과 방법도 중시한다.

지금까지 새로운 패러다임의 미디어교육이 미디어 수용자들의 비판력, 창의력, 문제해결력을 향상시킬 수 있는 교수원리와 방법에 대해 설명했다. 이 내용을 도식화하면 아래 〈그림 1〉과 같다. 미디어에 대한 수용·제작·활용 교육과정에서 학습자 중심의 개별화 원리, 발문 중심적 상호작용 원리, 의미 지향적 활동 원리, 반성적 추상화 원리를 문제중심학습, 협동학습, 탐구학습, 프로젝트학습 방법에 효과적으로 적용함으로써 궁극적으로 미디어교육이 지향하는 창의력과 문제해결력 및 비판력을 갖춘 자율적이고 주체적인 인간을 양성할 수 있을 것이다.

〈그림 1〉 새로운 패러다임으로서 미디어교육의 교수원리와 방법

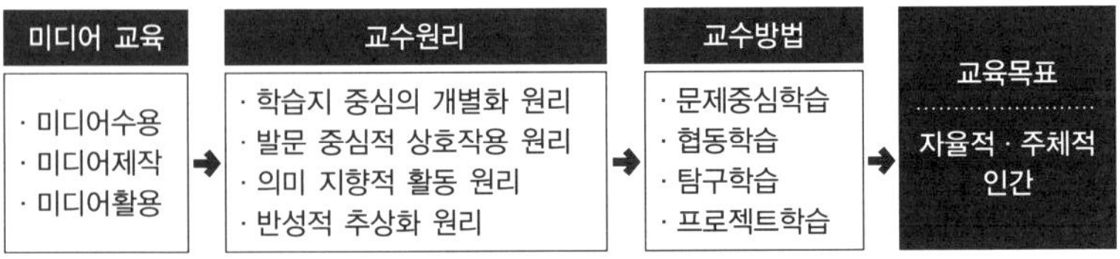

미디어별 교수방법과 전략의 예

우리가 일상생활에서 접하는 미디어의 종류는 매우 많다. 각 미디어가 가진 기술적 속성에 따라 우리는 이 미디어들을 네 가지로 구분할 수 있다. 사람들이 직접 만나 주로 말을 이용해 커뮤니케이션을 하는데 사용하는 미디어들을 '대화미디어' 라고 한다. 인쇄된 문자를 주로 이용해 커뮤니케이션을 하는데 사용되는 미디어를 '신문 잡지 미디어' 라고 한다. 주로 영상과 소리를 이용해 커뮤니케이션을 하는데 사용되는 미디어를 '방송 영상 미디어' 라고 한다. 통신망을 이용해 커뮤니케이션을 하는데 사용되는 미디어를 '인터넷 미디어' 라고 한다.

이 네 미디어들의 기술적 속성을 고려하면서 각각의 미디어를 이용해 수용 영역, 제작 영역, 활용 영역에서 어떤 방법과 전략으로 미디어교육을 진행할 수 있는지 알아보고 적용 사례를 제시하고자 한다. 여기서 제시하고 있는 적용 사례들 중의 일부는 한국언론재단의 지원으로 개발된 미디어교육 교재인 『초등저학년학생을 위한 미디어교육 길잡이』(백미숙 외, 2002), 『초등고학년학생을 위한 미디어교육 길

잡이』(정연실 외, 2002), 『중학생을 위한 미디어교육 길잡이』(신민형 외, 2002), 『고등학생을 위한 미디어교육 길잡이』(맹태균 외, 2002)에 제시되어 있는 내용을 중심으로 재구성한 것이다.

대화미디어

참여자들이 서로 얼굴을 마주보며 커뮤니케이션을 하는 면대면 face to face 커뮤니케이션에서 사용하는 미디어이다. 대화, 토론, 강의, 연설, 회의 등이 대표적인 면대면 커뮤니케이션의 형태이다. 주로 구두 언어, 필기 문자와 같은 언어 기호와 몸짓, 표정 같은 비언어 기호가 이러한 커뮤니케이션에 사용된다.

수용 영역(비판능력 개발하기)

① 라디오나 텔레비전의 토론 프로그램에 나온 질문과 답변을 정리해 본다.

② 토론 프로그램에서 패널이 주장을 전개하는 과정의 논리적 전개를 발견한다.

③ 대통령선거나 국회의원 선거의 후보자와 지지자 연설을 듣고 연설 내용이 이성적으로 호소하는지 감성적으로 호소하는지에 대해 평가한다.

④ 연설자의 생각이나 의견이 논리적이고 분명하게 표명되는지 평가한다.

⑤ 시사 프로그램이나 오락 프로그램의 출연자들의 대화에서 나

타날 수 있는 인신공격, 비속어 사용 등의 문제를 비판적으로 점검한다.

⑥ 연설자나 토론자의 눈빛, 표정, 손짓, 몸짓 등의 비언어적 기호들이 어떤 효과를 발휘하는지에 대해 분석한다.

제작 영역(창의성 개발하기)

① 미디어와 관련된 경험이나 관점과 같은 생활적 주제들을 자유롭게 이야기 할 수 있도록 커뮤니케이션 상황을 만든다. 미디어 수용자들에게 의미 있는 미디어 활용과 미디어 체험, 그리고 미디어의 영향에 대해 적극적으로 토론할 수 있는 기회를 제공함으로서 이들이 모든 미디어에 대해 비평적 관점으로 논쟁을 펼 수 있는 수업의 상황을 만들어주어야 한다.

② 토론이나 논쟁 수업에서 한 가지 주제에 대한 찬반 토론을 진행함으로써 자신의 주장을 논리적으로 펼치고 상대방의 주장에 반론을 할 수 있도록 한다.

③ 수용자들에게 대화하는 방법과 자신의 생각, 의견 또는 주장을 발표하고, 다른 사람들과 더불어 토론하는 방법을 충분히 숙지시켜야 한다.

④ 참여자의 표현력과 상상력, 개인의 개성과 창의성, 잠재력을 개발할 수 있는 교육적 성격의 연극을 기획, 만들어본다.

활용 영역(문제해결능력 개발하기)

① 쓰기

· 영상물의 장면 혹은 광고에서 어떤 문제를 제시하고 어떻게 해결하는지에 대해 글을 쓰도록 한다.

· 영상물을 보면서 생략된 부분이나 뒷이야기를 상상해 글로 써 본다.

· 토론 프로그램에서 나온 찬반 주장들을 정리해 글로 써 본다.

② 말하기 듣기

· 영상물에 대해 쓴 글들을 발표한다.

· 사회적 문제나 실생활의 문제를 주제로 삼아 해결방안을 발견하는 토론을 진행한다.

· 영상물의 대본이나 장면 혹은 인쇄물 기사나 내용의 일정 부분을 보여주고 그것을 소재로 삼아 대화 상황을 연출한다.

③ 언어

· 영상물이나 인쇄물의 내용 속에 나타난 말의 양상들 살피고 방언, 비속어, 은어 등을 발견, 고쳐 말해본다.

· 광고에서의 사용되는 상품명이나 언어에서 외국어와 국적불명의 언어가 어떻게 사용되는지를 관찰하고 고쳐본다.

· 코미디 프로그램의 한 코너를 따라하면서 재치 있는 대화와 정중한 대화라는 두 가지 양식을 사용했을 때의 차이와 효과를 생각해 본다.

④ 퍼포먼스

· 현실에서 흔히 만나는 문제를 해결하는 상황을 가상한 상황극을 구성하고 역할 분담을 통해 연기함으로써 현실 문제를 해결하는 방법을 제시한다.

· 상황극에서 역할 바꾸기 등을 통해 문제를 다른 관점에서 조망하고 해결책을 발견해 본다.

적용 사례

대화미디어 교육에서 문제중심학습, 협동학습, 프로젝트학습을 적용한 사례를 제시하면 〈그림 2〉, 〈그림 3〉, 〈그림 4〉와 같다. 여기서 제시한 대화미디어의 수용 영역과 활용 영역에서는 체험, 발문, 성찰의 학습활동을 포함하고 있다.

〈그림 2〉 문제중심학습을 통한 대화미디어 교육: 수용 영역

주제 : 대통령선거 연설 보기		
단계	학습과정	교수 · 학습활동
계획	동기유발	1. 동기유발 ▣ 후보자와 지지자의 연설은 감성적인가, 이성적인가? - 후보자와 지지자의 연설을 녹화한 영상을 보여주고 연설자가 사용하는 언어, 몸짓, 표정, 시선, 목소리 등을 자세히 살펴보는 기회를 제공한다.
	학습목표 확 인	2. 학습목표 인식하기 ▣ 연설자가 연설에서 사용한 전달방법은 무엇인가? - 음성언어, 몸짓, 표정 ▣ 해결해야 할 문제 - 연설이 유권자를 논리적으로 설득하는 형식인지, 감성적으로 자극하는 방식인지를 지각하고 이해한다. ◈ 연설 내용에 장난스럽게 반응하지 않도록 유의한다.
실행	활동안내	1. 학습활동 안내 ▣ 활동 순서 안내 활동 1 : 연설의 시청 ↓ 활동 2 : 연설자의 소구 방식 파악 ↓ 활동 3 : 연설자의 소구 방식 이해
	기본활동1	2. 활동 1 : 연설의 시청 ▣ 주의 깊은 듣기와 보기 - 연설자가 어떤 기호(언어, 몸짓 등)를 어떤 방식으로 이용하는지에 주의하면서 연설을 시청한다. ▣ 해결해야 할 문제 - 연설이 유권자를 논리적으로 설득하는 형식인지, 감성적으로 자극하는 방식인지를 지각하고 이해한다.
	기본활동2	3. 활동 2 : 연설자의 소구 방식 파악 ▣ 분류 가능한 소구 방식의 열거 연설자의 연설 내용을 요약한다. - 연설자가 사용한 다양한 기호들이 어떤 방식으로 사용되는지를 파악한다.
	심화활동1	4. 활동 3 : 연설자의 소구 방식 이해 ▣ 연설자는 믿을만한 사람으로 보이는가? - 연설자의 표정, 옷차림, 말투 등이 신뢰감을 주는가? ▣ 연설자는 자신의 주장을 논리적으로 펼치는가? - 구체적인 수치나 자료, 이유 등을 대며 자신의 주장이 정당함을 보여주는가? ▣ 연설자는 유권자의 감성을 자극하는가? - 슬픔, 분노, 동정, 연민, 감동 등을 불러일으키는 말이나 몸짓 등을 사용하는가? ◈ 교사는 학습 활동 안내를 자세히 하여 목표 도달을 원활하게 하도록 한다.
평가	정리활동	1. 연설의 방식에 대해 이야기하기 ▣ 내가 보기에 가장 설득력 있었던 연설은 어떤 것이었는지 말해본다. ▣ 효과적인 연설의 방식에 대해 이야기해 본다. ◈ 교사는 위에 제시된 활동 이외에도 다양한 활동을 응용할 수 있다.

〈그림 3〉 협동학습을 통한 대화미디어 교육 : 제작 영역

주제 : 대화미디어 맛보기		
단계	학습과정	교수 · 학습활동
계획	동기유발 학습목표 확 인	1. 동기유발 ▣ 커뮤니케이션 게임하기 - 모둠별로 한 줄로 선 후, 교사가 제일 앞사람에게만 그림을 보여주면 뒷사람에게 그 그림 내용을 자세히 설명한다. 마지막 사람이 전해들은 내용을 그림으로 간단히 그린 후 교사가 보여준 그림과 비교하여 가장 정확한 모둠이 이긴다. 2. 학습목표 인식하기 ▣ 커뮤니케이션 게임에서 사용한 전달방법은 무엇인가? - 말, 음성언어 ▣ 해결해야 할 문제 - 대화미디어가 생활과 매우 밀접한 관계를 맺고 있음을 안다. ◈ 너무 소란스러운 분위기가 되지 않도록 유의한다.
실행	활동안내 기본활동1 기본활동2 심화활동1	1. 학습활동 안내 ▣ 활동 순서 안내 활동 1 : 표정, 몸짓의 전달 방법(내 마음을 읽어봐!) ↓ 활동 2 : 글자, 기호의 전달 방법(생일 초대장 만들기) ↓ 활동 3 : 대화미디어의 의미와 종류 알기 2. 활동 1 : 표정, 몸짓의 전달방법 ▣ 내 마음을 읽어봐! - 모둠끼리 모여 앉아 한 명씩 돌아가면서 몸짓으로 무엇인가를 이야기하면 나머지 사람들이 맞추는 놀이 예) 난 정말 멋진 아이야!, 이건 정말 힘들어. 3. 활동 2 : 글자 기호의 전달방법 ▣ 생일 초대장 만들기 - 그림기호, 글을 이용하여 생일 초대장을 만든다. 4. 활동 3 : 대화미디어의 의미와 종류 알기 ▣ 대화미디어란 무엇인가? - 사람들이 서로 얼굴을 마주 보고 의사소통을 하기 위해 만든 수단 ▣ 대화미디어의 종류에는 무엇이 있는가? - 말, 글, 기호, 제스처 등 ◈ 교사는 학습 활동 안내를 자세히 하여 목표 도달을 원활하게 하도록 한다.
평가	정리활동	1. 친숙한 대화미디어 이야기하기 ▣ 나에게 가장 친숙한 대화미디어는 무엇인지 이야기해 본다. ▣ 여러 가지 대화미디어를 바르게 이용하기 위한 방법을 이야기해 본다. ◈ 교사는 위에 제시된 활동 이외에도 다양한 활동을 응용할 수 있다.

〈그림 4〉 프로젝트학습을 통한 대화미디어 교육 : 활용 영역

주제 : 양치기 소년 역할 놀이		
단계	학습과정	교수 · 학습활동
계획	동기유발 학습목표 확 인	1. 동기유발 ▣ 양치기 소년 이야기 재구성하기 - 양치기소년 이야기를 함께 읽으면서 역할을 정한 후 연극을 하기로 한다. 2. 학습목표 인식하기 ▣ 양치기소년 이야기가 주는 교훈은 무엇인가? - 거짓말의 문제 ▣ 해결해야 할 문제 - 자신이 양치기소년이라면 어떻게 했을까? ◈ 너무 소란스러운 분위기가 되지 않도록 유의한다.
실행	활동안내 기본활동1 기본활동2 심화활동1	1. 학습활동 안내 ▣ 활동 순서 안내 활동 1 : 양치기소년 동화 읽기 ↓ 활동 2 : 역할 정하고 역할 놀이하기 ↓ 활동 3 : 상황과 각 역할에 대해 이야기하기 2. 활동 1 : 양치기소년 동화 읽기 ▣ 이야기 구성하기 - 모둠끼리 모여 앉아 양치기소년 이야기가 어떻게 전개되는지에 대해 토론한다. 3. 활동 2 : 역할을 정하고 열할 놀이하기 ▣ 역할을 정하고 원래 이야기대로 역할 놀이를 한다. 4. 활동 3 : 상황과 역할 분석하기 ▣ 양치기 소년이 거짓말을 하게 된 상황과 이유를 이야기한다. - 왜 양치기소년은 거짓말을 했으며 거짓말의 결과는 무엇이었나? ▣ 상황에 따른 행동에 대해 이야기한다. - 당신이 양치기 소년이라면 어떻게 대처할 것인가? ◈ 교사는 학습 활동 안내를 자세히 하여 목표 도달을 원활하게 하도록 한다.
평가	정리활동	1. 거짓말의 결과와 문제 ▣ 거짓말의 원인과 결과가 무엇인지 이야기해 본다. ▣ 거짓말에 대한 사람들의 반응에 대해 이야기해 본다. ◈ 교사는 위에 제시된 활동 이외에도 다양한 활동을 응용할 수 있다.

신문 잡지 미디어

신문 잡지 미디어는 인쇄된 문자나 그림, 사진 등을 통해 대중을 상대로 정보를 전달하는 매스커뮤니케이션 미디어이다. 신문과 잡지가 가장 대표적인 인쇄 미디어이며 이들 외에도 책, 포스터, 팜플렛 등이 이에 포함된다. 가장 오래된 매스미디어라고 할 수 있다.

수용 영역(비판능력 개발하기)

① 신문이나 잡지의 기사를 주제별로 혹은 관심거리별로 정기적으로 스크랩하여 인쇄미디어의 특성, 기능, 효과 등을 이해한다.
② 사회, 정치, 문화적 이슈에 대한 신문, 잡지의 보도 내용을 분석, 비판, 평가한다.
③ 동일한 이슈를 다룬 여러 다른 신문, 잡지들의 보도 내용을 분석, 비교, 평가한다.
④ 동일한 이슈를 다루는 신문과 잡지를 비교해 신문과 잡지 사이의 기사 형식, 내용 등의 차이를 발견한다.
⑤ 신문, 잡지 등의 인쇄미디어에 게재된 광고를 분석, 비판한다.
⑥ 인쇄물을 읽고 정기적으로 일기를 쓴다.
⑦ 정기적인 독자투고를 통해 수용자의 책임과 권리를 이해한다.
⑧ 신문 잡지 미디어 수용 경험에 대해 발표하고 토론을 한다.

제작 영역(창의성 개발하기)

① 신문사나 잡지사 혹은 출판사를 방문, 신문이나 잡지를 제작

하는 과정을 배운다.

② 인쇄미디어 제작 이론과 메커니즘을 숙지한다.

③ 뉴스나 정보 수집의 방법을 익힌다.

④ 사실전달의 기사 쓰기(6하 원칙에 따른 기사작성)를 직접 실행해 본다.

⑤ 상품광고나 공익광고를 보고 표현기법을 분석한 후 같은 주제로 직접 광고를 제작한다.

⑥ 주어진 기자재를 최대로 활용하여, 전문가의 도움을 받아 소규모의 인쇄물(신문, 잡지, 또는 전단지 등)을 직접 제작해 본다.

⑦ 인쇄물의 제작은 정기적으로 지속적으로 행해져야 한다(한 달에 한번 혹은 학기당 한번).

⑧ 신문 잡지 미디어 제작 경험에 대해 발표하고 토론을 한다.

활용 영역(문제해결능력 개발하기)

① 주어진 문제를 해결하기 위해 필요한 정보를 신문, 잡지의 기사에서 찾는다.

② 주어진 문제를 해결하기 위해 사진과 같은 영상 자료를 신문이나 잡지에서 발견해 이용한다.

③ 신문이나 잡지의 기사를 보고 그동안 몰랐던 정치, 사회, 경제, 문화의 문제들을 발견하고 해결방안이 어떻게 제시되고 있는지 알아본다.

④ 특정한 문제에 대해 여러 신문과 잡지의 기사들이 각각 다른 해결책을 제시하는 경우가 있는지를 찾아보고 어떤 해결책이 더 효과적일지에 대해 토론한다.

⑤ 주제별(가족신문/동네신문/학교신문/행복신문/역사신문/미래신문/가상신문 등등)로 신문을 만들어 보고 제작과정에서 발견된 문제점과 해결책을 발표하고 토론한다.

⑥ 한 가지 분야에 대한 여러 신문 기사들을 수집해 잡지를 만들어 보고 제작과정에서 발견된 문제점과 해결책을 발표하고 토론한다.

⑦ 학교나 일상생활에서 만나는 문제를 해결할 수 있는 방안을 담은 캠페인광고를 제작하고 제작과정의 문제와 느낀 점을 토론한다.

⑧ 학교나 지역 신문사 등을 방문해 일일 기자 체험을 하고 직면한 과제와 문제를 해결한 경험을 발표하고 토론한다.

교육적 소통원리와 단계별 방법

신문 잡지 미디어의 가장 주된 목적은 정보 전달이다. 따라서 신문 잡지 미디어에 대한 교육을 실시할 때는 정보의 생산, 유통, 소비와 관련된 제반 지식을 학습자들에게 주지시킬 필요가 있다. 다음과 같은 단계에 따라 교육을 할 수 있다.

① 정보의 생산과정과 원리

전달 주체가 정보를 생산하는 과정은 어떻게 이뤄지며 그 과정에서 의사소통 활동의 어떤 원리들이 작용하고 있는가를 탐색한다. 한 사건이나 현상이 독자에게 전달되는 과정에서는 어떤 변수들이 작용하는가, 그 변수에 따라 어떤 구성 요소들이 배제되거나 첨가되는가, 정보의 생산자는 자신의 이익을 추구하고 설득력을 높이기 위해 어떤 관습적 장치들을 사용하는가 등을 구체적인 대상을 통해 분석한다.

② 정보의 전달 과정과 유형

생성된 정보는 어떤 단계를 거쳐 활자화되는가, 활자화가 결정되기까지 어떤 요인들이 작용하며 그 요인들은 결국 무엇을 의미하는가, 여론이란 구체적으로 무엇을 의미하는가, 독자들의 반응을 고려하는가, 그렇지 않다면 이끌어 내는가, 그 의도를 달성하는 방법적 원리들에는 어떤 것들이 있는가 등을 섹션별로 나누어 분석한다.

③ 정보 찾기와 속성 파악하기

독자들은 원래의 정보를 어떻게 찾을 것이며, 그 속성을 어떻게 파악할 수 있는가 하는 문제를 앞에서 분석해 낸 장치들을 역으로 적용한다. 기사의 종결어구나 통사 구조를 통한 사실의 변형, 육하원칙의 배열 여하에 따른 정보 변형 등 여러 형태의 기사 작성 전략에 대응되는 읽기 전약을 실천한다.

④ 쓰기 전략과 읽기 전략의 게임 이론화

쓰기 전략과 읽기 전략 중 서로 대응되는 요소들을 기본적인 게임식 학습으로 유도하여 효율적인 학습 원리로 개발한다(김동환, 2000; 최병우 외, 2000).

적용 사례

신문 잡지 미디어 교육에서 탐구학습, 문제중심학습, 협동학습을 적용한 사례를 제시하면 〈그림 5〉, 〈그림 6〉, 〈그림 7〉과 같다. 여기서 제시한 신문미디어의 수용과 제작 영역에서는 체험, 발문, 성찰의 학습활동을 포함하고 있다.

〈그림 5〉 탐구학습을 통한 신문미디어 교육 : 수용 영역

주제 : 광우병 사건 보도		
단계	학습과정	교수 · 학습활동
계획	동기유발	1. 동기유발 ▣ 광우병 사건에 대한 여러 신문 기사들의 스크랩을 보여준다. - 기사들 간의 차이를 발견하도록 해본다. - 신문사의 정치적 입장에 따라 기사의 차이가 있다는 가설을 제시한다.
	학습목표 확 인	2. 학습목표 인식하기 ▣ 신문들은 광우병 사건을 각각 다른 방식과 내용으로 보도하는가? - 신문들 사이의 견해 차이의 문제 ▣ 해결해야 할 문제 - 신문의 독립성, 객관성, 공정성의 의미를 재발견한다. ◈ 광우병 사건에 대한 개요를 확실히 정리해 제시함으로써 오해와 몰이해 가능성을 줄인다.
실행	활동안내	1. 학습활동 안내 ▣ 활동 순서 안내 [활동 1 : 여러 신문기사들 스크랩하기] ↓ [활동 2 : 기사 비교하기] ↓ [활동 3 : 차이의 이유와 언론의 공정성에 대해 이야기하기]
	기본활동1	2. 활동 1 : 여러 신문기사들 스크랩하기 ▣ 신문 기사 찾기 - 어떤 신문들에서 기사를 스크랩할 것인지에 대해 토론한다.
	기본활동2	3. 활동 2 : 기사 비교하기 ▣ 기사들을 읽고 차이를 발견하고 정리한다.
	심화활동1	4. 활동 3 : 차이의 이유와 언론의 공정성에 대해 이야기하기 ▣ 차이가 있는 이유에 대해 토론하기 - 왜 동일한 사건에 대해 신문사마다 다른 기사를 내보내는가? ▣ 언론의 공정성에 대해 토론하기 - 언론의 공정성과 정치적 편향 사이의 관계는 무엇인가? ◈ 교사는 학습 활동 안내를 자세히 하여 목표 도달을 원활하게 하도록 한다.
평가	정리활동	1. 언론의 임무와 윤리 ▣ 언론의 임무가 무엇인지에 대해 보자. ▣ 언론의 윤리가 무엇인지에 대해 보자. ◈ 교사는 위에 제시된 활동 이외에도 다양한 활동을 응용할 수 있다.

〈그림 6〉 문제중심학습을 통한 신문미디어 교육 : 제작 영역

주제 : 역사신문 만들기		
단계	학습과정	교수 · 학습활동
계획	동기유발	1. 동기유발 ▣ ( )의 시대상황과 현재의 시대상황의 공통점은 무엇일까? - 최근 인기있는 역사드라마를 통해 당대의 역사적 시대상황에 대한 관심을 이끌어낸다.
	학습목표 확 인	2. 학습목표 인식하기 ▣ 역사드라마의 시대상황에 대한 역사신문을 제작한다. ▣ TV 역사드라마를 소재로 한 당대의 정치, 경제, 사회, 문화 등에 대한 역사신문 제작은 교과의 목표성취와 신문이라는 미디어를 이해하는데 중요하다. ◈ 역사적 사건에 대한 개요를 확실히 정리해 제시함으로써 오해와 몰이해 가능성을 줄인다.
실행	활동안내	1. 학습활동 안내 ▣ 활동 순서 안내 활동 1 : 자료수집 ↓ 활동 2 : 역사신문의 제작 ↓ 활동 3 : 역사신문의 소개 및 배포
	기본활동1	2. 활동 1 : 자료수집 ▣ 역사신문의 제작에 필요한 요소는 무엇인가? ▣ 어떠한 방법으로 자료를 수집할 것인가? - 교과서, 역사 전문 웹사이트, 역사 관련 TV프로그램, 방송국 등 다양한 방법으로 자료를 수집한다. ▣ 신문을 통한 효율적이고 효과적인 정보전달을 위해 필요한 것은 무엇인가? ▣ 당대의 취재기자나 광고제작자, 평론가, 전문가 등을 가상하여 체험하는 형태의 자료수집 활동을 한다.
	기본활동2	3. 활동 2 : 역사신문 제작 ▣ 신문의 체계적이고 시각적 구성을 위해 현재의 신문을 참고한다.
	심화활동1	4. 활동 3 : 역사신문의 소개 및 배포 ▣ 작성한 신문을 소개하고 디지털화 하여 배포한다. ◈ 교사는 학습 활동 안내를 자세히 하여 목표 도달을 원활하게 하도록 한다.
평가	정리활동	1. 신문의 매스미디어 기능과 가치 이야기하기 ▣ 역사신문의 제작은 신문의 매스미디어로서의 기능과 가치를 쉽게 이해할 수 있도록 하였고 역사관련 지식의 습득도 가능하게 하였다. ◈ 교사는 위에 제시된 활동 이외에도 다양한 활동을 응용할 수 있다. ◈ 교사는 신문 제작시 가상 체험을 가정한 취재와 편집을 유도한다.

〈그림 7〉 협동학습을 통한 신문미디어 교육 : 활용 영역

주제 : 기름유출과 생태계파괴		
단계	학습과정	교수 · 학습활동
계획	동기유발	1. 동기유발 ▣ 태안반도 유조선 기름유출과 관련된 기사들을 보여준다. - 생태계 파괴의 실태를 파악한다. - 환경오염문제를 인식한다.
	학습목표 확　인	2. 학습목표 인식하기 ▣ 기름유출로 인한 생태계 파괴의 결과는 무엇인가? - 기사들을 통해 확인할 수 있는 생태계 파괴의 결과들을 정리한다. ▣ 파괴된 생태계를 복원할 방법은 무엇인가? - 기사들에서 다양한 생태계 회복 방법들을 발견한다. ◈ 가능하면 많은 기사들을 확보할 수 있도록 한다.
실행	활동안내	1. 학습활동 안내 ▣ 활동 순서 안내 활동 1 : 여러 신문기사들 스크랩하기 ↓ 활동 2 : 생태계 파괴의 결과와 복원 방법 파악하기 ↓ 활동 3 : 생태계 파괴의 위험성과 회복 방법에 대해 이야기하기
	기본활동1	2. 활동 1 : 여러 신문기사들 스크랩하기 ▣ 신문 기사 찾기 - 여러 신문들에서 생태계 파괴와 관련된 기사들과 복구 노력에 대한 기사들을 찾는다.
	기본활동2	3. 활동 2 : 생태계 파괴의 결과와 복원 방법 파악하기 ▣ 기사들을 통해 생태계 파괴의 결과들을 정리하고 복구 방법들에 대해 알아본다.
	심화활동1	4. 활동 3 : 생태계 파괴의 위험성과 회복 방법에 대해 이야기하기 ▣ 생태계 파괴의 위험성에 대해 이야기하기 - 지구라는 공동체의 현재와 미래에 대해 폭넓게 생각하도록 한다. ▣ 생태계 회복 방법에 대해 이야기하기 - 생태계 회복에 드는 노력과 비용, 봉사와 희생정신 등에 대해 이야기한다. ◈ 교사는 학습 활동 안내를 자세히 하여 목표 도달을 원활하게 하도록 한다.
평가	정리활동	1. 생태계 파괴라는 문제의 인식 ▣ 생태계 파괴의 위험을 인식하고 개인적 차원에서의 대처방안과 사회적, 지구적 차원에서의 회복 노력들에 대해 이야기한다. ◈ 교사는 위에 제시된 활동 이외에도 다양한 활동을 응용할 수 있다.

방송 영상 미디어

방송 영상 미디어는 동영상과 소리를 통해 대중에게 정보와 오락을 제공하는 매스커뮤니케이션 미디어이다. 영화, 라디오, 텔레비전, 비디오, DVD 등이 이에 속한다. 20세기 후반기의 대표적인 미디어이며 아직까지도 대중들로부터 가장 많은 사랑을 받고 있는 미디어이다. 특히 텔레비전의 경우, 가장 영향력이 큰 미디어로 평가되고 있다.

수용 영역(비판능력 개발하기)

① 장르별(드라마, 뉴스, 다큐멘터리, 쇼, 시트콤, 스포츠, 교육 등) 프로그램 바로 보기를 통해 방송영상 미디어의 특성, 기능, 효과 등을 이해한다.

② 뉴스시사 프로그램을 분석함으로써 언론의 공정성과 객관성에 대해 비판, 평가한다.

③ 오락 프로그램을 분석함으로써 프로그램의 선정성과 폭력성에 대해 비판, 평가한다.

④ 텔레비전 광고를 보고 사용언어, 광고모델, 표현기법 등에 대해 분석, 비판한다.

⑤ 드라마나 영화 프로그램을 분석함으로써 이야기 구조와 편집의 문제를 이해하고 설명하며 비판, 평가한다.

⑥ 프로그램이나 영상물을 정기적으로 시청하고 일기를 쓴다.

⑦ 정기적인 시청자 의견 개진을 통해 수용자의 책임과 권리를 이해한다.

⑧ 영상물 수용 경험에 대한 발표 및 토론을 한다.

제작 영역(창의성 개발하기)

① 방송사나 영화제작사 등을 방문해서 영상물을 제작하는 과정을 배운다.

② 방송/영상미디어 제작 이론과 메커니즘을 숙지한다.

③ 기획, 시나리오, 연기, 편집, 음향 효과 등과 같은 제작 기법을 익힌다.

④ 비슷한 유형의 영상물들을 반복 시청하고 분석함으로써 표현 기법 등을 배운다.

⑤ 여러 장르의 영상물들(광고, 르포르타주, 영화, 뉴스 등)을 패러디한 동영상을 제작한다.

⑥ 주어진 기자재를 최대로 활용하여, 전문가의 도움을 받아 짧고 간단한 프로그램 혹은 영상물(30초에서 10분 정도)을 직접 제작해 본다.

⑦ 프로그램/영상물의 제작은 정기적으로 행해져야 한다(한 달에 한번 또는 학기당 한번).

⑧ 영상물 제작의 경험에 대한 발표 및 토론을 한다.

활용 영역(문제해결능력 개발하기)

① 주어진 문제를 해결하기 위해 필요한 정보를 방송영상 미디어의 뉴스시사, 정보 프로그램에서 찾는다.

② 주어진 문제를 해결하기 위해 방송영상미디어의 오락 프로그

램에서 발견해 이용한다.

③ 드라마나 영화에서 일상생활의 문제들을 발견하고 해결방안이 어떻게 제시되고 있는지 알아본다.

④ 특정한 문제에 대해 텔레비전 광고가 어떤 식의 해결책을 제시하는지를 발견하고 보다 독창적인 해결방법이 무엇일지에 대해 생각한다.

⑤ 여러 장르의 동영상물(광고, 르포르타주, 영화, 뉴스 등)을 제작해 보고 제작과정에서 발견된 문제점과 해결책을 발표하고 토론한다.

⑥ 특정한 문제에 대한 해결방안을 제시하는 여러 장르의 동영상물들을 제작하고 결과물을 분석하고 토론한다.

⑦ 학교 방송국이나 지역 방송국 혹은 지역 케이블 방송국을 방문해서 일일 기자나 제작자 체험을 한 후 그 경험을 발표하고 토론한다.

적용 사례

방송 영상 미디어 교육에서 탐구학습, 프로젝트학습, 문제중심학습을 적용한 사례를 제시하면 〈그림 8〉, 〈그림 9〉, 〈그림 10〉과 같다. 여기서 제시한 방송 영상 미디어의 제작과 활용 영역에서는 체험, 발문, 성찰의 학습활동을 포함하고 있다.

〈그림 8〉 탐구학습을 통한 방송 영상 미디어 교육 : 수용 영역

주제 : TV오락프로그램의 선정성		
단계	학습과정	교수 · 학습활동
계획	동기유발 학습목표 확 인	1. 동기유발 ▣ 인기를 끌고 있는 TV 오락프로그램들을 시청한다. - 오락프로그램이 왜 인기가 있고 재미가 있는지 생각해 본다. - 오락프로그램이 주로 어떤 내용으로 구성돼 있는지 살펴본다. 2. 학습목표 인식하기 ▣ 오락프로그램의 재미와 선정성 사이의 관계를 생각해 본다. - 프로그램의 선정성이란 무엇인지 정리한다. ▣ 시청률 경쟁과 선정성 사이의 관계를 생각해 본다. - 여러 오락 프로그램들의 유사점과 특징을 비교해 본다. ◈ 너무 흥미 위주의 소란스러운 분위기가 되지 않도록 주의한다.
실행	활동안내 기본활동1 기본활동2 심화활동1	1. 학습활동 안내 ▣ 활동 순서 안내 활동 1 : 선정성과 재미 사이의 관계 알아보기 ↓ 활동 2 : 프로그램의 선정적 요소 분석하기 ↓ 활동 3 : 프로그램 선정성의 원인과 대안 2. 활동 1 : 선정성과 재미 사이의 관계 알아보기 ▣ 가설의 수립 - 오락프로그램의 내용이 선정적일수록 재미가 있을 것이다. - 경쟁하는 오락 프로그램들은 시청률 확보를 위해 선정적 요소를 더 많이 도입할 것이다. 3. 활동 2 : 프로그램의 선정적 요소 분석하기 ▣ 선정적 요소들의 분류 - 연예인의 노출, 비속어 사용, 빠른 카메라 움직임과 편집, 크고 화려한 자막 ▣ 선정적 요소들의 분석 - 선정적 요소들의 사용이 재미를 유발하는가? 4. 활동 3 : 프로그램 선정성의 원인과 대안 ▣ 선정성과 재미 - 건전한 웃음과 감동을 유발할 수 있는 방법을 생각해 본다. ▣ 선정성과 시청률 - 시청률경쟁의 원인과 의미에 대해 알아본다. ◈ 교사는 학습 활동 안내를 자세히 하여 목표 도달을 원활하게 하도록 한다.
평가	정리활동	1. 오락프로그램의 선정성에 대한 분석 ▣ 오락프로그램이 선정적이 되는 이유에 대해 이야기해 보고 가능한 해결방안에 대해 논의해 본다. ◈ 교사는 위에 제시된 활동 이외에도 다양한 활동을 응용할 수 있다.

〈그림 9〉 프로젝트학습을 통한 방송 영상 미디어 교육 : 제작 영역

주제 : 광고 만들기		
단계	학습과정	교수 · 학습활동
계획	동기유발	1. 동기유발 ▣ 커뮤니케이션 게임하기 – 광고를 통해 얻은 정보를 우리가 어떻게 사용하는지 생각해 볼 수 있는 영상물을 보기
	학습목표 확 인	2. 학습목표 인식하기 ▣ 해결해야 할 문제 – 광고가 우리의 생활에 어떤 영향을 미치는지 알기 – 광고를 직접 제작하기 ◈ 너무 소란스러운 분위기가 되지 않도록 유의한다.
실행	활동안내	1. 학습활동 안내 ▣ 활동 순서 안내 활동 1 : 자료수집 ↓ 활동 2 : 프로젝트 활동(광고제작) ↓ 활동 3 : 프로젝트 정리
	기본활동1	2. 활동 1 : 자료수집 ▣ 광고와 관련된 기본 개념 확인하기 – 이전의 프로그램 편성에서 학습했던 광고의 특성을 기억하는가? – 광고를 보고 물건을 구입한 적이 있는가? – 요즘 인상깊은 광고는 무엇이며 어떤 점에서 기억에 남는가? ▣ 광고에 대한 비디오 자료 제공하기 – 광고에 대한 인터뷰 자료를 보여준다. – 광고의 정의와 특징을 설명한다.
	기본활동2	3. 활동 2 : 광고 제작 ▣ 공익 광고 만들기 – 기획회의 – 광고콘티 만들기 ▣ 제작하기 – 광고를 제작하는 방법은 사용 매체에 따라 결정된다. 모둠별로 결정하도록 하거나 활동이 이루어지는 환경에 따라 결정한다. – 방송 광고(비디오카메라 사용) – 라디오 광고(녹음기 사용) – 인쇄 광고(사진기, 필기도구, 그림도구 사용)
	심화활동1	4. 활동 3 : 프로젝트 정리 ▣ 모둠별로 제작 과정, 내용 등을 발표한다. ▣ 각 매체별 광고의 특성에 대한 생각을 정리한다. ◈ 교사는 학습 활동 안내를 자세히 하여 목표 도달을 원활하게 하도록 한다.
평가	정리활동	1. 프로젝트 결과물에 대한 평가 ▣ 제작된 광고물을 서로 평가해 본다. 2. 프로젝트 진행과정에 대한 평가 ▣ 모둠별 프로젝트 활동에 대한 평가 ▣ 프로젝트 활동 중 개별 학습자들의 태도와 자기주도적 학습 태도에 대한 평가

〈그림 10〉 문제중심학습을 통한 방송 영상 미디어 교육 : 활용 영역

주제 : 시사뉴스 만들기		
단계	학습과정	교수 · 학습활동
계획	동기유발	1. 동기유발 ▣ TV 뉴스에 나타난 사회문제 중 소득 불평등에 관한 뉴스는 어떤 것일까? - 소득불평등에 대한 뉴스를 찾는다. - 해당되는 뉴스를 시청한 후에 이야기한다. ▶ http://news.sbs.co.kr http://news.mbc.co.kr http://news.kbs.co.kr
	학습목표 확 인	2. 학습목표 인식하기 ▣ 사회적 불평등 현상의 의미와 원인을 살펴본다. ▣ 사회적 불평등 현상의 사례를 찾아본다. ▣ 공부할 문제를 예상하고 인식한다. - 사회적 불평등 문제를 인식한다. ◈ 사회적 불평등이란 개념을 정확히 이해할 수 있도록 설명한다.
실행	활동안내	1. 학습활동 안내 ▣ 활동 순서 안내 활동 1 : 정보수집 ↓ 활동 2 : 모둠별 탐구 및 시사뉴스 만들기 ↓ 활동 3 : 모둠별 발표
	기본활동1	2. 활동 1 : 정보수집 ▣ 모둠별로 참고 사이트를 방문하여 정보를 수집한다.
	기본활동2	3. 활동 2 : 모둠별 탐구 및 시사뉴스 만들기 ▣ 사회 불평등 현상의 각 사례들의 해결 방안을 모둠별로 탐구해 본다. ▣ 학교홈페이지에 대화방을 개설하여 모둠별로 토의한다. ▣ 소득불평등 해소를 위한 시사뉴스를 만들고 학교 홈페이지 반별게시판에 탑재
	심화활동1	4. 활동 3 : 모둠장이 나와서 발표한다. ◈ 교사는 학습 활동 안내를 자세히 하여 목표 도달을 원활하게 하도록 한다.
평가	정리활동	1. 모둠별 발표 내용에 대해 추가 설명한다. ◈ 교사는 위에 제시된 활동 이외에도 다양한 활동을 응용할 수 있다.

인터넷 미디어

인터넷 미디어는 디지털 기술을 이용해 정보, 오락, 사교를 제공하는 미디어이다. 이것은 전통적인 매스커뮤니케이션의 영역에 속한다기보다는 대인커뮤니케이션과 매스커뮤니케이션을 아우르는 융합된 커뮤니케이션의 모습을 보여준다. 인터넷, 디지털 쌍방향 텔레비전, 이동전화 서비스 등이 인터넷 미디어에 속한다.

수용 영역(비판능력 개발하기)

① 특정한 인터넷 사이트나 홈페이지 등을 정기적으로 방문하여 인터넷의 특성, 기능, 효과 등을 이해한다.
② 인터넷 포털 사이트가 어떤 종류의 내용을 담고 있는지를 파악하고 포털 사이트의 특성을 이해한다.
③ 인터넷 검색 사이트의 검색결과가 어떤 방식으로 정돈되는지를 보고 정보의 위계화나 분류에 어떤 문제가 있는지를 분석한다.
④ 인터넷 게시판에 올라오는 글과 영상들을 보고 어떤 문제점을 갖고 있는지에 대해 비판적으로 분석한다.
⑤ 팝업광고나 배너광고 등 인터넷 광고들을 살펴보고 어떤 특성과 문제점을 갖고 있는지 분석한다.
⑥ 인터넷을 정기적으로 이용하면서 느끼는 편리한 점이나 문제점을 정리한다.
⑦ 인터넷상에 올라 온 다른 사람들의 의견이나 뉴스기사 등에

대해 블로그나 미니홈피를 통해 정기적으로 의견을 개진함으로서 수용자의 책임과 권리를 이해한다.

⑧ 인터넷 내용물에 대한 분석, 비판, 평가를 발표하고 토론한다.

제작 영역(창의성 개발하기)

① 웹사이트나 인터넷 관련 서적, 혹은 전문가의 도움을 통해서 인터넷 홈페이지의 제작 이론과 메커니즘을 숙지한다.

② 여러 포털사이트에서 제공하는 도구를 이용해 직접 미니 홈페이지나 블로그를 제작해 정기적으로 관리한다.

③ 인터넷의 카페나 클럽 등을 개설하고 회원을 모집하고 관리해 본다.

④ 다른 사람들이 만든 좋은 홈페이지를 찾아 내용이나 디자인 등을 관찰하고 분석, 연구한다.

⑤ 인터넷 홈페이지에 디지털 카메라나 비디오카메라를 연결해서 사진을 올리거나 동영상 프로그램(UCC)을 만들어 본다.

⑥ 홈페이지 및 인터넷 제작물들을 발표하고 토론한다.

활용 영역(문제해결능력 개발하기)

① 주어진 문제를 해결하기 위해 필요한 정보를 인터넷 검색 사이트를 이용해 찾는다.

② 인터넷 포털 사이트에서 제공하는 뉴스들을 보고 현재 중요하게 다뤄지는 문제가 무엇인지 발견하고 어떤 해결방법이 제시되고 있는지를 분석한다.

③ 인터넷 사이트의 토론방을 이용해 주어진 문제를 해결할 수 있는 정보를 수집한다.

④ 인터넷 교육 사이트를 통해 학교 과목의 학습은 물론 다양한 지식을 습득함으로써 학습과제를 해결한다.

⑤ 온라인 도서관을 이용해 책을 읽고 간접경험을 쌓는다.

⑥ 포털 사이트의 지식 검색 기능을 활용해 의문점을 해결하고 자신이 아는 지식을 공유한다.

⑦ 인터넷에서 제공되는 다양한 시뮬레이션 게임과 교육프로그램을 통해 정치, 경제, 사회, 문화 등 각 분야의 지식과 기술 노하우를 습득해 현실생활에서 활용한다.

⑧ 인터넷 활용과 관련된 경험을 발표하고 토론한다.

적용 사례

인터넷미디어의 수용 영역과 활용 영역 교육에서 문제중심학습, 프로젝트학습, 탐구학습을 적용한 사례를 제시하면 〈그림 11〉, 〈그림 12〉, 〈그림 13〉과 같다. 여기서 제시한 인터넷미디어의 교육 사례에서는 체험, 발문, 성찰의 학습활동을 포함하고 있다.

〈그림 11〉 문제중심학습을 통한 인터넷미디어 교육 : 수용 영역

주제 : 악성댓글문제		
단계	학습과정	교수 · 학습활동
계획	동기유발 학습목표 확　인	1. 동기유발 ▣ 악성댓글 사례를 제시한다. – 악성댓글로 인해 개인이 피해를 입거나 사회적 문제가 발생한 사건들을 소개한다. 2. 학습목표 인식하기 ▣ 악성댓글은 왜 생기는 것인가? – 익명성, 욕구 해소 ▣ 해결해야 할 문제 – 악성댓글을 없앨 수 있을 것인가? ◈ 악성댓글을 흥미위주로 접근하지 않도록 주의하며 사례를 소개한다.
실행	활동안내 기본활동1 기본활동2 심화활동1	1. 학습활동 안내 ▣ 활동 순서 안내 활동 1 : 악성댓글 사례 조사하기 ↓ 활동 2 : 악성댓글의 유형 분류하기 ↓ 활동 3 : 악성댓글의 원인 분석하기 2. 활동 1 : 악성댓글 사례 조사하기 ▣ 인터넷 게시판이 활성화된 사이트를 찾는다. – 악성댓글들을 찾아본다. 3. 활동 2 : 악성댓글의 유형 분류하기 ▣ 악성댓글에는 어떤 유형들이 있을까? – 인신공격형, 욕설형, 장난형 등 4. 활동 3 : 악성댓글의 원인 분석하기 ▣ 악성댓글을 해 본 경험이 있다면 이야기해 본다. – 어떤 경우에 악성댓글을 달게 되는지 이야기해 본다. ▣ 악성댓글은 장난인가, 범죄인가? – 악성댓글이 갖는 사회적, 문화적 파장 효과에 대해 이야기해 본다. ◈ 교사는 학습 활동 안내를 자세히 하여 목표 도달을 원활하게 하도록 한다.
평가	정리활동	1. 악성댓글과 인터넷 문화 ▣ 악성댓글이 인터넷 문화의 어떤 측면을 보여주고 있는지 토론한다. ▣ 악성댓글에 대한 경험을 이야기한다. ◈ 교사는 위에 제시된 활동 이외에도 다양한 활동을 응용할 수 있다.

〈그림 12〉 프로젝트학습을 통한 인터넷미디어 교육 : 제작 영역

주제 : 인터넷 학급의 제작과 운영		
단계	학습과정	교수 · 학습활동
계획	동기유발	1. 동기유발 ▣ 학교생활과 관련된 이슈를 제시하고 인터넷 학급 제작을 제안한다. - 많은 학생들이 관심을 갖고 있는 이슈를 선정한다. - 다른 인터넷 학교 사이트들을 들어가 본다.
	학습목표 확인	2. 학습목표 인식하기 ▣ 인터넷 학급의 제작과 운영 방식을 습득한다. - 참여율이 높은 흥미 있는 학급이 될 수 있는 방법을 생각해 본다. - 합리적이고 민주적인 운영을 통해 오래 동안 유지될 수 있도록 하는 방법을 생각해 본다. ◈ 너무 흥미 위주의 소란스러운 분위기가 되지 않도록 주의한다.
실행	활동안내	1. 학습활동 안내 ▣ 활동 순서 안내 [활동 1 : 인터넷 학급을 위한 제안 모집] ↓ [활동 2 : 인터넷 학급의 형태와 방식 결정] ↓ [활동 3 : 합리적이고 민주적인 운영방식 결정]
	기본활동1	2. 활동 1 : 인터넷 학급을 위한 제안 모집 ▣ 재미있고 창의적인 형식의 학급 제작을 위한 제안을 받는다. - 모든 구성원이 다 흥미를 느끼고 참여할 수 있는 방법은 무엇인가? - 학급 내에서의 원활하고 소속감을 높이는 소통은 어떻게 이뤄질 것인가?
	기본활동2	3. 활동 2 : 인터넷 학급의 형태와 방식 결정 ▣ 인터넷 학급을 위한 포털 사이트의 결정 - 학급 개설을 위해 가장 적당한 서비스를 제공할 수 있는 포털 사이트를 발견한다. ▣ 다양한 폴더와 토론의 장 마련 - 학급 내의 여러 이슈들을 처리하고 구성원의 참여를 이끌 폴더와 토론장을 개설한다.
	심화활동1	4. 활동 3 : 합리적이고 민주적인 운영방식 결정 ▣ 합리적 운영 - 운영 책임자와 운영위원들의 의사결정 체계를 결정한다. ▣ 민주적 운영 - 운영위원들과 일반 구성원들 사이의 관계를 정립한다. ◈ 교사는 학습 활동 안내를 자세히 하여 목표 도달을 원활하게 하도록 한다.
평가	정리활동	1. 인터넷 학급의 제작을 통한 새로운 가상공동체의 형성에 대해 이야기하기 ▣ 인터넷 학급을 통해 새로운 정체성과 이슈들을 다루게 되는 가상공간의 탄생이 친구들의 일상생활에 미치는 영향에 대해 이야기해 본다. ◈ 교사는 위에 제시된 활동 이외에도 다양한 활동을 응용할 수 있다.

〈그림 13〉 탐구학습을 통한 인터넷미디어 교육 : 활용 영역

주제 : 학교폭력문제 해결하기		
단계	학습과정	교수 · 학습활동
계획	동기유발	1. 동기유발 ▣ 인터넷에 유포된 학교폭력동영상을 관람한다. - 집단따돌림과 학교 폭력에 대한 동영상을 감상한다. - 영상을 본 느낌을 이야기한다. ▶ http://kyci.or.kr(한국청소년상담원) http://sangdamsil.or.kr(청소년상담센터)
	학습목표 확 인	2. 학습목표 인식하기 ▣ 교우간 도덕적 문제를 해결할 수 있는 자세와 방법을 알아본다. ▣ 해결해야 할 문제 - 교우간의 도덕적 문제를 해결할 수 있는 마음가짐을 가진다. ◈ 선정적인 재미 위주로 이야기가 흐르지 않도록 주의한다.
실행	활동안내	1. 학습활동 안내 ▣ 활동 순서 안내 활동 1 : 정보수집 ↓ 활동 2 : 대안제시 ↓ 활동 3 : 검증
	기본활동1	2. 활동 1 : 정보수집 ▣ 학교폭력과 관련된 기사와 정보를 인터넷에서 검색한다. - 학교 폭력 또는 집단 따돌림이 발생하는 원인이나 이유에 대한 설명을 찾는다. - 학교 폭력 또는 집단 따돌림의 사례나 경험이 담긴 기사를 찾는다. - 학교폭력과 관련된 인터넷 토론방을 검색한다.
	기본활동2	3. 활동 2 : 대안제시 ▣ 학교 폭력이나 집단 따돌림을 해결하기 위한 대안이 제시된 해외사례나 국내사례가 있는지 검색한다. ▣ 인터넷 토론방에서 제시된 대안이 현실적인지 토론한다.
	심화활동1	4. 활동 3 : 검증(여러 대안 중 적합한 방안 선택) ▣ 여러 대안을 통해 나오는 결과에 대해 알아보고, 적합한 방안을 선택한다. ▣ 각 모둠에서 나온 대안을 통해 적절한 방안을 합리적 근거를 들어서 선택한다. ◈ 교사는 학습 활동 안내를 자세히 하여 목표 도달을 원활하게 하도록 한다.
평가	정리활동	1. 교사는 모둠별 발표한 내용에 대하여 적절한 설명을 첨가한다. ◈ 교사는 위에 제시된 활동 이외에도 다양한 활동을 응용할 수 있다.

미디어교육 교수방법의 전망

미디어교육이란 미디어의 본질을 올바로 이해시키고, 미디어를 효율적으로 제작하고 활용할 수 있는 능력을 키워 주기 위한 모든 의도적인 노력을 말한다. 다시 말해, 미디어교육은 여러 가지 매체들이 전달하는 활자, 동영상, 그림, 소리 등으로 구성된 다양한 형태의 메시지를 올바로 이해 · 분석 · 평가하고 이를 이용하여 능동적이고 적극적으로 다른 사람들과 커뮤니케이션할 수 있는 미디어 능력을 길러 주는 것을 말한다.

현대사회의 미디어는 수없이 많은 음성 언어, 문자 언어, 영상 언어로 된 자료의 가장 기본적 출처이다. 미디어 수용자들이 이러한 자료의 출처인 미디어를 통해서 정보를 받아들이는 것은 매우 당연한 일이다. 그 모든 정보들을 받아들여서 그것을 이해하고 분석하는 것은 미디어 수용자들이 해결해야 할 과제이고, 그런 정보들을 이용하여 실세계를 이해하고 구축해야 하는 것도 미디어 수용자들의 과제이다.

그런데 모든 미디어 정보는 결코 가치중립적인 것이 아니다. 문자 언어나 음성 언어, 영상 언어로 된 자료들은 미디어 수용자들이 비판적이고 반성적인 사고를 통하여 미디어가 전하는 경험이나 문화의 정보들을 받아들이고 그것을 바탕으로 실세계를 구축하는데 필요한 하나의 도구일 뿐이다. 그렇다면 미디어교육은 단순히 미디어 소비자가 아닌 비판적이고 반성적인 사고를 지닌 자율적이고 주체적인 인간으로서 미디어를 수용 · 제작 · 활용할 줄 아는 인간을 양성하는 데 주안점을 두어야 할 것이다.

궁극적으로 새로운 패러다임의 미디어교육의 목표가 모든 커뮤니케이션 수단을 활용한 표현능력의 창출, 나아가 개인의 창조성과 자율성을 확보하는데 있다는 사실은 정보사회에서의 교육의 목표와 일치하는 부분이기도 하다. 이런 점에서 미디어교육의 방법론은 미디어교육을 통해서 정보사회에서의 다양한 교육적 목표와 내용들을 구체화시킬 수 있는 가능성을 높여줄 수 있을 것으로 보인다.

미디어교육은 전통적인 교육구조에서 형성된 교사와 학생간의 위계적인 관계의 변화를 요구하고 있다. 교사와 학생간의 관계 변화는 교육패러다임의 변화로 이어지며 교육현장에서 구성주의적 교수원리와 방법을 활발하게 도입하는 계기가 되고 있다. 이러한 교육패러다임의 변화는 미디어교육의 개념을 확장시키도록 요구하고 있으며 이는 직접적으로 미디어교육의 교수원리와 방법의 변화를 의미한다.

구체적인 미디어교육의 교수원리와 방법은 교육대상의 연령과 개인적 특성 및 매체의 특성에 따라 융통성 있게 적용되어야 하기 때문에 교육현장에서 실제적인 교수 · 학습 활동의 관찰로부터 출발하지 않으면 안 된다. 그리고 연령별 · 매체 특성별 교수방법 또한 개별적으로 일어나야 한다. 일반적으로 미디어교육의 교수원리와 방법은 앞서 제시한 바와 같이 학습자 중심의 개별화의 원리, 발문 중심적 상호작용 원리, 의미 지향적 활동의 원리, 반성적 추상화의 원리를 적용한 문제중심학습, 협동학습, 탐구학습, 프로젝트학습 방법이어야 할 것으로 판단된다.

참고 문헌

· 강숙희(1997). 구성주의적 패러다임에 입각한 학습환경으로서의 매체의 활용. 교육공학연구, 13(1), 117-131. 한국교육공학회.

· 권성호(1997). 미디어 리터러시 교육과정 및 학습자료 개발에 관한 연구. 교육공학연구, 13(2). 한국교육공학회.

· 권성호 · 서윤경(2005). 교육공학적 관점에 따른 미디어교육의 이론과 실제. 서울 : 도서출판 한울.

· 김광희(2005). 구성주의 미디어교육 교사 교육과 교수 · 학습 모델. 한국언론학회 제2차 미디어교육 컨퍼런스 자료집. 한국언론학회 미디어교육위원회.

· 김기태(1994). 미디어교육 현황과 학교에서의 미디어교육의 방향. 중등교사 미디어교육 연수자료집 1 : 미디어, 무엇을 가르칠 것인가. 서강 커뮤니케이션센터 미디어교육실.

· 김기태(2005). 초 · 중등학교 미디어교육 목표 및 발향 설정. 한국언론학회 제1차 미디어교육 컨퍼런스 자료집. 한국언론학회 미디어교육위원회.

· 김동환(2000). 미디어 언어와 국어교육: 미디어 언어의 소통원리와 교육적 대상화의 방법. 서울대학교 국어교육연구소, 연구보고서 2000-5.

· 김선남(2005). 미디어교육 담당교사 양성을 위한 대학 커리큘럼의 탐색. 한국언론학회 제2차 미디어교육 컨퍼런스 자료집. 한국언론학회 미디어교육위원회.

· 김양은(2003). 미디어교육의 현재, 과거, 그리고 미래. 한국언론학회 제1차 미디어교육 국내 심포지엄 자료집. 한국언론학회 미디어교육위원회.

· 김양은(2005). 학교로 간 미디어. 서울 : 다할 미디어.

· 맹태균 · 이규철 · 김성천(2002). 고등학생을 위한 미디어교육 길잡이. 서울 : 한국언론재단.

· 문혜성(2004). 미디어교육학. 서울 : 한국방송영상산업진흥원.

· 박수경(2003). 구성주의 미디어교육의 효과와 교육적 의의에 관한 연구 : 능동성, 다양성, 비판력을 중심으로. 미간행 석사학위 청구논문. 서강대학교 언론대학원.
· 박숙희(1999). 통합교육과정에서의 미디어교육. 교육방송연구, 5(1), 19-38.
· 박숙희 · 염명숙 · 이경희(1997). 교육방법 및 교육공학. 서울 : 학지사.
· 박영배(1996). 수학 교수-학습의 구성주의적 전개에 관한 연구. 서울학교 대학원 박사학위 청구논문.
· 방선옥(2002). 구성주의적 교육관의 이론적 함의와 적용 가능성 고찰. 교육학연구, 40(3), 1-20. 한국교육학회지.
· 배진수 · 이영만 역(1995). 교육과정 통합과 평생교육. 서울 : 학지사.
· 백미숙 · 김병록 · 이경기 · 이구경(2002). 초등저학년 학생을 위한 미디어교육 길잡이. 서울 : 한국언론재단.
· 변영계 · 김영환(1998). 교육방법 및 교육공학. 서울 : 학지사.
· 신민형 · 이윤호 · 김지태 · 안용순(2002). 중학생을 위한 미디어교육 길잡이. 서울 : 한국언론재단.
· 원용진 · 김양은 · 양철진 · 조준형(2003). 미디어교육의 새로운 패러다임. 한국언론재단.
· 은혜정(2000). 미디어교육의 역사와 필요성 그리고 미디어교육의 현황. 매비우스. 미디어교육교수법 개발을 위한 워크 및 토론회 발제논문.
· 이미현(1995). 중 · 고등학교에서의 미디어교육에 관한 연구 : TV Literacy 수업사례를 중심으로. 미간행 석사학위 청구논문. 이화여자대학교 대학원.
· 이성호(1999). 교수방법의 탐구. 서울 : 양서원.
· 정연실 · 남주나 · 이경기 · 이구경(2002). 초등고학년학생을 위한 미디어교육 길잡이. 서울 : 한국언론재단.

· 최병우 · 이채연 · 최지현(2000). 미디어 언어의 교수-학습 방법에 관한 연구. 서울대학교 국어교육연구소, 연구보고서 2000-6.

· Baacke, D(1997a). Medienpaedagogik. Tuebingen.

· Kamii, C. & DeClark, G.(1985). Young children reinvent arithematic. New York : Teachers College Press.

· Messaries, P.(1994). Visual 'Literacy' : Image, mind, and reality. Bouler : Westview Press.

· Meyrowitz, J.(1996). Taking McLuhan and 'Medium Theory′ Seriously : Technological Change and the Evolution of Education. In S. T. Kerr(Eds.), Techonology and the future for Schooling. Chicago : University of Chicago Press.

· Piaget, J.(1970). Genetic epistemology. New York : Columbia University Press.

· Piaget, J. (1977). Equilibration of cognitive structures. New York : Viking.

· Tulodziecki, G.(1997). Erziehung und Bildung im Medienzusammenhang-Ziele, Bedingungen, Aufgaben und kompetenzen. In Von Gottberg, J. & Mikos, L. & Wiedermann, D. (Hrsg.), Kinder an die Fernbedingung(pp. 175-188). Berlin.

· Vygotsky, L. S.(1978). Mind in Society: The development of higher psychological process. Cambridge. MA: Harvard University Press.

04

미디어교육 설문 조사 결과

미디어교육 **설문 조사 결과**

chapter 04

미디어교육의 주체이자 참여자는 가정(학부모), 학교(교사), 개인(학생)이다. 미디어교육의 성공 여부는 이 세 주체가 얼마나 능동적이고 유기적으로 교육에 참여하는가에 달려 있다. 비판적 사고능력, 창의적 사고능력, 문제해결능력이 제대로 육성되고 이를 통해 미디어 능력이 온전히 갖춰짐으로써 미디어교육이 목적한 성과를 얻기 위해서는 세 주체의 노력이 무엇보다도 절실히 필요하다. 미디어교육과 관련해 이 세 주체들이 현재 어떤 생각과 기대를 갖고 있는지를 아는 것은 미디어교육의 성공적 정착을 위해 가장 기초적인 작업이라고 할 수 있다. 이와 관련해 우리는 미디어교육에 대한 교육 현장의 생생한 목소리와 경험을 담아내고자 교사, 학부모, 학생들을 대상으로 전국 단위 설문 조사를 실시하였다.

설문 조사는 대구, 서울, 대전 지역의 30개 초등학교(2개교), 중학교(12개교), 고등학교(16개교)에 재직 중인 교사들(192명)과 그 학교에

소속된 학생들(193명) 및 학부모들(192명)을 포함해서 총 577명을 대상으로 하였다. 설문 조사는 2006년 4월 1일부터 5월 30일까지 두 달간에 걸쳐 수행되었다. 설문 문항은 리커트 7점 척도(1점-전혀 그렇지 않다, 7점-매우 그렇다)로 측정되었다. 설문지는 미디어교육 내용, 미디어교육 방법, 미디어교육 현황, 미디어교육 관련 문제점, 미디어교육의 문제점에 대한 개선 방안 및 해결책으로 지원 사항, 미디어교육의 미래, 미디어 교육에 대한 인지도, 만족도, 유용성, 미디어교육 관련 경험, 및 인구사회학적 문항들로 구성되었다. 그 밖에 개인의 정치적 성향, 미디어 이용 정도, 미디어 이용 동기와 관련된 문항이 추가로 포함되었다. 미디어교육과 관련하여 각 분야의 현장 목소리를 충실히 담아내기 위해서 교사, 학부모, 학생을 대상으로 한 설문지는 각각의 입장에 적합하도록 각 대상별로 일부분 다른 항목들로 구성되었다. 설문 결과를 통계 처리하기 위해서 SPSSWIN 14.0 프로그램을 사용했고 연구 결과를 비교 분석하기 위해 아노바ANOVA 테스트가 수행되었다.

교사 대상 설문 결과

교사들의 특성

설문 조사에 참여한 교사는 총 192명이었다. 그 중 남자 교사가 81명(42.2%)이었고 여자 교사가 111명(57.8%)이었다. 참여 교사들의 평균 나이는 38.11세(최하 23세, 최고 61세)였고, 학위는 학사(120명), 석사(68명), 박사(3명) 순으로 나타났다. 대학전공별로는 국어(32명), 영어(24명), 수학(21명), 화학(12명), 역사(10명), 사회(9명), 생물(9명), 지리(6명), 지구과학(6명), 윤리(6명), 미술(6명), 과학(6명), 한문(5명), 물리(5명), 체육(5명), 가정(4명), 기술(3명), 음악(3명), 교육학(3명), 전자계산(3명), 문학(2명), 기계공학(2명), 컴퓨터(2명), 행정(1명), 일본어(1명), 독일어(1명), 동양철학(1명), 특수교육(1명), 기독교교육(1명), 인문(1명), 프랑스어(1명) 순으로 나타났다.

재직 중인 학교별로는 고등학교(116명, 60.4%), 중학교(74명, 38.5%), 초등학교(2명, 1.0%) 순으로 나타났다. 담당교과목별(초등학교 선생님의 경우 대학 전공)로는 국어(19명, 9.9%), 수학(16명, 8.3%), 영어(14명, 7.3%), 사회(9명, 4.7%), 화학(7명, 3.6%), 기술/가정(5명, 2.6%), 물리(5명, 2.6%), 지구과학(5명, 2.6%), 정보사회와 컴퓨터(5명, 2.6%), 체육(5명, 2.6%), 생물(5명, 2.6%), 지리(4명, 2.1%), 윤리(4명, 2.1%), 미술(4명, 2.1%), 역사(3명, 1.6%), 과학(3명, 1.6%), 문학(2명, 1.0%), 한국근대사(2명, 1.0%), 한문(2명, 1.0%), 세계사(2명, 1.0%), 교련(1명, 0.5%), 일본어(1명, 0.5%), 상업전자계산(1명, 0.5%), 음악(1명, 0.5%), 교육학(1명, 0.5%), 종교(1명, 0.5%) 순으로 나타났다. 설문 참여 교사들의 평균 재직 연수는 157.21개월(SD = 108.01)이었다(최저 1개월, 최고 432개월).

미디어교육 수행 경험에 있어서 미디어교육을 수행한 경험이 있는 교사는 149명(77.6%)이었고, 미디어교육을 수행한 경험이 없는 교사는 43명(22.3%)이었다. 미디어교육 관련 프로그램 연수 경험에서 연수 경험이 있는 교사는 65명(33.9%)이었고, 연수경험이 없는 교사는 127명(66.1%)이었다. 미디어교육 관련 프로그램 연수 경험이 있는 교사들은 평균 3.23회(SD = 4.08)정도 연수 프로그램에 참가한 경험이 있고(최저 1회, 최고 30회), 평균 5014.16분(SD = 5584.91) 정도 연수 프로그램을 경험한 것으로 나타났다(최저 60분, 최고 36000분). 미디어교육 관련 연수 프로그램을 경험한 교사들의 만족도를 살펴보면, 교사들은 자신이 참가한 미디어교육 관련 연수 프로그램에 대해 약간 만족하는 경향이 있는 것으로 나타났다(M = 4.44, SD = 1.15).

미디어교육 수업 실행 빈도와 관련해서 교사들은 월평균 5.43회 정도(M = 5.43, SD = 9.56, 최저 0, 최고 70) 미디어교육 수업을 수행하는 것으로 나타났고 월평균 305분.37분 정도 실행하는 것으로 나타났다(M = 305.37, SD = 493.83, 최저 0, 최고 3600). 하지만 교사들이 적절하다고 생각하는 미디어교육 수업 실행 빈도(M = 6.68, SD = 12.06, 최저 0 최고 80)와 실행 시간(M = 348.28, SD = 463.14, 최저 30, 최고 3600)은 각각 월평균 6.68회, 348.28분으로 실제로 실행되고 있는 미디어교육 수업 횟수와 시간 보다 더 많았다.

교사들은 바람직한 미디어교육 유형으로 ① 교과내에서 교사의 재량수업(41명, 34.5%)을 가장 선호하는 경향을 보였으며, 그 다음으로 ② 특별활동: 방송반, 신문반, 교지반 등(21명, 17.6%), ③ 통합교과: 정규과목(20명, 16.8%) ④ 창의적 재량활동(19명, 16.0%)과 ⑤ 방과 후 특기적성교육(8명, 6.7%) 순으로 선호하는 경향을 나타냈다. 그 외, 기타 유형이 14명(11.8%)으로 나타났다(응답자수 = 119명).

미디어 교육에 대한 인지도와 관련해서 교사들은 미디어교육에 대한 지식이나 정보(M = 4.41, SD = 1.25)와 미디어교육에 대한 이해(M = 4.21, SD = 1.28) 및 미디어 전반에 대한 이해 정도(M = 4.20, SD = 1.23)가

보통 수준을 약간 넘는 것으로 나타났으나, 미디어교육의 필요성에 대해서는 대부분 교사들이 상당히 동의하는 것으로 나타났다(M = 5.34, SD = 1.16).

미디어 교육에 대한 만족도와 관련해서 교사들은 현재 시행중인 미디어교육에 대해 다소 불만족스러운 경향을 보였고(M = 3.56, SD = 1.16), 현재 학교의 미디어교육을 위한 기자재/시설/설비에 대해서 상당히 불만족스러운 경향을 나타냈다(M = 3.29, SD = 1.44).

미디어교육의 유용성과 관련해서 교사들은 미디어교육이 직업세계의 이해, 진로의식 등 학생들의 진로활동에 도움이 된다(M = 5.72, SD = 1.14)라고 생각하는 경향이 가장 강했으며, 그 다음으로 미디어교육이 학생들의 폭 넓은 문화/교양/사회화 능력의 향상에 도움이 될 것이다(M = 5.68, SD = 1.12), 미디어교육이 학생들의 학습능력 향상에 도움이 될 것이다(M = 5.07, SD = 1.24), 미디어교육이 학생들의 건전한 인성 확립에 도움이 될 것이다(M = 4.95, SD = 1.36) 순으로 미디어교육의 유용성에 대한 의견을 나타냈다.

미디어교육의 미래에 대해서 교사들은 앞으로 교육 현장에서 미디어교육은 활성화될 것으로 예견했고(M = 5.57, SD = 1.15), 그 중요성 또한 부각될 것으로 내다보고 있었다(M = 5.57, SD = 1.14). 하지만 교사들은 향후 미디어교육은 제도화(정규교과목화) 되어야 한다는 점에 있어서는 상대적으로 다소 낮은 동의를 보였다(M = 4.64, SD = 1.42).

교사들의 개인적 성향을 살펴보면, 교사들은 개인적으로 진보적 성향(M = 4.63, SD = 1.32)이 가장 강했으며, 그 다음으로 중도적 성향(M = 4.36, SD = 1.20), 보수적 성향(M = 3.73, SD = 1.45)순으로 나타났다. 교사들의 교육적 오리엔테이션과 관련해서 설문에 참여한 교사들은 입시위주교육(M = 4.19, SD = 1.37)보다는 인성교육(M = 4.98, SD = 1.11)에 더욱 중점을 두고 있는 것으로 나타났다. 또한 설문에 참여한 교사들은 현재 우리나라 교육의 문제는 심각한 수준이라고 생각하는 것으로 나타났다(M = 5.42, SD = 1.32).

교사들의 미디어 이용행태를 살펴보면, 교사들은 인터넷(하루M = 130.44분, SD = 113.25)을 가장 많이 사용하는 경향이 있었고, 그 다음으로 텔레비전(하루 M = 107.44분, SD = 90.16), 신문(하루 M = 58.73분, SD = 95.31), 라디오(하루 M = 46.33분, SD = 45.14), 영화(한달 M = 280.65분, SD = 470.49), 잡지(한달 M = 167.71분, SD = 201.91) 순으로 선호하는 경향을 보였다.

교사들의 미디어 이용 동기에 있어서 교사들은 뉴스/정보를 얻기 위해(M = 5.94, SD = 1.15) 미디어를 이용하는 경향이 가장 강했고, 그 다음으로 교육/교과 관련 참고자료를 얻기 위해(M = 5.43, SD = 1.29), 여가시간을 즐기기 위해(M = 5.24, SD = 1.35), 휴식을 취하기 위해(M = 4.71, SD = 1.51), 습관적으로(M = 4.26, SD = 1.56), 마땅히 할 일이 없어서(M = 3.16, SD = 1.56) 등의 동기로부터 미디어를 사용하는 것으로 나타났다.

이상이 설문 참여 교사들의 미디어교육 관련 및 개인적 특성이었다. 다음으로는 미디어교육 내용, 방법, 문제점, 개선 방안 등에 관한 교사들의 의견을 살펴보았다.

미디어교육 내용

미디어교육 내용과 관련하여 교사들은 학교에서 가르쳐야 할 미디어 교육의 내용으로서 ① 미디어의 교육적 도구로서 활용 교육: 교육을 위한 시청각 교재(M = 5.36, SD = 1.39), ② 미디어 윤리 교육: 미디어의 병폐, 문제점, 부작용, 역기능, 악영향과 그 대책(M = 5.34, SD = 1.52), ③ 스피치와 토론 교육(M = 4.92, SD = 1.44), ④ 인터넷, 게임, 뉴커뮤니케이션 테크놀로지 및 사이버사회에 대한 이해 교육(M = 4.78, SD = 1.50), ⑤ 미디어 콘텐츠 제작 교육: 영상물, 광고물, 홈페이지 제작 및 신문기사 작성(M = 4.60, SD = 1.71), ⑥ 미디어 콘텐츠의 이해 교육: 미디어 메시지 분석, 해석, 비평, 평가 및 이해(M = 4.26, SD = 1.59), ⑦ 미디어의 특성 이해 교육: 특성, 기능, 구조 및 영향력(M = 4.22, SD = 1.49) 등의 순으로 중요하게 생각하는 것으로 나타났다.

미디어교육 방법

미디어교육 방법과 관련해서 교사들은 학교에서 가르쳐야 할 바람직한 미디어 교육의 방법으로서 ① 시청각 교재를 활용한 수업: NIE 및 모니터링 포함(M = 5.47, SD = 1.14), ② 사례 조사 및 발표 수업(M = 5.38, SD = 1.08), ③ 학생들의 참여를 유도하는 질문식 수업(M = 5.30, SD = 1.04), ④ 제작 및 실습수업(M = 5.10, SD = 1.41), ⑤ 학생들이 주도하며 교사는 사회자 역할만을 수행하는 토론식 수업(M = 4.99, SD = 1.34), ⑥ 연극 및 공연 중심 수업(M = 4.63, SD = 1.42), ⑦ 교사 주도의 강의식 수업(M = 2.99, SD = 1.47) 등의 순으로 바람직한 미디어교육 방법으로 생각하는 것으로 나타났다.

미디어교육의 문제점

우리나라 미디어교육의 문제점과 관련하여 교사들은 ① 학생들이 미디어 제작 현장을 체험할 기회가 없다(M = 5.72, SD = 1.25), ② 미디어교육이 입시위주의 현행 교육제도와 연관성이 낮다(M = 5.68, SD = 1.41), ③ 미디어교육 전담교사가 부족하다(M = 5.62, SD = 1.29), ④ 미디어교육의 효과(학업성취도)를 평가하기가 어렵다(M = 5.40, SD = 1.24), ⑤ 현장성 있는 미디어교육 교재가 마땅하지 않다(M = 5.40, SD = 1.27), ⑥ 미디어교육을 수행할 교육기자재/설비/시설이 부족하다(M = 5.33, SD = 1.36), ⑦ 교사와 학생들 간에 미디어 정보 격차가 심각하다(M = 5.28, SD = 1.20), ⑧ 미디어교육의 폭이 너무 광범위하여 교사 혼자서 가르치기가 어렵다(M = 5.22, SD = 1.27), ⑨ 미디어교육의 원리나 원칙이 분명하지 않다(M = 5.20, SD = 1.36), ⑩ 학생들의 수준차를 고려하기가 어렵다(M = 5.09, SD = 1.24), ⑪ 정부 부처나 관련 단체의 인식 및 지원이 부족하다(M = 5.09, SD = 1.35), ⑫ 미디어교육에 대한 연수(교육)가 부족하다(M = 5.08, SD = 1.39), ⑬ 미디어교육 전담교사의 전문성이 부족하다(M = 5.08, SD = 1.39), ⑭ 미디어교육을 가르칠 방법(교수법)이 모호하다(M = 5.02, SD = 1.33), ⑮ 미디어교육의 목표가 불명확하다(M = 4.88, SD = 1.35), ⑯ 미디어에 대한 근본적인 이해가 부족하다(M = 4.88, SD = 1.36), ⑰ 학교장/교감의 인식 및 지원이 부족하다(M = 4.88,

SD = 1.39), ⑱ 무엇을 가르쳐야할지를 판단하기 어렵다(M = 4.81, SD = 1.43), ⑲ 학부모들의 인식 및 관심이 부족하다(M = 4.74, SD = 1.33), ⑳ 동료교사들의 인식 및 관심이 부족하다(M = 4.61, SD = 1.38), ㉑ 학생들의 인식 및 관심이 부족하다(M = 4.22, SD = 1.49) 등의 순으로 문제점들을 지적하고 있는 것으로 나타났다.

미디어교육의 문제점에 대한 개선 방안 및 해결책으로서 지원받고 싶은 사항

미디어교육의 문제점에 대한 개선 방안 및 해결책으로서 지원받고 싶은 사항과 관련해서 교사들은 ① 정부로부터 미디어교육 기자재/설비/시설 확충(M = 5.91, SD = 1.11), ② 학교로부터 교사를 위한 미디어교육 연수 경비 및 행정적 지원(M = 5.82, SD = 1.15), ③ 정부로부터 미디어교육 시청각 자료들을 공유할 수 있는 웹사이트의 개설 및 운영(M = 5.79, SD = 1.18), ④ 정부로부터 재정적 예산 지원(M = 5.70, SD = 1.16), ⑤ 교육 정책을 담당하는 관료들의 미디어교육에 대한 인식 및 전문성 확보(M = 5.69, SD = 1.14), ⑥ 미디어의 상업적 이용과 교육적 이용(올바른 이용)을 구분할 수 있는 방안의 마련(M = 5.65, SD = 1.05), ⑦ 미디어교육 단체나 기관으로부터의 교사를 위한 뉴미디어 테크놀로지 교육의 확대(M = 5.63, SD = 1.10), ⑧ 미디어교육 단체나 기관으로부터의 국내/국외 교사들을 위한 미디어교육 연수의 확대(M = 5.55, SD = 1.12), ⑨ 미디어교육을 지원할 지역 미디어 센터의 설립과 적극적인 활용(M = 5.51, SD = 1.20), ⑩ 타 지역 미디어교육 교사 모임과의 교류를 통한 정보 교환의 확대(M = 5.50, SD = 1.23), ⑪ 미디어교육 단체들의 네트워크의 활성화를 통한 교류의 확대(M = 5.48, SD = 1.20), ⑫ 정부로부터 미디어교육 담당 전문 교사 양성 및 지원(M = 5.38, SD = 1.36), ⑬ 대학의 미디어교육 전문가 양성학과 구축(M = 5.27, SD = 1.31), ⑭ 학생들의 적극적인 관심 및 참여(M = 5.13, SD = 1.12), ⑮ 학교장/교감을 위한 미디어교육 연수의 실행(M = 5.07, SD = 1.31), ⑯ 학부모들을 위한 미디어교육 연수 프로그램의 개발 및 활성화(M = 4.79, SD = 1.31), ⑰ 학부모들의 적극적인 참여 및 자원 봉사의 확대(M = 4.67, SD = 1.25), ⑱ 미디어교육 수업시간의 확대(M = 4.58, SD = 1.40), ⑲ 미디어교육 과목의 정규교과목화: 성적에 반영(M = 3.95, SD = 1.55) 등의 순으로 원하는 지원 사항을 지적했다.

정리

교사들의 설문 결과를 종합적으로 정리하면 다음과 같다.

첫째, 교사들은 학교에서 가르쳐야 할 미디어교육의 내용으로서 미디어의 시청각 교재 등 교육적 도구로서 활용 교육, 미디어의 병폐, 문제점, 부작용, 역기능, 악영향과 그 대책 등을 포함한 미디어 윤리 교육, 스피치와 토론 교육 등을 생각했다.

둘째, 학교에서 가르쳐야 할 바람직한 미디어교육의 방법으로서 NIE 및 모니터링 포함한 시청각 교재 활용 수업, 사례 조사 및 발표 수업, 학생들의 참여를 유도하는 질문식 수업, 제작 및 실습수업 등의 방식을 선호했다.

셋째, 미디어교육의 문제점과 관련하여 학생들의 미디어 제작 현장 체험 기회 부족, 미디어교육의 입시위주의 현행 교육제도 낮은 연관성, 미디어교육 전담교사 부족, 미디어교육 효과(학업성취도)에 대한 평가의 어려움, 현장성 있는 미디어교육 교재의 부재, 미디어교육을 수행할 교육기자재/설비/시설이 부족 등을 지적했다.

넷째, 미디어교육의 문제점에 대한 개선 방안 및 해결책으로서 지원받고 싶은 사항과 관련해서 정부로부터 미디어교육 기자재/설비/시설 확충, 학교로부터 교사를 위한 미디어교육 연수 경비 및 행정적 지원, 정부로부터 미디어교육 시청각 자료들을 공유할 수 있는 웹사이트의 개설 및 운영, 정부로부터 재정적 예산 지원, 교육 정책을 담당하는 관료들의 미디어교육에 대한 인식 및 전문성 확보 등을 제시했다.

학부모 대상 설문 결과

학부모들의 특성

설문 조사에 참여한 학부모는 총 192명이었다. 그 중 남자학부형이 58명(30.2%)이었고 여자학부형이 134명(69.8%)이었다. 학부모들의 평균 나이는 43.78세(최하 30세, 최고 59세)였고, 교육수준별로 고졸이하(88명, 45.8%)가 가장 많았고, 그 다음이 대졸(61명, 31.8%), 전문대졸(24명, 12.5%), 대학원 이상(16명, 8.3%) 순으로 나타났다. 소득수준별로는

200만원-300만원 미만(60명, 31.3%)이 가장 많은 것으로 나타났고, 그 다음으로 300만원-400만원 미만(44명, 22.9%), 200만원 미만(35명, 18.2%), 400만원-500만원 미만(20명, 10.4%), 500만원 이상(19명, 9.9%) 순으로 나타났다. 직업별로는 전문직(61명, 31.8%)이 가장 많았고, 그 다음으로 전업주부(55명, 28.6%), 자영업(51명, 26.6%), 임시직(10명, 5.2%), 무직(3명, 1.6%) 순으로 나타났다. 학부모들의 평균 자녀수는 2.13명(SD = .60, 최저 1명, 최고 5명)이었다.

학부모의 자녀가 미디어교육을 받은 경험이 있는 학부모는 60명(31.3%)이었고, 자녀가 미디어교육 수업을 받은 경험이 없는 학부모는 57명(29.7%)이었고, 잘 모르겠다고 응답한 학부모가 71명(37%)이었다. 미디어교육 관련 프로그램 연수 경험이 있는 학부모는 21명(10.9%)이었고, 연수경험이 없는 학부모는171명(89.1%)이었다. 미디어교육 관련 프로그램 연수경험이 있는 학부모들은 평균 4.38회(SD = 4.22) 정도 연수 프로그램에 참여한 경험이 있고(최저 1회, 최고 16회), 평균 465.00분(SD = 510.76) 정도 연수 프로그램을 경험한 것으로 나타났다(최저 60분, 최고 1920분). 미디어교육 관련 연수 프로그램을 경험한 학부모들의 만족도를 살펴보면, 학부모들은 자신이 참여한 미디어교육 연수프로그램에 대해 상당히 만족하는 경향이 있는 것으로 나타났다(M = 4.79, SD = .92).

미디어 교육수업 실행 빈도와 관련해서 학부모들이 적절하다고 생각하는 월평균 미디어교육 수업 실행 빈도(M = 4.92, SD = 3.60, 최저 1 최고 21)와 실행 시간(M = 267.68, SD = 225.20, 최저30 최고 3600)은 4.92회, 267.68분으로 나타났다. 학부모들은 바람직한 미디어교육 유형으로

① 창의적 재량활동(M = 5.33, SD = 1.32)과 ② 교과내에서 교사의 재량수업(M = 5.33, SD = 1.32)을 가장 선호하는 경향을 보였으며, 그 다음으로 ③ 방과 후 특기적성교육(M = 4.85, SD = 1.42), ④ 특별활동: 방송반, 신문반, 교지반 등(M = 4.84, SD = 1.39), ⑤ 통합교과: 정규과목(M = 4.56, SD = 1.54) 순으로 선호하는 경향을 나타냈다.

미디어 교육에 대한 인지도와 관련해서 학부모들은 미디어교육에 대한 지식이나 정보(M = 3.97, SD = 1.46)와 미디어교육에 대한 이해(M = 3.71, SD = 1.31) 및 미디어 전반에 대한 이해 정도(M = 3.77, SD = 1.36)가 보통 수준보다 약간 못 미치는 것으로 나타났으나, 미디어교육의 필요성에 대해서는 상당히 동의하는 것으로 나타났다(M = 5.13, SD = 1.20). 미디어 교육에 대한 만족도와 관련해서 학부모들은 현재 시행중인 미디어교육에 대해 다소 불만족스러운 경향이 보였고(M = 3.79, SD = 1.29), 현재 학교의 미디어교육을 위한 기자재/시설/설비에 대해서 상당히 불만족스러운 경향을 나타냈다(M = 3.71, SD = 1.40).

미디어교육의 유용성과 관련해서 학부모들은 미디어교육이 학생들의 폭 넓은 문화/교양/사회화 능력의 향상에 도움이 될 것으로(M = 5.28, SD = 1.35) 생각하는 경향이 가장 강했으며, 그 다음으로 미디어교육이 직업 세계의 이해, 진로의식 등 학생들의 진로활동에 도움이 될 것이다(M = 5.18, SD = 1.42), 미디어교육이 학생들의 학습능력 향상에 도움이 될 것이다(M = 4.90, SD = 1.31), 미디어교육이 학생들의 건전한 인성 확립에 도움이 될 것이다(M = 4.85, SD = 1.39) 순으로 미디어교육의 유용성 여부에 대한 의견을 나타냈다.

미디어교육의 미래에 대해서 학부모들은 앞으로 교육현장에서 미디어교육은 활성화될 것으로 예견했고(M = 5.24, SD = 1.35), 그 중요성 또한 부각될 것이라고 내다보고 있었다(M = 5.20, SD = 1.34). 하지만 학부모들은 향후 미디어교육은 제도화(정규교과목화)되어야 한다는 점에 있어서는 상대적으로 다소 낮은 동의를 보였다(M = 4.74, SD = 1.54).

개인적 성향과 관련해서, 학부모들은 개인적으로 진보적 성향(M = 4.28, SD = 1.34)이 가장 강했으며, 그 다음으로 중도적 성향(M = 4.13, SD = 1.07), 보수적 성향(M = 4.09, SD = 1.43)을 나타냈다. 학부모들의 교육적 오리엔테이션과 관련해서 설문에 참여한 학부모들은 입시위주교육(M = 4.22, SD = 1.38)보다는 인성교육(M = 4.96, SD = 1.37)에 더욱 중점을 두고 있는 것으로 나타났다. 또한 학부모들은 현재 우리나라 교육의 문제가 상당히 심각한 수준이라고 생각하는 것으로 나타났다(M = 5.57, SD = 1.56).

미디어 이용행태를 살펴보면, 학부모들은 텔레비전(하루M = 159.70분, SD = 105.94)을 가장 많이 사용하는 경향이 있었고, 그 다음으로 인터넷(하루 M = 82.88분, SD = 75.60), 라디오(하루 M = 66.27분, SD = 88.49), 신문(하루 M = 56.65분, SD = 52.64), 영화(한달 M = 204.64분, SD = 505.46), 잡지(한달 M = 121.01분, SD = 180.27) 순으로 선호하는 경향을 보였다. 미디어 이용 동기와 관련해서 학부모들은 뉴스/정보를 얻기 위해(M = 5.65, SD = 1.49) 미디어를 이용하는 경향이 가장 강했고, 그 다음으로 여가시간을 즐기기 위해(M = 5.07, SD = 1.52), 휴식을 취하기 위해(M = 4.79, SD = 1.56), 교육/교과 관련 참고자료를 얻기 위해(M = 4.32, SD = 1.70), 습관적으로(M = 3.85, SD = 1.69), 마땅히 할 일이 없어서(M = 3.18, SD = 1.60) 등의 이유로 미디어를 사용하는 경향을 보였다.

이상이 설문 참여 학부모들의 미디어교육 관련 및 개인적 특성이었다. 다음으로 미디어교육 내용, 방법, 문제점, 개선 방안 등에 관한 학부모들의 의견을 살펴보면 아래와 같다.

미디어교육 내용

미디어교육 내용과 관련하여 학부모들은 학교에서 가르쳐야 할 미디어 교육의 내용으로서 ① 미디어의 교육적 도구로서 활용 교육: 교육을 위한 시청각 교재(M = 5.38, SD = 1.25), ② 미디어 윤리 교육: 미디어의 병폐, 문제점, 부작용, 역기능, 악영향과 그 대책(M = 5.34, SD = 1.52), ③ 스피치와 토론 교육(M = 5.14, SD = 1.47), ④ 미디어 콘텐츠의 이해 교육: 미디어 메시지 분석, 해석, 비평, 평가 및 이해(M = 5.13, SD = 1.20), ⑤ 미디어의 특성 이해 교육: 특성, 기능, 구조 및 영향력(M = 4.93, SD = 1.17), ⑥ 미디어 콘텐츠 제작 교육: 영상물, 광고물, 홈페이지 제작 및 신문기사 작성(M = 4.90, SD = 1.24), ⑦ 인터넷, 게임, 뉴커뮤니케이션 테크놀로지 및 사이버사회에 대한 이해 교육(M = 4.81, SD = 1.47) 등의 순으로 중요하게 생각하는 것으로 나타났다.

미디어교육 방법

미디어교육방법과 관련해서 학부모들은 학교에서 가르쳐야 할 바람직한 미디어 교육의 방법으로서 ① 제작 및 실습 수업(M = 5.48, SD = 1.31), ② 학생들의 참여를 유도하는 질문식 수업(M = 5.45, SD =

1.36), ③ 시청각 교재를 활용한 수업: NIE 및 모니터링 포함(M = 5.07, SD = 1.33), ④ 학생들이 주도하며 교사는 사회자 역할만을 수행하는 토론식 수업(M = 5.01, SD = 1.52), ⑤ 사례 조사 및 발표 수업(M = 4.86, SD = 1.41), ⑥ 연극 및 공연 중심 수업(M = 4.46, SD = 1.35), ⑦ 교사 주도의 강의식 수업(M = 4.10, SD = 1.63) 등의 순으로 바람직한 교육방법으로 생각하는 것으로 나타났다.

미디어교육의 문제점

우리나라 미디어교육의 문제점과 관련하여 학부모들은 ① 미디어교육을 수행할 교육기자재/설비/시설이 부족하다(M = 5.21, SD = 1.50), ② 정부 부처나 관련 단체의 인식 및 지원이 부족하다(M = 5.18, SD = 1.39), ③ 미디어교육 전담교사가 부족하다(M = 5.05, SD = 1.33), ④ 미디어교육이 입시위주의 현행 교육제도와 연관성이 낮다(M = 5.04, SD = 1.52), ⑤ 미디어교육 전담교사의 전문성이 부족하다(M = 4.95, SD = 1.33), ⑥ 미디어교육에 대한 연수(교육)가 부족하다(M = 4.90, SD = 1.24), ⑦ 미디어에 대한 근본적인 이해가 부족하다(M = 4.90, SD = 1.37), ⑧ 학부모들의 인식 및 관심이 부족하다(M = 4.89, SD = 1.26), ⑨ 미디어교육의 원리나 원칙이 분명하지 않다(M = 4.78, SD = 1.39), ⑩ 교사와 학생들 간에 미디어 정보 격차가 심각하다(M = 4.78, SD = 1.39), ⑪ 교사들의 인식 및 관심이 부족하다(M = 4.77, SD = 1.30), ⑫ 미디어교육의 목표가 불명확하다(M = 4.71, SD = 1.41) 등의 순으로 문제점들을 지적하고 있는 것으로 나타났다.

미디어교육의 문제점에 대한 개선 방안 및 해결책으로서 지원받고 싶은 사항

미디어교육의 문제점에 대한 개선 방안 및 해결책으로서 지원받고 싶은 사항으로 학부모들은 ① 정부로부터 미디어교육 기자재/설비/시설 확충(M = 5.51, SD = 1.43), ② 정부로부터 재정적 예산 지원(M = 5.34, SD = 1.37), ③ 교육 정책을 담당하는 관료들의 미디어교육에 대한 인식 및 전문성 확보(M = 5.31, SD = 1.39), ④ 정부로부터 미디어교육 담당 전문 교사 양성 및 지원(M = 5.30, SD = 1.41), ⑤ 정부로부터 미디어교육 시청각 자료들을 공유할 수 있는 웹사이트의 개설 및 운영(M = 5.29, SD = 1.37), ⑥ 미디어교육 단체들의 네트워크의 활성화를 통한 교류의 확대(M = 5.28, SD = 1.28), ⑦ 대학의 미디어교육 전문가 양성학과 구축(M = 5.18, SD = 1.23), ⑧ 미디어교육 단체나 기관으로부터의 교사를 위한 뉴미디어 테크놀러지 교육의 확대(M = 5.16, SD = 1.26), ⑨ 미디어교육을 지원할 지역 미디어 센터의 설립과 적극적인 활용(M = 5.16, SD = 1.21), ⑩ 미디어교육 단체나 기관으로부터의 국내/국외 교사들을 위한 미디어교육 연수의 확대(M = 5.08, SD = 1.20), ⑪ 타 지역 미디어교육 학부모 모임과의 교류를 통한 정보 교환의 확대(M = 4.96, SD = 1.39), ⑫ 학부모들을 위한 미디어교육 연수 프로그램의 개발 및 활성화(M = 4.84, SD = 1.32), ⑬ 미디어교육 수업시간의 확대(M = 4.69, SD = 1.32), ⑭ 학부모들의 적극적인 참여 및 자원 봉사의 확대(M = 4.64, SD = 1.31), ⑮ 미디어교육 과목의 정규교과목화: 성적에 반영(M = 4.26, SD = 1.56) 등의 순으로 원하는 지원 사항을 지적했다.

정리

학부모들의 설문 결과를 종합적으로 정리하면 다음과 같다.

첫째, 학부모들은 학교에서 가르쳐야 할 미디어 교육의 내용으로서 미디어의 시청각 교재 등 교육적 도구로서 활용 교육, 미디어의 병폐, 문제점, 부작용, 역기능, 악영향과 그 대책 등을 포함한 미디어 윤리 교육, 스피치와 토론 교육 등을 중요하게 생각했다.

둘째, 학교에서 가르쳐야 할 바람직한 미디어 교육의 방법으로서 제작 및 실습 수업, 학생들의 참여를 유도하는 질문식 수업, NIE 및 모니터링 등 시청각 교재 활용 수업을 선호했다.

셋째, 미디어교육의 문제점과 관련하여 미디어교육을 수행할 교육기자재/설비/시설 부족, 정부 부처나 관련 단체의 인식 및 지원 부족, 미디어교육 전담교사 부족, 미디어교육의 입시위주의 현행 교육제도와 낮은 연관성, 미디어교육 전담교사의 전문성 부족 등을 지적했다.

넷째, 미디어교육의 문제점에 대한 개선 방안 및 해결책으로서 지원되어야 할 사항으로 정부로부터 미디어교육 기자재/설비/시설 확충, 정부로부터 재정적 예산 지원, 교육 정책을 담당하는 관료들의 미디어교육에 대한 인식 및 전문성 확보, 정부로부터 미디어교육 담당 전문 교사 양성 및 지원, 정부로부터 미디어교육 시청각 자료들을 공유할 수 있는 웹사이트의 개설 및 운영 등을 제시했다.

학생 대상 설문 결과

학생들의 특성

설문조사에 참여한 학생은 총 193명이었다. 그 중 남학생이 83명(43.0%), 여학생이 110명(57.0%)이었다. 참여 학생들의 평균 나이는 15.71세(최하 12세, 최고 19세)였고, 학교별로는 중학생이 61명(31.6%)이었고, 고등학생이 132명(68.4%)이었다. 학생 가정의 소득수준별로는 월 소득 200만원 미만이 27명(18.2%), 200만원-300만원 미만이 58명(30.1%), 300만원-400만원 미만이 37명(19.2%), 400만원-500만원 미만이 29명(15.0%), 500만원 이상이 37명(19.2%)으로 나타났다.

학생들 가운데 수업 중 미디어교육을 받은 경험이 있는 사람은 155명(80.3%)이었고, 미디어교육 수업을 받은 경험이 없는 사람은 37명(19.2%)이었고, 응답하지 않은 학생이 1명(0.5%)있었다. 학생들이 현재 다니고 있는 학교에서 행해지는 미디어교육 수업의 실행 빈도는 월 평균 5.37회(SD = 6.64, 최저 0회, 최고 40회)였으며, 월 평균 시간은 321.96분(SD = 800.22, 최저 0분, 최고 9600분)으로 나타났다. 학생들이 생각하는 가장 적절한 미디어교육 실행 횟수는 월 평균 6.91회(SD = 7.00), 적절하다고 생각하는 미디어교육 실행 시간은 월평균 384.21분(SD = 707.71)인 것으로 나타났다. 학생들이 생각하는 바람직한 미디어교육 유형은 ① 교과내에서 교사의 재량수업(26명, 22.9%)을 가장 선호하는 경향을 보였으며, 그 다음으로 ② 창의적 재량활동(24명, 20.9%) 및 ③ 통합교과: 정규과목(24명, 20.9%) ④ 특별활동: 방송반, 신문반,

교지반 등(13명, 11.3%), ⑤ 방과 후 특기적성교육(12명, 10.4%) 순으로 선호하는 경향을 나타냈다. 그 외, 기타 유형이 16명으로(13.9%) 나타났다(응답자수 = 115명).

미디어교육에 대한 인지도와 관련해서 학생들은 미디어교육에 대한 지식이나 정보(M = 4.22, SD = 1.36)는 보통 수준을 약간 넘는 것으로 나타났으나, 미디어교육에 대한 흥미 (M = 4.72, SD = 1.47) 및 미디어교육의 필요성(M = 4.89, SD = 1.32)에 대해서는 상당히 동의하는 것으로 나타났다.

학생들이 생각하는 가장 적절한 미디어교육 실행 횟수는 월평균 6.91회(SD = 7.00), 적절하다고 생각하는 미디어교육 실행 시간은 월평균 384.21분(SD = 707.71)인 것으로 나타났다.

미디어교육에 대한 만족도와 관련해서 학생들은 현재 시행중인 미디어교육에 대해 다소 불만족스러운 경향이 보였고(M = 3.65, SD = 1.33), 현재 학교의 미디어교육을 위한 기자재/시설/설비에 대해서 상당히 불만족스러운 경향을 나타냈다(M = 3.58, SD = 1.43).

미디어교육의 유용성과 관련해서 학생들은 미디어교육이 직업세계의 이해, 진로의식 등 학생들의 진로활동에 도움이 된다고(M = 4.98, SD = 1.32)고 생각하는 경향이 가장 강했으며, 그 다음으로 미디어교육이 학생들의 폭 넓은 문화/교양/사회화 능력의 향상에 도움이 될 것이다(M = 4.93, SD = 1.31), 미디어교육이 학생들의 학습능력 향상에 도움이 될 것이다(M = 4.50, SD = 1.34), 미디어교육이 학생들의 건전한 인성 확립에 도움이 될 것이다(M = 4.46, SD = 1.22) 순으로 미디어교육의 유용성에 대한 의견을 나타냈다.

미디어교육의 미래에 대해서 학생들은 앞으로 교육현장에서 미디어교육은 활성화될 것으로 예견했고(M = 5.12, SD = 1.33), 그 중요성 또한 부각될 것이라고 내다보고 있었다(M = 5.12, SD = 1.29). 하지만, 학생들은 향후 미디어교육은 제도화(정규교과목화)되어야 한다는 점에 있어서는 상대적으로 다소 낮은 동의를 보였다(M = 4.56, SD = 1.46).

학생들의 미디어 이용행태를 살펴보면, 학생들은 인터넷(하루 M = 130.97분, SD = 94.32)을 가장 많이 사용하는 경향이 있었고, 그 다음으로 텔레비전(하루 M = 126.23분, SD = 97.10), 라디오(하루 M = 43.79분, SD = 73.34), 신문(하루 M = 17.96분, SD = 23.78), 영화(한달 M = 187.42분, SD = 181.11), 잡지(한달 M = 48.39분, SD = 88.78) 순으로 선호하는 경향을 보였다. 설문 참여 학생들의 미디어 이용 동기와 관련해서 학생들은 여가시간을 즐기기 위해(M = 5.82, SD = 1.52) 미디어를 이용하는 경향이 가장 강했고, 그 다음으로 휴식을 취하기 위해(M = 5.48, SD = 1.46), 뉴스/정보를 얻기 위해(M = 4.76, SD = 1.53), 습관적으로(M = 4.26, SD = 1.91), 마땅히 할 일이 없어서(M = 4.23, SD = 1.75), 교육/교과 관련 참고자료를 얻기 위해(M = 4.07, SD = 1.55) 등의 이유로 미디어를 사용하는 경향을 보였다.

이상이 설문 참여 학생들의 미디어교육 관련 및 개인적 특성이다. 다음으로 미디어교육 내용, 방법, 문제점, 개선 방안 등에 관한 학생들의 의견을 살펴보도록 하겠다.

미디어교육 내용

미디어교육 내용과 관련하여 학생들은 학교에서 가르쳐야 할 미디어 교육의 내용으로서 ① 인터넷, 게임, 뉴커뮤니케이션 테크놀러지 및 사이버사회에 대한 이해 교육(M = 5.17, SD = 1.38), ② 미디어 콘텐츠 제작 교육: 영상물, 광고물, 홈페이지 제작 및 신문기사 작성(M = 4.65, SD = 1.46), ③ 미디어의 교육적 도구로서 활용 교육: 교육을 위한 시청각 교재(M = 4.60, SD = 1.38), ④ 미디어 윤리 교육: 미디어의 병폐, 문제점, 부작용, 역기능, 악영향과 그 대책(M = 4.48, SD = 1.36), ⑤ 미디어 콘텐츠의 이해 교육: 미디어 메시지 분석, 해석, 비평, 평가 및 이해(M = 4.25, SD = 1.34), ⑥ 미디어의 특성 이해 교육: 특성, 기능, 구조 및 영향력(M = 4.19, SD = 1.31), ⑦ 스피치와 토론 교육(M = 4.11, SD = 1.52), 등의 순으로 중요하게 생각하는 것으로 나타났다.

미디어교육 방법

미디어교육방법과 관련해서 학생들은 학교에서 가르쳐야 할 바람직한 미디어 교육의 방법으로서 ① 제작 및 실습 수업(M = 5.61, SD = 1.30), ② 시청각 교재를 활용한 수업: NIE 및 모니터링 포함(M = 4.82, SD = 1.32), ③ 학생들의 참여를 유도하는 질문식 수업(M = 4.74, SD = 1.42), ④ 연극 및 공연 중심 수업(M = 4.61, SD = 1.61), ⑤ 학생들이 주도하며 교사는 사회자 역할만을 수행하는 토론식 수업(M = 4.56, SD = 1.48), ⑥ 사례 조사 및 발표 수업(M = 4.29, SD = 1.49), ⑦ 교사 주도의 강의식 수업(M = 3.84, SD = 1.59) 등의 순으로 바람직한 교육방법으로 생각하는 것으로 나타났다.

우리나라 미디어교육의 문제점

우리나라 미디어교육의 문제점과 관련하여 학생들은 ① 미디어교육 수업이 정규화 되어있지 않다(M = 4.81, SD = 1.44), ② 미디어교육이 입시위주의 현행 교육제도와 연관성이 낮다(M = 4.60, SD = 1.45), ③ 미디어교육을 수행할 교육기자재/설비/시설이 부족하다(M = 4.55, SD = 1.64), ④ 미디어교육 전담교사의 전문성이 부족하다(M = 4.30, SD = 1.52), ⑤ 교사와 학생들 간에 미디어 정보 격차가 심각하다(M = 4.14, SD = 1.46), ⑥ 교사들의 인식 및 관심이 부족하다(M = 4.07, SD = 1.44) 순으로 미디어교육의 문제점을 지적하고 있는 것으로 나타났다.

미디어교육의 문제점에 대한 개선 방안 및 해결책으로서 지원받고 싶은 사항

미디어교육의 문제점에 대한 개선 방안 및 해결책으로서 지원받고 싶은 사항으로 학생들은 ① 정부로부터 미디어교육 기자재/설비/시설 확충(M = 5.29, SD = 1.35), ② 정부로부터 미디어교육 시청각 자료들을 공유할 수 있는 웹사이트의 개설 및 운영(M = 5.18, SD = 1.27), ③ 정부로부터 미디어교육 담당 전문 교사 양성 및 지원(M = 4.90, SD = 1.23), ④ 미디어교육 수업시간의 확대(M = 4.78, SD = 1.53), ⑤ 미디어교육 과목의 정규교과목화: 성적에 반영(M = 3.59, SD = 1.69) 등의 순으로 원하는 지원 사항을 지적했다.

정리

학생들의 설문 결과를 종합적으로 정리하면 다음과 같다.

첫째, 학생들은 학교에서 가르쳐야 할 미디어 교육의 내용으로서 인터넷/게임/뉴커뮤니케이션 테크놀로지/사이버사회에 대한 이해 교육, 영상물/광고물/홈페이지 제작/신문기사 작성 등 미디어 콘텐츠 제작 교육, 미디어의 시청각 교재 등 교육적 도구로서 활용 교육 등을 중요하게 생각했다.

둘째, 학교에서 가르쳐야 할 바람직한 미디어 교육의 방법으로서 제작 및 실습 수업, NIE 및 모니터링 포함한 시청각 교재를 활용한 수업, 학생들의 참여를 유도하는 질문식 수업 등을 선호했다.

셋째, 미디어교육의 문제점과 관련하여 미디어교육 수업의 비정규화, 미디어교육의 입시위주의 현행 교육제도와 낮은 연관성, 미디어교육을 수행할 교육기자재/설비/시설 부족, 미디어교육 전담교사의 전문성 부족 등을 지적했다.

넷째, 미디어교육의 문제점에 대한 개선 방안 및 해결책으로서 정부로부터 미디어교육 기자재/설비/시설 확충, 미디어교육 시청각 자료들을 공유할 수 있는 웹사이트의 개설 및 운영, 미디어교육 담당 전문 교사 양성 및 지원 등을 제시했다.

미디어교육에 대한 교사, 학부모, 학생 간 의견 비교

미디어교육에 대한 인지도, 필요성, 만족도 비교

미디어교육에 대한 인지도와 관련해서 교사, 학부모, 학생들은 미디어교육에 대해 전반적으로 보통 정도의 지식이나 정보를 가지고 있는 것으로 나타났다(M = 4.20). 교사, 학부모, 학생들 간 미디어교육에 대한 인지도를 비교할 경우, 전체적으로 집단 간 통계적으로 유의미한 차이가 나타났다(F=4.99, df=2, 574, p<.007). 집단 간 차이를 구체적으로 검정하기 위해 Scheffe test를 수행한 결과, 교사와 학부모 집단 간 차이가 발견되었다(p<.05). 다시 말해, 교사들(M = 4.41)은 학부모들(M = 3.97) 보다 더 미디어교육에 대한 지식이나 정보를 가지고 있는 것으로 나타났다.

미디어교육의 필요성과 관련해서 전반적으로 교사, 학부모, 학생들은 미디어교육이 상당히 필요한 것으로 생각하고 있는 것으로 나타났다(M = 5.12). 교사, 학부모, 학생들 간 미디어교육의 필요성을 비교해 볼 경우, 전체적으로 집단 간 통계적으로 유의미한 차이가 나타났다(F=6.38, df=2, 574, p<.002). 집단 간 차이를 구체적으로 검정하기 위해 Scheffe test를 수행한 결과, 교사와 학생 집단 간 차이가 발견되었다(p<.05). 다시 말해, 교사들(M = 5.34)은 학생들(M = 4.89) 보다 더 미디어교육이 필요하다고 생각하는 것으로 나타났다.

미디어교육에 대한 만족도와 관련해서 전반적으로 교사, 학부모, 학생들은 미디어교육에 대해 상당히 불만족스러워 하고 있는 것으로 나타났다(M = 3.67). 교사, 학부모, 학생들 간 미디어교육에 대한 만족도를 비교해 볼 경우, 전체적으로 집단 간 통계적으로 유의미한 차이가 나타나지 않았다(F=1.69, df=2, 574, p〈.185). 다시 말해, 교사(M = 3.56), 학부모(M = 3.79), 학생들(M = 3.65)은 미디어교육에 대해 비슷한 수준으로 상당히 불만족하고 있는 것으로 나타났다.

현재 학교의 미디어교육을 위한 기자재/시설/설비에 대한 만족도와 관련해서 전반적으로 교사, 학부모, 학생들은 미디어교육용 기자재/시설/설비에 대해 상당히 불만족스러워 하고 있는 것으로 나타났다(M = 3.53). 교사, 학부모, 학생들 간 미디어교육용 기자재/시설/설비에 대한 만족도를 비교해 볼 경우, 전체적으로 교사와 학생 집단 간 통계적으로 유의미한 차이가 나타났다(F=4.51, df=2, 574, p〈.011). 다시 말해, 교사들(M = 3.29)은 학생들(M = 3.58) 보다 더 미디어교육을 위한 기자재/시설/설비에 대해 불만족하고 있는 것으로 나타났다.

비교 결과를 요약하자면 다음과 같다. 교사, 학부모, 학생들은 미디어교육에 대해 전반적으로 약간의 지식이나 정보를 지니고 있었고, 특히 교사들이 학부모들 보다 더 미디어교육에 대한 지식이나 정보를 가지고 있는 것으로 나타났다. 교사, 학부모, 학생들은 전반적으로 미디어교육이 상당히 필요한 것으로 생각하고 있었고, 특히 교사들이 학생들 보다 더 미디어교육이 필요하다고 생각하는 것으로 나타났다. 전반적으로 교사, 학부모, 학생들은 미디어교육에 대해 상당히 불만족스러워 하고 있었고, 특히 교사들이 학생들 보다 더 미디어교육을 위한 기자재/시설/설비에 대해 불만족하고 있는 것으로 나타났다.

〈표 1〉은 교사, 학부모, 학생들의 미디어교육에 대한 인지도, 필

요성, 만족도를 비교해서 보여주고 있다.

〈표 1〉 미디어교육에 대한 인지도, 필요성, 만족도 비교

	구분	N	평균	표준편차	자유도	F	유의도
미디어교육에 대한 지식 / 정보	교사*	192	4.41	1.25	2,574	4.99	.007
	학부모*	192	3.97	1.46			
	학생	193	4.21	1.36			
	소계	577	4.20	1.37			
미디어교육 필요성	교사*	192	5.34	1.16	2,574	6.38	.002
	학부모	192	5.13	1.20			
	학생*	193	4.89	1.32			
	소계	577	5.12	1.24			
미디어교육 만족도	교사	192	3.56	1.16	2,574	1.69	.185
	학부모	192	3.79	1.29			
	학생	193	3.65	1.33			
	소계	577	3.67	1.26			
기자재/시설/설비 만족도	교사*	192	3.29	1.44	2,574	4.51	.011
	학부모	192	3.37	1.40			
	학생*	193	3.58	1.43			
	소계	577	3.53	1.43			

∗Scheffe test 결과 *집단 간 .05 수준에서 차이가 나타남.

미디어교육 내용에 대한 의견 비교

전반적으로 미디어교육 내용과 관련해서 교사, 학부모, 학생들은 ① 미디어의 교육적 도구로서 활용 교육: 교육을 위한 시청각교재(M = 5.11), ② 미디어 윤리 교육: 미디어의 병폐, 문제점, 부작용, 역기능, 악영향과 그 대책(M = 5.09), ③ 인터넷, 게임, 뉴커뮤니케이션 테크놀

로지 및 사이버사회에 대한 이해 교육(M = 4.92), ④ 미디어 콘텐츠 제작 교육: 영상물, 광고물, 홈페이지 제작 및 신문기사작성 포함(M = 4.72), ⑤ 스피치와 토론 교육(M = 4.72), ⑥ 미디어 콘텐츠의 이해 교육: 미디어 메시지 분석, 해석, 비평, 평가, 이해(M = 4.54), ⑦ 미디어의 특성 이해 교육: 특징, 기능, 구조 및 영향력(M = 4.45) 순으로 중요하게 다루어야 할 미디어교육 내용으로 생각하고 있는 것으로 나타났다.

구체적으로 각 내용별로 교사, 학부모, 학생들 간의 의견 차이를 살펴보면 다음과 같다.

① 미디어 콘텐츠 제작 교육에(영상물, 광고물, 홈페이지 제작 및 신문기사작성 포함) 있어서 전체적으로 교사, 학부모, 학생들 간에 통계적으로 유의미한 차이가 나타나지 않았다(F=2.24, df=2, 574, p〈.107). 다시 말해, 미디어 콘텐츠 제작 교육은 교사(M = 4.60), 학부모(M = 4.90), 학생들(M = 4.95) 모두가 유사하게 미디어교육 내용으로서 어느 정도 중요하게 생각하는 경향이 있었다.

② 미디어의 교육적 도구로서 활용 교육(교육을 위한 시청각교재) 에 있어서 전체적으로 교사, 학부모, 학생들 간에 통계적으로 유의미한 차이가 나타났다(F=21.00, df=2, 574, p〈.000). 집단 간 차이를 구체적으로 검정하기 위해 Scheffe test가 수행되었다. 그 결과 교사/학부모 집단과 학생 집단 간 차이가 나타났다(p〈.05). 다시 말해, 교사들(M = 5.36) 및 학부모들은(M = 5.38) 학생들(M = 4.60) 보다 더 미디어의 교육적 도구로서 활용 교육을 미디어교육 내용으로서 중요하게 생각하는 경향이 있었다.

③ 미디어 콘텐츠의 이해 교육(미디어 메시지 분석, 해석, 비평, 평가,

이해)에 있어서 전체적으로 교사, 학부모, 학생들 간에 통계적으로 유의미한 차이가 나타났다($F=25.19$, $df=2, 574$, $p<.000$). 집단 간 차이를 구체적으로 검정하기 위해 Scheffe test가 수행되었다. 그 결과 교사/학생 집단과 학부모 집단 간 차이가 나타났다($p<.05$). 다시 말해, 학부모들은($M = 5.13$) 교사들($M = 4.26$) 및 학생들($M = 4.25$) 보다 미디어 콘텐츠의 이해 교육을 미디어교육 내용으로서 더욱 중요하게 생각하는 경향이 있었다.

④ 미디어의 특성 이해 교육(특징, 기능, 구조 및 영향력)에 있어서 전체적으로 교사, 학부모, 학생들 간에 통계적으로 유의미한 차이가 나타났다($F=18.86$, $df=2, 574$, $p<.000$). 집단 간 차이를 구체적으로 검정하기 위해 Scheffe test가 수행되었다. 그 결과 교사/학생 집단과 학부모 집단 간 차이가 나타났다($p<.05$). 다시 말해, 학부모들($M = 4.93$)은 교사들($M = 4.22$) 및 학생들($M = 4.19$) 보다 미디어의 특성 이해 교육을 미디어교육 내용으로서 더욱 중요하게 생각하는 경향이 있었다.

⑤ 인터넷, 게임, 뉴커뮤니케이션 테크놀로지 및 사이버사회에 대한 이해 교육에 있어서 전체적으로 교사, 학부모, 학생들 간에 통계적으로 유의미한 차이가 나타났다($F=4.25$, $df=2, 574$, $p<.015$). 집단 간 차이를 구체적으로 검정하기 위해 Scheffe test가 수행되었다. 그 결과 학부모($M = 4.81$) 집단을 제외한 학생 집단과 교사 집단 간 차이가 나타났다($p<.05$). 다시 말해, 교사들($M = 4.78$) 보다는 학생들($M = 5.17$)이 인터넷, 게임, 뉴커뮤니케이션 테크놀로지 및 사이버사회에 대한 이해 교육을 미디어교육 내용으로서 더욱 중요하게 생각하는 경향이 있었다.

⑥ 미디어 윤리 교육(미디어의 병폐, 문제점, 부작용, 역기능, 악영향과 그 대책)에 있어서 전체적으로 교사, 학부모, 학생들 간에 통계적으로 유의미한 차이가 나타났다(F=25.82, df=2, 574, p〈.000). 집단 간 차이를 구체적으로 검정하기 위해 Scheffe test가 수행되었다. 그 결과 교사/학부모 집단과 학생 집단 간 차이가 나타났다(p〈.05). 다시 말해, 교사들(M = 5.34) 및 학부모들(M = 5.44)은 학생들(M = 4.48) 보다 미디어 윤리 교육을 미디어교육 내용으로서 더욱 중요하게 생각하는 경향이 있었다.

⑦ 스피치와 토론 교육에 있어서 전체적으로 교사, 학부모, 학생들 간에 통계적으로 유의미한 차이가 나타났다(F=25.63, df=2, 574, p〈.000). 집단 간 차이를 구체적으로 검정하기 위해 Scheffe test가 수행되었다. 그 결과 교사/학부모 집단과 학생 집단 간 차이가 나타났다(p〈.05). 다시 말해, 교사들(M = 4.92) 및 학부모들(M = 5.14)은 학생들(M = 4.11) 보다 더 스피치와 토론 교육을 미디어교육 내용으로서 중요하게 생각하는 경향이 있었다.

이 비교 결과를 요약하면 다음과 같다.

첫째, 영상물, 광고물, 홈페이지 제작 및 신문기사작성 등을 포함한 미디어 콘텐츠 제작 교육 교사, 학부모, 학생들이 모두 별 차이 없이 중요하게 생각했다.

둘째, 교사들과 학부모들은 학생들 보다 더 미디어의 교육적 도구로서 활용 교육, 미디어 윤리 교육, 스피치와 토론 교육을 미디어교육 내용으로서 중요하게 생각하는 경향이 있었다.

셋째, 학부모들은 교사들과 학생들 보다 미디어 콘텐츠의 이해 교육과 미디어의 특성 이해 교육을 미디어교육 내용으로서 더욱 중요하게 생각하는 경향이 있었다.

넷째, 학생들은 교사들 보다 인터넷, 게임, 뉴커뮤니케이션 테크놀로지 및 사이버사회에 대한 이해 교육을 미디어교육 내용으로서 더욱 중요하게 생각하는 경향이 있었다.

〈표 2〉는 미디어교육 내용에 대한 의견 차이를 비교해서 보여주고 있다.

〈표 2〉 미디어교육 내용에 대한 의견 차이 비교

	구분	N	평균	표준편차	자유도	F	유의도
미디어콘텐츠 제작 교육	교사	192	4.60	1.71	2,574	2.24	.107
	학부모	192	4.90	1.24			
	학생	193	4.95	1.46			
	소계	577	4.72	1.49			
미디어의 교육적 도구로서 활용 교육	교사(*)	192	5.36	1.39	2,574	21.00	.000
	학부모(*)	192	5.38	1.25			
	학생*	193	4.60	1.38			
	소계	577	5.11	1.39			
미디어 콘텐츠의 이해 교육	교사(*)	192	4.26	1.59	2,574	25.19	.000
	학부모*	192	5.13	1.20			
	학생(*)	193	4.25	1.34			
	소계	577	4.54	1.39			
미디어의 특성 이해 교육	교사(*)	192	4.22	1.49	2,574	18.86	.000
	학부모*	192	4.93	1.17			
	학생(*)	193	4.19	1.31			
	소계	577	4.45	1.37			
인터넷/게임/뉴커뮤니케이션기술/사이버사회 이해 교육	교사*	192	4.78	1.50	2,574	4.25	.015
	학부모	192	4.81	1.47			
	학생(*)	193	5.17	1.38			
	소계	577	4.92	1.46			

미디어 윤리 교육	교사(*)	192	5.34	1.50	2,574	25.82	.000
	학부모(*)	192	5.44	1.47			
	학생*	193	4.48	1.38			
	소계	577	5.09	1.46			
스피치와 토론 교육	교사(*)	192	4.92	1.50	2,574	25.63	.000
	학부모(*)	192	5.14	1.47			
	학생*	193	4.11	1.38			
	소계	577	4.72	1.46			

∗Scheffe test 결과 *집단과 (*)집단 간 .05 수준에서 차이가 나타남.

미디어교육 방법에 대한 의견 비교

전반적으로 미디어교육의 방법과 관련해서 교사, 학부모, 학생들은 ① 제작 및 실습 수업(M = 5.40), ② 학생들이 주도하며 교사는 사회자 역할만을 수행하는 토론식 수업(M = 5.16), ③ 학생들의 참여를 유도하는 질문식 수업(M = 5.16), ④ 시청각 교재를 활용한 수업: NIE 및 모니터링 포함(M = 5.12), ⑤ 사례 조사 및 발표 수업(M = 4.84), ⑥ 연극 및 공연 중심 수업(M = 4.56), ⑦ 교사 주도의 강의식 수업(M = 3.65) 순으로 중요하게 다루어야 할 바람직한 미디어 교육의 방식으로 생각하고 있는 것으로 나타났다. 구체적으로 각 방법별로 교사, 학부모, 학생들 간의 의견 차이를 살펴보면 다음과 같다.

① 교사 주도의 강의식 수업에 있어서 전체적으로 교사, 학부모, 학생들 간에 통계적으로 유의미한 차이가 나타났다(F=26.23, df=2, 574, p〈.000). 집단 간 차이를 구체적으로 검정하기 위해 Scheffe test가 수

행되었다. 그 결과 교사 집단과 학부모/학생 집단 간 차이가 나타났다($p<.05$). 다시 말해, 학부모들($M = 4.10$) 및 학생들($M = 3.84$)은 교사들($M = 2.99$) 보다 더 교사 주도의 강의식 수업을 바람직한 미디어 교육 방식으로서 생각하는 경향이 있었다.

② 학생들이 주도하며 교사는 사회자 역할만을 수행하는 토론식 수업에 있어서 전체적으로 교사, 학부모, 학생들 간에 통계적으로 유의미한 차이가 나타났다($F=6.01$, $df=2, 574$, $p<.003$). 집단 간 차이를 구체적으로 검정하기 위해 Scheffe test가 수행되었다. 그 결과 교사/학부모 집단과 학생 집단 간 차이가 나타났다($p<.05$). 다시 말해, 교사들($M = 5.30$) 및 학부모들($M = 5.45$)은 학생들($M = 4.74$)보다 더 학생들이 주도하며 교사는 사회자 역할만을 수행하는 토론식 수업을 바람직한 미디어 교육 방식으로서 생각하는 경향이 있었다.

③ 학생들의 참여를 유도하는 질문식 수업에 있어서 전체적으로 교사, 학부모, 학생들 간에 통계적으로 유의미한 차이가 나타났다($F=16.73$, $df=2, 574$, $p<.000$). 집단 간 차이를 구체적으로 검정하기 위해 Scheffe test가 수행되었다. 그 결과 교사/학부모 집단과 학생 집단 간 차이가 나타났다($p<.05$). 다시 말해, 교사들($M = 5.30$) 및 학부모들($M = 5.45$)은 학생들($M = 4.74$) 보다 더 학생들의 참여를 유도하는 질문식 수업을 바람직한 미디어 교육 방식으로서 생각하는 경향이 있었다.

④ 제작 및 실습 수업에 있어서 전체적으로 교사, 학부모, 학생들 간에 통계적으로 유의미한 차이가 나타났다($F=7.44$, $df=2, 574$, $p<.001$). 집단 간 차이를 구체적으로 검정하기 위해 Scheffe test가 수행되었다. 그 결과 교사 집단과 학부모/학생 집단 간 차이가 나타났다($p<.05$). 다

시 말해, 학부모들(M = 4.10) 및 학생들(M = 3.84)은 교사들(M = 5.10) 보다 더 제작 및 실습 수업을 바람직한 미디어 교육 방식으로서 생각하는 경향이 있었다.

⑤ 사례 조사 및 발표 수업에 있어서 전체적으로 교사, 학부모, 학생들 간에 통계적으로 유의미한 차이가 나타났다(F=32.01, df=2, 574, p<.000). 집단 간 차이를 구체적으로 검정하기 위해 Scheffe test가 수행되었다. 그 결과 교사 집단과 학부모/학생 집단 간 차이가 나타났다(p<.05). 다시 말해, 교사들(M = 5.38)은 학부모들(M = 4.86) 및 학생들(M = 4.29) 보다 더 사례 조사 및 발표 수업을 바람직한 미디어 교육 방식으로서 생각하는 경향이 있었다.

⑥ 시청각 교재를 활용한 수업(NIE 및 모니터링 포함) 에 있어서 전체적으로 교사, 학부모, 학생들 간에 통계적으로 유의미한 차이가 나타났다(F=12.90, df=2, 574, p<.000). 집단 간 차이를 구체적으로 검정하기 위해 Scheffe test가 수행되었다. 그 결과 교사 집단과 학부모/학생 집단 간 차이가 나타났다(p<.05). 다시 말해, 교사들(M = 5.47)은 학부모들(M = 5.07) 및 학생들(M = 4.82) 보다 더 시청각 교재를 활용한 수업을 바람직한 미디어 교육 방식으로서 생각하는 경향이 있었다.

⑦ 연극 및 공연 중심 수업에 있어서 전체적으로 교사, 학부모, 학생들 간에 통계적으로 유의미한 차이가 나타나지 않았다(F=.74, df=2, 574, p<.480). 다시 말해, 교사, 학부모, 학생들 모두가 유사하게 연극 및 공연 중심 수업을 약간 바람직한 미디어 교육 방식으로서 생각하는 경향이 있었다.

이 비교 결과를 요약하면 다음과 같다.

첫째, 학부모들과 학생들은 교사들 보다 교사 주도의 강의식 수업과 제작 및 실습 수업을 바람직한 미디어 교육 방식으로서 생각하는 경향이 있었다.

둘째, 교사들과 학부모들은 학생들 보다 더 학생들이 주도하며 교사는 사회자 역할만을 수행하는 토론식 수업과 학생들의 참여를 유도하는 질문식 수업을 바람직한 미디어 교육 방식으로서 생각하는 경향이 있었다.

셋째, 교사들은 학부모들과 학생들 보다 더 사례 조사 및 발표 수업과 시청각 교재를 활용한 수업을 바람직한 미디어 교육 방식으로서 생각하는 경향이 있었다. 하지만, 연극 및 공연 중심 수업은 교사, 학부모, 학생 모두가 유사하게 약간 바람직한 미디어 교육 방식으로서 생각하는 경향이 있었다.

〈표 3〉은 교사, 학부모, 학생들 간 바람직한 미디어교육 방식에 대한 의견 차이를 비교해 보여주고 있다.

〈표 3〉 미디어교육 방식에 대한 의견 차이 비교

	구분	N	평균	표준편차	자유도	F	유의도
교사 주도의 강의식 수업	교사	192	2.99	1.47	2,574	26.23	.000
	학부모(*)	192	4.10	1.64			
	학생(*)	193	3.84	1.59			
	소계	577	3.65	1.64			
학생주도 교사사회 토론식 수업	교사(*)	192	5.30	1.04	2,574	6.01	.003
	학부모(*)	192	5.45	1.36			
	학생*	193	4.74	1.42			
	소계	577	5.16	1.32			
학생참여유도 질문식 수업	교사(*)	192	5.30	1.04	2,574	6.73	.000
	학부모(*)	192	5.45	1.36			
	학생*	193	4.74	1.42			
	소계	577	5.16	1.32			
제작 및 실습 수업	교사*	192	5.10	1.41	2,574	7.44	.001
	학부모(*)	192	5.48	1.31			
	학생(*)	193	5.61	1.30			
	소계	577	5.40	1.35			
사례 조사 및 발표 수업	교사*	192	5.38	1.41	2,574	32.01	.000
	학부모(*)	192	4.86	1.31			
	학생(*)	193	4.29	1.30			
	소계	577	4.84	1.35			
시청각 교재들 활용한 수업	교사*	192	5.47	1.14	2,574	12.90	.000
	학부모(*)	192	5.07	1.33			
	학생(*)	193	4.82	1.32			
	소계	577	5.12	1.29			
연극 공연 중심 수업	교사	192	4.63	1.42	2,574	.74	.480
	학부모	192	4.46	1.35			
	학생	193	4.61	1.61			
	소계	577	4.56	1.47			

*Scheffe test 결과 *집단과(*)집단 간 .05 수준에서 차이가 나타남.

미디어교육의 문제점에 대한 의견 비교

전반적으로 미디어교육의 문제점과 관련해서 교사, 학부모, 학생들은 ① 미디어교육과 입시위주의 현행 교육제도 간의 낮은 연관성 문제(M = 5.11), ② 미디어교육을 수행할 교육 기자재/설비/시설 부족 문제(M = 5.10), ③ 미디어교육 교사의 전문성 부족 문제(M = 4.77), ④ 교사와 학생들 간의 미디어 정보 격차 문제(M = 4.73) 순으로 시급히 해결해야할 미디어교육의 문제점이라고 생각하는 것으로 나타났다. 구체적으로 각 문제점별로 교사, 학부모, 학생들 간의 의견 차이를 살펴보면 다음과 같다.

① 미디어교육 교사의 전문성 부족 문제에 있어서 전체적으로 교사, 학부모, 학생들 간에 통계적으로 유의미한 차이가 나타났다(F=17.01, df=2, 574, p〈.000). 집단 간 차이를 구체적으로 검정하기 위해 Scheffe test가 수행되었다. 그 결과 교사/학부모 집단과 학생 집단 간 차이가 나타났다(p〈.05). 다시 말해, 교사들(M = 5.08) 및 학부모들(M = 4.95)은 학생들(M = 4.30) 보다 더 미디어교육 교사의 전문성 부족 문제를 심각하게 받아들이는 경향이 있었다.

② 미디어교육을 수행할 교육 기자재/설비/시설 부족 문제에 있어서 전체적으로 교사, 학부모, 학생들 간에 통계적으로 유의미한 차이가 나타났다(F=21.32, df=2, 574, p〈.000). 집단 간 차이를 구체적으로 검정하기 위해 Scheffe test가 수행되었다. 그 결과 교사/학부모 집단과 학생 집단 간 차이가 나타났다(p〈.05). 다시 말해, 교사들(M = 5.53)

및 학부모들(M = 5.21)은 학생들(M = 4.55) 보다 더 미디어교육을 수행할 교육 기자재/설비/시설 부족 문제를 심각하게 받아들이는 경향이 있었다.

③ 미디어교육과 입시위주의 현행 교육제도 간의 낮은 연관성 문제에 있어서 전체적으로 교사, 학부모, 학생들 간에 통계적으로 유의미한 차이가 나타났다(F=21.32, df=2, 574, p〈.000). 집단 간 차이를 구체적으로 검정하기 위해 Scheffe test가 수행되었다. 그 결과 교사 집단, 학부모 집단, 학생 집단 간 각각 차이가 나타났다(p〈.05). 다시 말해, 교사들(M = 5.68)이 미디어교육과 입시위주의 현행 교육제도 간의 낮은 연관성 문제를 가장 심각하게 받아들이는 경향이 있었고, 그 다음으로 학부모들(M = 5.21), 학생들(M = 4.55) 순으로 낮은 연관성 문제를 심각하게 받아들이는 경향이 있었다.

④ 교사와 학생들 간의 미디어 정보 격차 문제에 있어서 전체적으로 교사, 학부모, 학생들 간에 통계적으로 유의미한 차이가 나타났다(F=34.25, df=2, 574, p〈.000). 집단 간 차이를 구체적으로 검정하기 위해 Scheffe test가 수행되었다. 그 결과 교사 집단, 학부모 집단, 학생 집단 간 각각 차이가 나타났다(p〈.05). 다시 말해, 교사들(M = 5.28)이 교사와 학생들 간의 미디어 정보 격차 문제를 가장 심각하게 받아들이는 경향이 있었고, 그 다음으로 학부모들(M = 4.78), 학생들(M = 4.14) 순으로 정보 격차 문제를 심각하게 받아들이는 경향이 있었다.

이 비교 결과를 요약하면 다음과 같다.

첫째, 교사들과 학부모들은 학생들보다 미디어교육 교사의 전문성 부족 문제와 미디어교육을 수행할 교육 기자재/설비/시설 부족 문제를 더욱 심각하게 받아들이는 경향이 있었다.

둘째, 교사들이 미디어교육과 입시위주의 현행 교육제도 간의 낮은 연관성 문제와 교사와 학생들 간의 미디어 정보 격차 문제를 가장 심각하게 받아들이는 경향이 있었고, 그 다음으로 학부모들, 학생들 순으로 앞의 두 가지 문제를 심각하게 받아들이는 경향이 있었다.

〈표 4〉는 교사, 학부모, 학생들 간 미디어교육 문제점에 대한 의견 차이를 비교해 보여주고 있다.

〈표 4〉 미디어교육 문제점에 대한 의견 차이 비교

	구분	N	평균	표준편차	자유도	F	유의도
교사전문성부족	교사	192	5.08	1.39	2,574	17.01	.00
	학부모	192	4.95	1.33			
	학생	193	4.30	1.52			
	소계	577	4.77	1.46			
기자재/설비/시설 부족	교사(*)	192	5.53	1.36	2,574	21.32	.00
	학부모(*)	192	5.21	1.50			
	학생*	193	4.55	1.64			
	소계	577	5.10	1.56			
입시위주교육과 낮은 연관성	교사*	192	5.68	1.41	2,574	21.32	.00
	학부모*	192	5.04	1.52			
	학생*	193	4.60	1.45			
	소계	577	5.11	1.52			
교사/학생 간 미디어 정보 격차 문제	교사*	192	5.28	1.20	2,574	34.25	.00
	학부모*	192	4.78	1.39			
	학생*	193	4.14	1.46			
	소계	577	4.73	1.43			

*Scheffe test 결과 *집단과(*)집단 간 .05 수준에서 차이가 나타남.

미디어교육의 문제점에 대한 개선 방안 및 해결책에 대한 의견 비교

전반적으로 미디어교육의 문제점에 대한 개선 방안 및 해결책과 관련해서 교사, 학부모, 학생들은 ① 미디어교육 기자재/설비/시설 확충(M = 5.57), ② 미디어교육 시청각 자료들을 공유할 수 있는 웹사이트의 개설 및 운영(M = 5.42), ③ 미디어교육 담당 전문 교사 양성 및 지원(M = 5.19), ④ 미디어교육 수업시간의 확대(M = 4.68), ⑤ 미디어교육 과목의 정규교과목화: 성적에 반영(M = 3.93) 순으로 미디어교육의 문제점에 대한 개선 방안 및 해결책으로 중요하게 생각하는 것으로 나타났다. 구체적으로 각 개선 방안 및 해결책별로 교사, 학부모, 학생들 간의 의견 차이를 살펴보면 다음과 같다.

① 미디어교육 담당 전문 교사 양성 및 지원에 있어서 전체적으로 교사, 학부모, 학생들 간에 통계적으로 유의미한 차이가 나타났다(F=7.04, df=2, 574, p〈.001). 집단 간 차이를 구체적으로 검정하기 위해 Scheffe test가 수행되었다. 그 결과 교사/학부모 집단과 학생 집단 간 차이가 나타났다(p〈.05). 다시 말해, 교사들(M = 5.30) 및 학부모들(M = 5.30)은 학생들(M = 4.55) 보다 더 미디어교육 담당 전문 교사 양성 및 지원을 중요한 미디어교육 문제의 개선 방안 및 해결책으로 생각하는 경향이 있었다.

② 미디어교육 기자재/설비/시설 확충에 있어서 전체적으로 교사, 학부모, 학생들 간에 통계적으로 유의미한 차이가 나타났다

(F=11.85, df=2, 574, p<.000). 집단 간 차이를 구체적으로 검정하기 위해 Scheffe test가 수행되었다. 그 결과 학생/학부모 집단과 교사 집단 간 차이가 나타났다(p<.05). 다시 말해, 교사들(M = 5.92)은 학부모들(M = 5.51) 및 학생들(M = 5.29) 보다 더 미디어교육 기자재/설비/시설 확충을 중요한 미디어교육 문제의 개선 방안 및 해결책으로 생각하는 경향이 있었다.

③ 미디어교육 시청각 자료들을 공유할 수 있는 웹사이트의 개설 및 운영에 있어서 전체적으로 교사, 학부모, 학생들 간에 통계적으로 유의미한 차이가 나타났다(F=12.51, df=2, 574, p<.000). 집단 간 차이를 구체적으로 검정하기 위해 Scheffe test가 수행되었다. 그 결과 학생/학부모 집단과 교사 집단 간 차이가 나타났다(p<.05). 다시 말해, 교사들(M = 5.79)은 학부모들(M = 5.29) 및 학생들(M = 5.18) 보다 더 미디어교육 시청각 자료들을 공유할 수 있는 웹사이트의 개설 및 운영을 중요한 미디어교육 문제의 개선 방안 및 해결책으로 생각하는 경향이 있었다.

④ 미디어교육 과목의 정규교과목화(성적에 반영)에 있어서 전체적으로 교사, 학부모, 학생들 간에 통계적으로 유의미한 차이가 나타났다(F=8.59, df=2, 574, p<.000). 집단 간 차이를 구체적으로 검정하기 위해 Scheffe test가 수행되었다. 그 결과 교사 집단(M = 3.95)을 제외한 학부모 집단과 학생 집단 간 차이가 나타났다(p<.05). 다시 말해, 학부모들(M = 4.26)은 학생들(M = 3.59) 보다 더 미디어교육 과목의 정규교과목화(성적에 반영)를 중요한 미디어교육 문제의 개선 방안 및 해결책으로 생각하는 경향이 있었다.

⑤ 미디어교육 수업시간의 확대에 있어서 전체적으로 교사, 학부모, 학생들 간에 통계적으로 유의미한 차이가 나타나지 않았다($F=.96$, $df=2, 574$, $p<.386$). 다시 말해, 교사($M = 4.58$), 학부모($M = 4.69$), 학생들($M = 4.78$)은 유사하게 미디어교육 수업시간의 확대를 중요한 미디어교육 문제의 개선 방안 및 해결책으로 생각하는 경향이 약간 있었다.

이 비교 결과를 요약하면 다음과 같다.

미디어교육의 문제점에 대한 개선 방안 및 해결책에 있어서 첫째, 교사들과 학부모들은 학생들보다 더 미디어교육 담당 전문 교사 양성 및 지원을 중요한 미디어교육 문제의 개선 방안 및 해결책으로 생각하는 경향이 있었다.

둘째, 교사들은 학부모들 과 학생들 보다 더 미디어교육 기자재/설비/시설 확충과 미디어교육 시청각 자료들을 공유할 수 있는 웹사이트의 개설 및 운영을 중요한 미디어교육 문제의 개선 방안 및 해결책으로 생각하는 경향이 있었다.

셋째, 학부모들은 학생들 보다 더 미디어교육 과목의 정규교과목화(성적에 반영)를 중요한 미디어교육 문제의 개선 방안 및 해결책으로 생각하는 경향이 있었다.

넷째, 교사, 학부모, 학생들은 유사하게 미디어교육 수업시간의 확대를 중요한 미디어교육 문제의 개선 방안 및 해결책으로 생각하는 경향이 약간 있었다.

〈표 5〉는 교사, 학부모, 학생들 간 미디어교육의 문제점에 대한 개선 방안 및 해결책에 대한 의견 차이를 비교해 보여주고 있다.

〈표 5〉 미디어교육의 문제점에 대한 개선 방안 및 해결책 의견 차이 비교

	구분	N	평균	표준편차	자유도	F	유의도
미디어교육담당전문 교사양성 및 지원	교사(*)	192	5.30	1.36	2,574	7.04	.001
	학부모(*)	192	5.30	1.41			
	학생*	193	4.90	1.23			
	소계	577	5.19	1.35			
기자재/설비/ 시설확충	교사*	192	5.92	1.11	2,574	11.85	.000
	학부모(*)	192	5.51	1.43			
	학생(*)	193	5.29	1.35			
	소계	577	5.57	1.33			
시청각자료 웹사이트	교사*	192	5.79	1.18	2,574	12.51	.000
	학부모(*)	192	5.29	1.37			
	학생(*)	193	5.18	1.27			
	소계	577	5.42	1.30			
정규교과목화	교사	192	3.95	1.55	2,574	8.59	.000
	학부모*	192	4.26	1.56			
	학생*	193	3.59	1.69			
	소계	577	3.93	1.62			
수업시간확대	교사	192	4.58	1.40	2,574	.96	.386
	학부모	192	4.69	1.32			
	학생	193	4.78	1.53			
	소계	577	4.68	1.42			

*Scheffe test 결과 *집단과(*)집단 간 .05 수준에서 차이가 나타남.

미디어교육의 유용성과 미래에 대한 의견 비교

전반적으로 미디어교육의 유용성과 관련해서 교사, 학부모, 학생들은 ① 미디어교육이 학생들의 폭 넓은 문화/교양/사회화 능력의 향

상에 도움이 된다(M = 5.29), ② 미디어교육은 직업 세계의 이해, 진로 의식 등 학생들의 진로활동에 도움이 된다(M = 5.29), ③ 미디어교육이 학생들의 학습능력 향상에 도움이 된다(M = 4.82), ④ 미디어교육은 학생들의 건전한 인성 확립에 도움이 된다(M = 4.75) 순으로 미디어교육의 유용성을 생각하는 것으로 나타났다.

유사한 맥락에서, 미디어교육의 미래와 관련해서 전반적으로 교사, 학부모, 학생들은 ① 향후 교육현장에서 미디어교육의 활성화 될 것이다(M = 5.31), ② 향후 미디어교육의 중요성이 더욱 부각될 것이다(M = 5.30), ③ 장래에 미디어교육은 제도화: 정규교과목화 될 것이다(M = 4.65) 순으로 미디어교육의 미래를 생각하고 있는 것으로 나타났다. 구체적으로 각 유용성 및 미래에 대한 의견 별로 교사, 학부모, 학생들 간의 의견 차이를 살펴보면 다음과 같다.

① 미디어교육이 학생들의 학습능력 향상에 도움이 된다는 유용성에 있어서 전체적으로 교사, 학부모, 학생들 간에 통계적으로 유의미한 차이가 나타났다(F=9.79, df=2, 574, $p<.000$). 집단 간 차이를 구체적으로 검정하기 위해 Scheffe test가 수행되었다. 그 결과 교사/학부모 집단과 학생 집단 간 차이가 나타났다($p<.05$). 다시 말해, 교사들(M = 5.07)과 학부모들(M = 4.90)은 학생들(M = 4.50) 보다 더 미디어교육이 학생들의 학습능력 향상에 도움이 된다고 생각하는 경향이 있었다.

② 미디어교육은 학생들의 건전한 인성 확립에 도움이 된다는 유용성에 있어서 전체적으로 교사, 학부모, 학생들 간에 통계적으로 유의미한 차이가 나타났다(F=7.56, df=2, 574, $p<.000$). 집단 간 차이를 구체

적으로 검정하기 위해 Scheffe test가 수행되었다. 그 결과 교사/학부모 집단과 학생 집단 간 차이가 나타났다($p < .05$). 다시 말해, 교사들(M = 4.95)과 학부모들(M = 4.85)은 학생들(M = 4.46) 보다 더 미디어교육이 학생들의 건전한 인성 확립에 도움이 된다고 생각하는 경향이 있었다.

③ 미디어교육이 학생들의 폭 넓은 문화/교양/사회화 능력의 향상에 도움이 된다는 유용성에 있어서 전체적으로 교사, 학부모, 학생들 간에 통계적으로 유의미한 차이가 나타났다($F=17.00$, $df=2, 574$, $p < .000$). 집단 간 차이를 구체적으로 검정하기 위해 Scheffe test가 수행되었다. 그 결과 교사, 학부모, 학생 집단 간 각각 차이가 나타났다($p < .05$). 다시 말해, 교사들(M = 5.68)이 가장 많이 미디어교육이 학생들의 폭 넓은 문화/교양/사회화 능력의 향상에 도움이 된다고 생각하는 경향이 있었고, 그 다음으로 학부모들(M = 5.26), 학생들(M = 4.93) 순으로 미디어교육이 학생들의 폭 넓은 문화/교양/사회화 능력의 향상에 도움이 된다고 생각하는 경향이 있었다.

④ 미디어교육은 직업 세계의 이해, 진로의식 등 학생들의 진로활동에 도움이 된다는 유용성에 있어서 전체적으로 교사, 학부모, 학생들 간에 통계적으로 유의미한 차이가 나타났다($F=16.76$, $df=2, 574$, $p < .000$). 집단 간 차이를 구체적으로 검정하기 위해 Scheffe test가 수행되었다. 그 결과 교사 집단과 학부모/학생 집단 간 차이가 나타났다($p < .05$). 다시 말해, 교사들(M = 5.72)은 학부모들(M = 4.98)이나 학생들(M = 5.18) 보다 더 미디어교육이 직업 세계의 이해, 진로의식 등 학생들의 진로활동에 도움이 된다고 생각하는 경향이 있었다.

⑤ 향후 교육현장에서 미디어교육의 활성화에 있어서 전체적으

로 교사, 학부모, 학생들 간에 통계적으로 유의미한 차이가 나타났다(F=6.33, df=2, 574, p〈.002). 집단 간 차이를 구체적으로 검정하기 위해 Scheffe test가 수행되었다. 그 결과 학생/학부모 집단과 교사 집단 간 차이가 나타났다(p〈.05). 다시 말해, 교사들(M = 5.57)은 학부모들(M = 5.24)과 학생들(M = 5.12) 보다 더 향후 교육현장에서 미디어교육이 활성화될 것으로 생각하는 경향이 강했다.

⑥ 향후 미디어교육의 중요성에 관해서 전체적으로 교사, 학부모, 학생들 간에 통계적으로 유의미한 차이가 나타났다(F=6.33, df=2, 574, p〈.002). 집단 간 차이를 구체적으로 검정하기 위해 Scheffe test가 수행되었다. 그 결과 학생/학부모 집단과 교사 집단 간 차이가 나타났다(p〈.05). 다시 말해, 교사들(M = 5.57)은 학부모들(M = 5.20)과 학생들(M = 5.12) 보다 더 향후 교육현장에서 미디어교육의 중요성이 부각될 것으로 생각하는 경향이 강했다.

⑦ 장래에 미디어교육은 제도화(정규교과목화)와 관련해서 교사, 학부모, 학생들 간에 통계적으로 유의미한 차이가 나타나지 않았다(F=.68, df=2, 574, p〈.505). 다시 말해, 교사, 학부모, 학생들 모두가 유사하게 장래에 미디어교육은 제도화(정규교과목화) 될 것으로 생각하는 경향이 약간 있었다.

이 비교 결과를 요약하면 다음과 같다.

첫째, 교사들이 학부모들이나 학생들보다 더 미디어교육이 학생들의 학습능력 향상, 건전한 인성 확립, 폭 넓은 문화/교양/사회화 능력의 향상, 및 직업 세계의 이해, 진로의식 등 학생들의 진로활동에 도움이 된다고 생각하는 경향이 강했다.

둘째, 교사들이 학부모들이나 학생들보다 더 향후 교육현장에서 미디어교육이 활성화될 것이고, 미디어교육의 중요성이 부각될 것이며, 장래에 미디어교육은 제도화(정규교과목화) 될 것이라고 믿는 경향이 강했다.

〈표 6〉은 미디어교육의 유용성과 미래에 대해 교사, 학부모, 학생들 간의 생각을 비교해서 보여주고 있다.

〈표 6〉 미디어교육의 유용성과 미래에 대한 의견 차이 비교

	구분	N	평균	표준편차	자유도	F	유의도
학습능력향상도움	교사(*)	192	5.07	1.24	2,574	9.792	.000
	학부모(*)	192	4.90	1.31			
	학생*	193	4.50	1.34			
	소계	577	4.82	1.32			
건전한 인성확립 도움	교사(*)	192	4.95	1.36	2,574	7.563	.001
	학부모(*)	192	4.85	1.39			
	학생*	193	4.46	1.22			
	소계	577	4.75	1.34			
문화/교양/사회화 능력 향상	교사*	192	5.68	1.12	2,574	17.004	.000
	학부모*	192	5.26	1.35			
	학생*	193	4.93	1.32			
	소계	577	5.29	1.30			
진로활동에 도움	교사*	192	5.72	1.14	2,574	16.762	.000
	학부모(*)	192	4.98	1.42			
	학생(*)	193	5.18	1.32			
	소계	577	5.29	1.33			
미디어교육활성화	교사*	192	5.57	1.14	2,574	6.333	.002
	학부모(*)	192	5.24	1.35			
	학생(*)	193	5.12	1.34			
	소계	577	5.31	1.29			

미디어교육중요성 부각	교사*	192	5.57	1.15	2,574	6.918	.001
	학부모(*)	192	5.20	1.34			
	학생(*)	193	5.12	1.29			
	소계	577	5.30	1.28			
장래정규교과목화	교사	192	4.64	1.42	2,574	.684	.505
	학부모	192	4.74	1.54			
	학생	193	4.56	1.46			
	소계	577	4.65	1.47			

*Scheffe test 결과 *집단과(*)집단 간 .05 수준에서 차이가 나타남.

설문 결과에 대한 분석과 제언

미디어교육의 중요성과 필요성이 급속히 확산되고 있는 현실에서 미디어교육 현장의 생생한 목소리를 담아낼 목적으로 교사, 학부모, 학생들을 대상으로 서울, 대전, 대구 지역에서 설문 조사를 실시하였다. 연구 결과를 요약하면 다음과 같다.

첫째, 미디어교육에 대한 인지도에 있어서 교사, 학부모, 학생들은 미디어교육에 대해 전반적으로 어느 정도의 지식이나 정보를 지니고 있었다. 특히 교사들이 학부모들 보다 더 미디어교육에 대한 지식이나 정보를 많이 가지고 있었다. 미디어교육의 필요성과 관련해서 교사, 학부모, 학생들은 전반적으로 미디어교육이 상당히 필요한 것으로 생각하고 있었다. 특히 교사들이 학생들 보다 더 미디어교육이 필요하다고 생각하는 것으로 나타났다.

하지만 전반적으로 교사, 학부모, 학생들은 미디어교육에 대해 상당히 불만족스러워 하고 있었다. 특히 교사들이 학생들 보다 더 미디어교육을 위한 기자재/시설/설비에 대해 불만족하고 있는 것으로 나타났다. 그럼에도 불구하고 교사, 학부모, 학생들은 미디어교육이 학생들의 학습능력 향상, 건전한 인성 확립, 폭 넓은 문화/교양/사회화 능력의 향상, 및 직업 세계의 이해, 진로의식 등 학생들의 진로활동에 도움이 된다고 생각하고 있을 뿐만 아니라, 향후 교육현장에서 미디어교육이 활성화될 것이고, 미디어교육의 중요성이 부각될 것이며, 장래에 미디어교육은 제도화(정규교과목화) 될 것으로 믿고 있는 것으로 나타났다.

둘째, 교사들은 학교에서 가르쳐야 할 미디어교육의 내용으로서 미디어의 시청각 교재 등 교육적 도구로서 활용 교육, 미디어의 병폐/문제점/부작용/역기능/악영향과 그 대책 등을 포함한 미디어 윤리 교육, 스피치와 토론 교육 등을 중요하게 생각했다. 또 학교에서 가르쳐야 할 바람직한 미디어교육의 방법으로서 NIE 및 모니터링 포함한 시청각 교재 활용 수업, 사례 조사 및 발표 수업, 학생들의 참여를 유도하는 질문식 수업, 제작 및 실습 수업 등의 방식을 선호했다.

미디어교육의 문제점과 관련해서 교사들은 학생들의 미디어 제작 현장 체험 기회 부족, 미디어교육과 입시위주의 현행 교육제도 간 낮은 연관성, 미디어교육 전담교사 부족, 미디어교육 효과(학업성취도)에 대한 평가의 어려움, 현장성 있는 미디어교육 교재의 부재, 미디어교육을 수행할 교육기자재/설비/시설이 부족 등을 지적했다. 그리고 미디어교육의 문제점에 대한 개선 방안 및 해결책으로서 지원받고 싶은 사항과 관련해서 정부로부터 미디어교육 기자재/설비/시설 확충, 학교로부터 교사를 위한 미디어교육 연수 경비 및 행정적 지원, 정부로부터 미디어교육 시청각 자료들을 공유할 수 있는 웹사이트의 개설 및 운영, 정부로부터 재정적 예산 지원, 교육 정책을 담당하는 관료들의 미디어교육에 대한 인식 및 전문성 확보 등을 제시했다.

셋째, 학부모들은 학교에서 가르쳐야 할 미디어 교육의 내용으로서 미디어의 시청각 교재 등 교육적 도구로서 활용 교육, 미디어의 병폐, 문제점, 부작용, 역기능, 악영향과 그 대책 등을 포함한 미디어 윤리 교육, 스피치와 토론 교육 등을 중요하게 생각했다. 학교에서 가르쳐야 할 바람직한 미디어 교육의 방법으로는 제작 및 실습 수업, 학생들의 참여를 유도하는 질문식 수업, NIE 및 모니터링 등 시청각 교재 활용 수업을 선호했다.

한편 미디어교육의 문제점과 관련하여 학부모들은 미디어교육을 수행할 교육기자재/설비/시설 부족, 정부 부처나 관련 단체의 인식 및 지원 부족, 미디어교육 전담교사 부족, 미디어교육의 입시위주의 현행 교육제도와 낮은 연관성, 미디어교육 전담교사의 전문성 부족 등을 지적했다. 그리고 미디어교육의 문제점에 대한 개선 방안 및 해결책으로서 지원되어야 할 사항으로 정부로부터 미디어교육 기자재/설비/시설 확충, 정부로부터 재정적 예산 지원, 교육 정책을 담당하는 관료들의 미디어교육에 대한 인식 및 전문성 확보, 정부로부터 미디어교육 담당 전문 교사 양성 및 지원, 정부로부터 미디어교육 시청각 자료들을 공유할 수 있는 웹사이트의 개설 및 운영 등을 제시했다.

넷째, 학생들은 학교에서 가르쳐야 할 미디어 교육의 내용으로서 인터넷, 게임, 뉴커뮤니케이션 테크놀로지 및 사이버사회에 대한 이해 교육, 영상물/광고물/홈페이지 제작/신문기사 작성 등 미디어 콘텐츠 제작 교육, 미디어의 시청각 교재 등 교육적 도구로서 활용 교육 등을 중요하게 생각했다. 그리고 학교에서 가르쳐야 할 바람직한 미디어 교육의 방법으로는 제작 및 실습 수업, NIE 및 모니터링 포함한 시청각 교재를 활용한 수업, 학생들의 참여를 유도하는 질문식 수업 등을 선호했다.

미디어교육의 문제점과 관련하여 학생들은 미디어교육 수업의 비정규화, 미디어교육의 입시위주의 현행 교육제도와 낮은 연관성, 미디어교육을 수행할 교육기자재/설비/시설 부족, 미디어교육 전담 교사의 전문성 부족 등을 지적했으며, 미디어교육의 문제점에 대한 개선 방안 및 해결책으로서 정부로부터 미디어교육 기자재/설비/시설 확충, 정부로부터 미디어교육 시청각 자료들을 공유할 수 있는 웹사이트의 개설 및 운영, 정부로부터 미디어교육 담당 전문 교사 양성 및 지원 등을 제시했다.

다섯째, 미디어교육 내용에 대한 교사, 학부모, 학생들 간 의견 비교해 볼 경우, 영상물, 광고물, 홈페이지 제작 및 신문기사작성 등을 포함한 미디어 콘텐츠 제작 교육은 교사, 학부모, 학생들이 모두 별 차이 없이 중요하게 생각했다. 교사들과 학부모들은 학생들 보다 더 미디어의 교육적 도구로서 활용 교육, 미디어 윤리 교육, 스피치와 토론 교육을 중요하게 생각하는 경향이 있었고, 학부모들은 교사들과 학생들 보다 미디어 콘텐츠의 이해 교육과 미디어의 특성 이해 교육을 더욱 중요하게 생각하는 경향이 있었다. 학생들은 교사들 보다 인터넷, 게임, 뉴커뮤니케이션 테크놀로지 및 사이버사회에 대한 이해 교육을 미디어교육 내용으로서 더욱 중요하게 생각하는 경향이 있었다.

여섯째, 미디어교육 수업 방법에 에 대한 교사, 학부모, 학생들 간 의견 비교에 있어서 학부모들과 학생들은 교사들 보다 교사 주도의 강의식 수업과 제작 및 실습 수업을 바람직한 미디어 교육 방식으로서 생각하는 경향이 있었고, 교사들과 학부모들은 학생들 보다 더 학생들이 주도하며 교사는 사회자 역할만을 수행하는 토론식 수업 및 학생들의 참여를 유도하는 질문식 수업을 바람직한 미디어 교육 방식으로서 생각하는 경향이 있었으며, 교사들은 학부모들과 학생들 보다 더 사례 조사 및 발표 수업 및 시청각 교재를 활용한 수업을 바람직한 미디어 교육 방식으로서 생각하는 경향이 있었다. 하지만, 연극 및 공연 중심 수업은 교사, 학부모, 학생 모두가 유사하게 약간 바람직한 미디어 교육 방식으로서 생각하는 경향이 있었다.

일곱째, 미디어교육의 문제점에 대한 교사, 학부모, 학생들 간 의견을 비교해 볼 경우, 교사들과 학부모들은 학생들보다 미디어교육 교사의 전문성 부족 문제와 미디어교육을 수행할 교육 기자재/설비/시설 부족 문제를 더욱 심각하게 받아들이는 경향이 있었다. 한편 교사들은 미디어교육과 입시위주의 현행 교육제도 간의 낮은 연관성 문제 및 교사와 학생들 간의 미디어 정보 격차 문제를 가장 심각하게 받아들이는 경향이 있었다. 이 두 문제들에 대해서는 학부모들, 학생들 순으로 심각하게 받아들이는 경향이 있었다.

여덟째, 미디어교육의 문제점에 대한 개선 방안 및 해결책에 대한 교사, 학부모, 학생들 간 의견을 비교해 보면, 교사들과 학부모들은 학생들보다 더 미디어교육 담당 전문 교사 양성 및 지원을 중요한 미디어교육 문제의 개선 방안 및 해결책으로 생각하는 경향이 있었다. 교사들은 학부모들과 학생들 보다 더 미디어교육 기자재/설비/시설 확충과 미디어교육 시청각 자료들을 공유할 수 있는 웹사이트의 개설 및 운영을 중요한 미디어교육 문제의 개선 방안 및 해결책으로 생각하는 경향이 있었다. 학부모들은 학생들 보다 더 미디어교육 과목의 정규교과목화(성적에 반영)를 중요한 미디어교육 문제의 개선 방안 및 해결책으로 생각하는 경향이 있었다. 한편 교사, 학부모, 학생들은 모두 비슷하게 미디어교육 수업시간의 확대를 중요한 미디어교육 문제의 개선 방안 및 해결책으로 생각하는 경향이 약간 있었다.

이상의 연구 결과를 바탕으로 미디어교육 활성화를 위한 제언을 하면 다음과 같다.

첫째, 교사, 학부모, 학생들 간 정도의 차이는 있었으나 전반적으로 모두가 미디어교육이 반드시 필요하며, 미디어교육은 더 나은 교육을 위해 매우 유용하며, 그 미래 또한 밝은 것으로 내다보았다. 반면에 교육현장에서의 미디어교육 현황에 대해서는 상당히 불만족스러워하고 있었으며, 특히 기자재/설비/시설 부문에 있어서 그 불만족 정도가 상당히 높았다. 따라서 이 부문에 대한 정부 정책적 차원에서의 고려가 시급하다고 하겠다.

둘째, 미디어교육의 내용과 관련해서 학계에서는 미디어의 시청각 교재 등 교육적 도구로서 활용 교육, 미디어의 병폐/문제점/부작용/역기능/악영향과 그 대책 등을 포함한 미디어 윤리 교육, 스피치와 토론 교육, 인터넷/게임/뉴커뮤니케이션 테크놀로지/사이버사회에 대한 이해 교육, 영상물/광고물/홈페이지 제작/신문기사 작성 등 미디어 콘텐츠 제작 교육, 등의 내용을 세부적으로 포괄할 수 있는 교재를 개발해야 할 것이다.

셋째, 미디어교육의 방법과 관련해서 NIE 및 모니터링 포함한 시청각 교재 활용 수업, 사례 조사 및 발표 수업, 학생들의 참여를 유도하는 질문식 수업, 제작 및 실습 수업 등의 교육 방식을 골고루 담아낼 수 있는 교재의 편찬 또한 시급히 요구되는 사항이다.

넷째, 미디어교육의 문제점과 관련하여 학생들에게 충분히 미디어 제작 현장을 체험할 수 있는 기회가 제공되어야 하며, 미디어교육과 입시위주의 현행 교육제도 간의 긴밀한 연관성 또한 신중히 고려되어야 한다. 이와 함께 부족한 미디어교육 전담교사들이 충원되어야 하고, 미디어교육 효과(학업성취도)를 평가할 수 있는 새로운 방법이 개발되어야 할 것이다. 미디어교육에 대한 정부 부처나 관련 단체의 인식 및 지원을 확대해야 하고, 보다 더 현장성 있는 포괄적이면서도 체계적인 미디어교육 교재가 개발되어야 하며, 미디어교육을 수행할 교육기자재/설비/시설 등이 충분히 갖추어져야 한다.

이를 위해 정부는 충분한 재정적 예산을 지원하여 우선적으로 미디어교육을 수행할 기자재/설비/시설 등을 확충해야 한다. 또 미디어교육 시청각 자료들을 공유할 수 있는 웹사이트의 개설 및 운영할 것을 권장하고, 미디어교육 담당 전문 교사를 충분히 양성할 수 있도록 지원을 아끼지 말아야 하며, 교육 정책을 담당하는 관료들의 미디어교육에 대한 인식 및 전문성을 확보하도록 노력해야 한다. 그리고 학교에서도 교사를 위한 미디어교육 연수 경비 및 행정적 지원을 아끼지 말아야 할 것이다.

부록

미디어교육 설문조사결과

미디어교육 **설문조사 결과**

부록

설문조사에서 사용된 척도
리커드 7점 척도(Likert 7-point scale) (1-매우 그렇지 않다, 7-매우 그렇다)

미디어교육 교사대상

미디어교육내용

미디어 콘텐츠 제작 교육(영상물, 광고물, 홈페이지 제작 및 신문기사작성)

응답항목	빈도	퍼센트	평균	표준편차
매우 그렇지 않다	14	7.3	4.60	1.71
상당히 그렇지 않다	19	9.9		
약간 그렇지 않다	8	4.2		
그저 그렇다	31	16.1		
약간 그렇다	59	30.7		
상당히 그렇다	38	19.8		
매우 그렇다	23	12.0		
합 계	192	100.0		

미디어의 교육적 도구로서 활용 교육(교육을 위한 시청각교재)

응답항목	빈도	퍼센트	평균	표준편차
매우 그렇지 않다	14	7.3	5.36	1.39
상당히 그렇지 않다	19	9.9		
약간 그렇지 않다	8	4.2		
그저 그렇다	31	16.1		
약간 그렇다	59	30.7		
상당히 그렇다	38	19.8		
매우 그렇다	23	12.0		
합 계	192	100.0		

미디어의 콘텐츠의 이해 교육(미디어 메시지 분석, 해석, 비평, 평가 및 이해)

응답항목	빈도	퍼센트	평균	표준편차
매우 그렇지 않다	8	4.2	4.26	1.59
상당히 그렇지 않다	23	12.0		
약간 그렇지 않다	31	16.1		
그저 그렇다	40	20.8		
약간 그렇다	44	22.9		
상당히 그렇다	31	16.1		
매우 그렇다	15	7.8		
합 계	192	100.0		

미디어의 특성 이해 교육(특성, 기능, 구조 및 영향력)

응답항목	빈도	퍼센트	평균	표준편차
매우 그렇지 않다	7	3.6	4.22	1.49
상당히 그렇지 않다	23	12.0		
약간 그렇지 않다	24	12.5		
그저 그렇다	53	27.6		
약간 그렇다	46	24.0		
상당히 그렇다	29	15.1		
매우 그렇다	10	5.2		
합 계	192	100.0		

인터넷, 게임, 뉴커뮤니케이션 테크놀로지 및 사이버사회에 대한 이해 교육

응답항목	빈도	퍼센트	평균	표준편차
매우 그렇지 않다	5	2.6	4.78	1.50
상당히 그렇지 않다	16	8.3		
약간 그렇지 않다	13	6.8		
그저 그렇다	37	19.3		
약간 그렇다	52	27.1		
상당히 그렇다	50	26.0		
매우 그렇다	19	9.9		
합 계	192	100.0		

미디어 윤리 교육(미디어 병패, 문제점, 부작용, 역기능, 악역향과 대책)

응답항목	빈도	퍼센트	평균	표준편차
매우 그렇지 않다	2	1.0		
상당히 그렇지 않다	11	5.7		
약간 그렇지 않다	18	9.4		
그저 그렇다	12	6.3	5.34	1.52
약간 그렇다	41	21.4		
상당히 그렇다	62	32.3		
매우 그렇다	46	24.0		
합 계	192	100.0		

스피치와 토론 교육

응답항목	빈도	퍼센트	평균	표준편차
매우 그렇지 않다	6	3.1		
상당히 그렇지 않다	8	4.2		
약간 그렇지 않다	14	7.3		
그저 그렇다	34	17.7	4.92	1.44
약간 그렇다	60	31.3		
상당히 그렇다	46	24.0		
매우 그렇다	24	12.5		
합 계	192	100.0		

기타 미디어교육내용

응답항목	빈도	퍼센트	평균	표준편차
예절(윤리)	1	.5		
공부관련자료	1	.5		
미디어(미래 미디어)	4	2.1	NA	NA
개인정보 보호교육	1	.5		
기타(미래사회 성 게임)	3	1.6		
합 계	10	5.2		

바람직한 미디어교육방식

교사 주도의 강의식 수업

응답항목	빈도	퍼센트	평균	표준편차
매우 그렇지 않다	30	15.6	2.99	1.47
상당히 그렇지 않다	55	28.6		
약간 그렇지 않다	40	20.8		
그저 그렇다	33	17.2		
약간 그렇다	23	12.0		
상당히 그렇다	9	4.7		
매우 그렇다	2	1.0		
합 계	192	100.0		

학생들이 주도하며 교사는 사회자 역할만을 수행하는 토론식 수업

응답항목	빈도	퍼센트	평균	표준편차
매우 그렇지 않다	4	2.1	4.99	1.34
상당히 그렇지 않다	5	2.6		
약간 그렇지 않다	16	8.3		
그저 그렇다	34	17.7		
약간 그렇다	56	29.2		
상당히 그렇다	58	30.2		
매우 그렇다	19	9.9		
합 계	192	100.0		

학생들의 참여를 유도하는 질문식 수업

응답항목	빈도	퍼센트	평균	표준편차
매우 그렇지 않다	0	0	5.30	1.04
상당히 그렇지 않다	3	1.6		
약간 그렇지 않다	8	4.2		
그저 그렇다	24	12.5		
약간 그렇다	67	34.9		
상당히 그렇다	73	38.0		
매우 그렇다	17	8.9		
합 계	192	100.0		

제작 및 실습 수업

응답항목	빈도	퍼센트	평균	표준편차
매우 그렇지 않다	5	2.6	5.10	1.41
상당히 그렇지 않다	6	3.1		
약간 그렇지 않다	16	8.3		
그저 그렇다	21	10.9		
약간 그렇다	58	30.2		
상당히 그렇다	61	31.8		
매우 그렇다	25	13.0		
합 계	192	100.0		

사례 조사 및 발표 수업

응답항목	빈도	퍼센트	평균	표준편차
매우 그렇지 않다	0	0	5.38	1.08
상당히 그렇지 않다	2	1.0		
약간 그렇지 않다	6	3.1		
그저 그렇다	31	16.1		
약간 그렇다	59	30.7		
상당히 그렇다	67	34.9		
매우 그렇다	27	14.1		
합 계	192	100.0		

시청각 교재를 활용한 수업(NIE 및 모니터링 포함)

응답항목	빈도	퍼센트	평균	표준편차
매우 그렇지 않다	1	.5	5.47	1.14
상당히 그렇지 않다	3	1.6		
약간 그렇지 않다	7	3.6		
그저 그렇다	19	9.9		
약간 그렇다	58	30.2		
상당히 그렇다	71	37.0		
매우 그렇다	33	17.2		
합 계	192	100.2		

연극 및 공연 중심 수업

응답항목	빈도	퍼센트	평균	표준편차
매우 그렇지 않다	5	2.6	4.63	1.42
상당히 그렇지 않다	11	5.7		
약간 그렇지 않다	23	12.0		
그저 그렇다	44	22.9		
약간 그렇다	52	27.1		
상당히 그렇다	43	22.4		
매우 그렇다	14	7.3		
합 계	192	100.0		

기타 미디어교육 교수법

응답항목	빈도	퍼센트	평균	표준편차
현장탐방(실습)	1	.5	NA	NA
영상물교육(인터넷, TV활용)	2	1.0		
조별활동	1	.5		
기타	1	.5		
합 계	5	2.6		

미디어교육 현황

미디어교육 실행 형태

실행형태	빈도	퍼센트	평균	표준편차
창의적 재량활동	88	20.8	NA	NA
교과내에서 교사의 재량수업	118	27.9		
특별활동(방송반, 신문반, 교지반 등)	92	21.7		
방과 후 특기적성교육	47	11.1		
통합교과(정규과목)	74	17.5		
기타 형태	4	0.9		
합 계*	423	100		

*다중응답문항으로 구성되었기 때문에 전체 N수 192를 초과함.

가장 바람직하다고 생각하는 미디어교육방법

응답항목	빈도	퍼센트	평균	표준편차
창의적 재량 활동	19	9.9	NA	NA
교과내에서 교사의 재량수업	37	19.3		
특별활동(방송반,신문반,교지반 등)	18	9.4		
방과 후 특기적성교육	5	2.6		
통합교과(정규과목)	20	10.4		
기타	14	7.3		
특성, 교사재량	1	.5		
교사재량, 특활	3	1.6		
특활 특성	2	1.0		
합 계	119	62.0		

미디어 교육수업 실행 빈도(월평균)

*월평균 미디어교육수업 실행횟수

실행횟수	빈도	퍼센트	평균	표준편차
.00	7	3.6	5.43	9.56
.50	1	.5		
1.00	44	22.9		
2.00	25	13.0		
3.00	4	2.1		
4.00	26	13.5		
5.00	4	2.1		
8.00	10	5.2		
9.00	1	.5		
10.00	7	3.6		
12.00	4	2.1		
15.00	2	1.0		
16.00	2	1.0		
20.00	4	2.1		
28.00	1	.5		
40.00	1	.5		
70.00	2	1.0		
합 계	145	75.5		

*월평균 미디어교육수업 실행시간(분)

실행시간(분)	빈도	퍼센트	평균	표준편차
.00	6	3.1	305.37	493.83
6.00	1	.5		
20.00	1	.5		
30.00	2	1.0		
60.00	35	18.2		
90.00	2	1.0		
120.00	28	14.6		
180.00	2	1.0		
240.00	23	12.0		
300.00	5	2.6		
360.00	2	1.0		
450.00	1	.5		
480.00	13	6.8		
540.00	1	.5		
600.00	6	3.1		
720.00	1	.5		
960.00	3	1.6		
1200.00	3	1.6		
1440.00	1	.5		
2400.00	1	.5		
3150.00	1	.5		
3600.00	1	.5		
합 계	139	72.4		

교사가 적절하다고 생각하는 미디어교육 수업 실행 빈도(월평균)

*적절한 미디어교육 수업실행 횟수(월평균)

실행횟수	빈도	퍼센트	평균	표준편차
.00	1	.5	6.68	11.06
1.00	18	9.4		
1.50	1	.5		
2.00	35	18.2		
2.50	1	.5		
3.00	3	1.6		
4.00	54	28.1		
4.50	1	.5		
5.00	4	2.1		
6.00	3	1.6		
8.00	10	5.2		
10.00	9	4.7		
12.00	4	2.1		
14.00	1	.5		
15.00	3	1.6		
16.00	1	.5		
20.00	4	2.1		
30.00	1	.5		
40.00	1	.5		
50.00	2	1.0		
80.00	2	1.0		
합 계	159	82.8		

*적절한 미디어교육수업 실행시간(월평균-분)

실행횟수	빈도	퍼센트	평균	표준편차
25.00	1	.5	348.28	463.14
60.00	18	9.4		
90.00	2	1.0		
120.00	32	16.7		
150.00	1	.5		
180.00	7	3.6		
240.00	45	23.4		
300.00	7	3.6		
360.00	3	1.6		
480.00	15	7.8		
540.00	1	.5		
600.00	9	4.7		
720.00	1	.5		
900.00	1	.5		

960.00	3	1.6		
1200.00	4	2.1		
1800.00	1	.5		
2400.00	1	.5		
2880.00	1	.5		
3600.00	1	.5		
합 계	154	80.2		

우리나라 미디어교육의 문제점

정부 부처나 관련 단체의 인식 및 지원이 부족하다.

응답항목	빈도	퍼센트	평균	표준편차
매우 그렇지 않다	2	1.0	5.09	1.35
상당히 그렇지 않다	11	5.7		
약간 그렇지 않다	9	4.7		
그저 그렇다	31	16.1		
약간 그렇다	52	27.1		
상당히 그렇다	66	34.4		
매우 그렇다	21	10.9		
합 계	192	100.0		

학교장/교감의 인식 및 지원이 부족하다.

응답항목	빈도	퍼센트	평균	표준편차
매우 그렇지 않다	3	1.6	4.88	1.39
상당히 그렇지 않다	10	5.2		
약간 그렇지 않다	18	9.4		
그저 그렇다	34	17.7		
약간 그렇다	57	29.7		
상당히 그렇다	51	26.6		
매우 그렇다	19	9.9		
합 계	192	100.0		

동료교사들의 인식 및 관심이 부족하다.

응답항목	빈도	퍼센트	평균	표준편차
매우 그렇지 않다	5	2.6	4.61	1.38
상당히 그렇지 않다	11	5.7		
약간 그렇지 않다	21	10.9		
그저 그렇다	43	22.4		
약간 그렇다	59	30.7		
상당히 그렇다	42	21.9		
매우 그렇다	11	5.7		
합 계	192	100.0		

학부모들의 인식 및 관심이 부족하다.

응답항목	빈도	퍼센트	평균	표준편차
매우 그렇지 않다	2	1.0	4.74	1.33
상당히 그렇지 않다	10	5.2		
약간 그렇지 않다	22	11.5		
그저 그렇다	42	21.9		
약간 그렇다	55	28.6		
상당히 그렇다	48	25.0		
매우 그렇다	13	6.8		
합 계	192	100.0		

학생들의 인식 및 관심이 부족하다.

응답항목	빈도	퍼센트	평균	표준편차
매우 그렇지 않다	8	4.2	4.22	1.49
상당히 그렇지 않다	20	10.4		
약간 그렇지 않다	32	16.7		
그저 그렇다	44	22.9		
약간 그렇다	43	22.4		
상당히 그렇다	40	20.8		
매우 그렇다	5	2.6		
합 계	192	100.2		

미디어교육 전담교사가 부족하다.

응답항목	빈도	퍼센트	평균	표준편차
매우 그렇지 않다	0	0	5.62	1.29
상당히 그렇지 않다	6	3.1		
약간 그렇지 않다	10	5.2		
그저 그렇다	18	9.4		
약간 그렇다	35	18.2		
상당히 그렇다	71	37.0		
매우 그렇다	52	27.1		
합 계	192	100.0		

미디어교육 전담교사의 전문성이 부족하다.

응답항목	빈도	퍼센트	평균	표준편차
매우 그렇지 않다	3	1.6	5.08	1.39
상당히 그렇지 않다	7	3.6		
약간 그렇지 않다	16	8.3		
그저 그렇다	31	16.1		
약간 그렇다	50	26.0		
상당히 그렇다	58	30.2		
매우 그렇다	27	14.1		
합 계	192	100.0		

미디어교육에 대한 연수(교육)가 부족하다.

응답항목	빈도	퍼센트	평균	표준편차
매우 그렇지 않다	1	.5	5.08	1.39
상당히 그렇지 않다	10	5.2		
약간 그렇지 않다	15	7.8		
그저 그렇다	27	14.1		
약간 그렇다	52	27.1		
상당히 그렇다	51	26.6		
매우 그렇다	36	18.8		
합 계	192	100.2		

미디어교육을 수행할 교육기자재/설비/시설이 부족하다.

응답항목	빈도	퍼센트	평균	표준편차
매우 그렇지 않다	1	.5	5.53	1.36
상당히 그렇지 않다	9	4.7		
약간 그렇지 않다	6	3.1		
그저 그렇다	21	10.9		
약간 그렇다	39	20.3		
상당히 그렇다	66	34.4		
매우 그렇다	50	26.0		
합 계	192	100.0		

미디어교육의 원리나 원칙이 분명하지 않다.

응답항목	빈도	퍼센트	평균	표준편차
매우 그렇지 않다	2	1.0	5.20	1.36
상당히 그렇지 않다	5	2.6		
약간 그렇지 않다	11	5.7		
그저 그렇다	44	22.9		
약간 그렇다	36	18.8		
상당히 그렇다	60	31.3		
매우 그렇다	34	17.7		
합 계	192	100.0		

미디어교육의 목표가 불명확하다.

응답항목	빈도	퍼센트	평균	표준편차
매우 그렇지 않다	2	1.0	4.88	1.35
상당히 그렇지 않다	9	4.7		
약간 그렇지 않다	17	8.9		
그저 그렇다	42	21.9		
약간 그렇다	54	28.1		
상당히 그렇다	48	25.0		
매우 그렇다	20	10.4		
합 계	192	100.2		

미디어교육의 폭이 너무 광범위하여 교사 혼자서 가르치기가 어렵다.

응답항목	빈도	퍼센트	평균	표준편차
매우 그렇지 않다	6	3.1	5.22	1.27
상당히 그렇지 않다	14	7.3		
약간 그렇지 않다	33	17.2		
그저 그렇다	44	22.9		
약간 그렇다	68	35.4		
상당히 그렇다	27	14.1		
매우 그렇다	192	100.0		
합　　계	192	100.0		

무엇을 가르쳐야할지를 판단하기 어렵다.

응답항목	빈도	퍼센트	평균	표준편차
매우 그렇지 않다	4	2.1	4.81	1.43
상당히 그렇지 않다	10	5.2		
약간 그렇지 않다	20	10.4		
그저 그렇다	35	18.2		
약간 그렇다	61	31.8		
상당히 그렇다	39	20.3		
매우 그렇다	23	12.0		
합　　계	192	100.0		

미디어에 대한 근본적인 이해가 부족하다.

응답항목	빈도	퍼센트	평균	표준편차
매우 그렇지 않다	2	1.0	4.88	1.36
상당히 그렇지 않다	9	4.7		
약간 그렇지 않다	19	9.9		
그저 그렇다	38	19.8		
약간 그렇다	59	30.7		
상당히 그렇다	43	22.4		
매우 그렇다	22	11.5		
합　　계	192	100.2		

미디어교육을 가르칠 방법(교수법)이 모호하다.

응답항목	빈도	퍼센트	평균	표준편차
매우 그렇지 않다	0	0	5.02	1.33
상당히 그렇지 않다	9	4.7		
약간 그렇지 않다	21	10.9		
그저 그렇다	28	14.6		
약간 그렇다	56	29.2		
상당히 그렇다	56	29.2		
매우 그렇다	22	11.5		
합 계	192	100.0		

현장성 있는 미디어교육 교재가 마땅하지 않다

응답항목	빈도	퍼센트	평균	표준편차
매우 그렇지 않다	1	.5	5.40	1.27
상당히 그렇지 않다	5	2.6		
약간 그렇지 않다	11	5.7		
그저 그렇다	25	13.0		
약간 그렇다	41	21.4		
상당히 그렇다	76	39.6		
매우 그렇다	33	17.2		
합 계	192	100.0		

학생들이 미디어 제작 현장을 체험할 기회가 없다.

응답항목	빈도	퍼센트	평균	표준편차
매우 그렇지 않다	1	.5	5.72	1.25
상당히 그렇지 않다	3	1.6		
약간 그렇지 않다	3	1.6		
그저 그렇다	17	8.9		
약간 그렇다	46	24.0		
상당히 그렇다	70	36.5		
매우 그렇다	52	27.1		
합 계	192	100.2		

미디어교육의 효과(학업성취도)를 평가하기가 어렵다.

응답항목	빈도	퍼센트	평균	표준편차
매우 그렇지 않다	1	.5	5.40	1.24
상당히 그렇지 않다	4	2.1		
약간 그렇지 않다	11	5.7		
그저 그렇다	25	13.0		
약간 그렇다	43	22.4		
상당히 그렇다	76	39.6		
매우 그렇다	32	16.7		
합 계	192	100.0		

미디어교육이 입시위주의 현행 교육제도와 연관성이 낮다.

응답항목	빈도	퍼센트	평균	표준편차
매우 그렇지 않다	2	1.0	5.68	1.41
상당히 그렇지 않다	10	5.2		
약간 그렇지 않다	4	2.1		
그저 그렇다	16	8.3		
약간 그렇다	30	15.6		
상당히 그렇다	68	35.4		
매우 그렇다	62	32.3		
합 계	192	100.0		

학생들의 수준차를 고려하기가 어렵다.

응답항목	빈도	퍼센트	평균	표준편차
매우 그렇지 않다	1	.5	5.09	1.24
상당히 그렇지 않다	4	2.1		
약간 그렇지 않다	15	7.8		
그저 그렇다	38	19.8		
약간 그렇다	54	28.1		
상당히 그렇다	58	30.2		
매우 그렇다	22	11.5		
합 계	192	100.2		

교사와 학생들 간에 미디어 정보 격차가 심각하다.

응답항목	빈도	퍼센트	평균	표준편차
매우 그렇지 않다	7	3.6	5.28	1.20
상당히 그렇지 않다	9	4.7		
약간 그렇지 않다	25	13.0		
그저 그렇다	57	29.7		
약간 그렇다	70	36.5		
상당히 그렇다	24	12.5		
매우 그렇다	192	100.0		
합 계	192	100.0		

기타 문제점들

응답항목	빈도	퍼센트	평균	표준편차
학생들의 관심부족	5	2.6	NA	NA
시설미비	6	3.1		
기타	4	2.1		
합 계	15	7.8		

미디어교육의 문제점에 대한 개선 방안 및 해결책으로서 지원받고 싶은 사항

정부로부터 미디어교육 담당 전문 교사 양성 및 지원

응답항목	빈도	퍼센트	평균	표준편차
매우 그렇지 않다	2	1.0	5.38	1.36
상당히 그렇지 않다	8	4.2		
약간 그렇지 않다	11	5.7		
그저 그렇다	18	9.4		
약간 그렇다	44	22.9		
상당히 그렇다	74	38.5		
매우 그렇다	35	18.2		
합 계	192	100.2		

정부로부터 재정적 예산 지원

응답항목	빈도	퍼센트	평균	표준편차
매우 그렇지 않다	3	1.6	5.70	1.16
상당히 그렇지 않다	2	1.0		
약간 그렇지 않다	5	2.6		
그저 그렇다	6	3.1		
약간 그렇다	53	27.6		
상당히 그렇다	78	40.6		
매우 그렇다	45	23.4		
합 계	192	100.0		

정부로부터 미디어교육 기자재/설비/시설 확충

응답항목	빈도	퍼센트	평균	표준편차
매우 그렇지 않다	3	1.6	5.92	1.11
상당히 그렇지 않다	1	.5		
약간 그렇지 않다	1	.5		
그저 그렇다	10	5.2		
약간 그렇다	35	18.2		
상당히 그렇다	80	41.7		
매우 그렇다	62	32.3		
합 계	192	100.0		

정부로부터 미디어교육 시청각 자료들을 공유할 수 있는 웹사이트의 개설 및 운영

응답항목	빈도	퍼센트	평균	표준편차
매우 그렇지 않다	2	1.0	5.79	1.18
상당히 그렇지 않다	3	1.6		
약간 그렇지 않다	4	2.1		
그저 그렇다	11	5.7		
약간 그렇다	40	20.8		
상당히 그렇다	77	40.1		
매우 그렇다	55	28.6		
합 계	192	100.2		

교육 정책을 담당하는 관료들의 미디어교육에 대한 인식 및 전문성 확보

응답항목	빈도	퍼센트	평균	표준편차
매우 그렇지 않다	1	.5	5.69	1.14
상당히 그렇지 않다	3	1.6		
약간 그렇지 않다	8	4.2		
그저 그렇다	11	5.7		
약간 그렇다	37	19.3		
상당히 그렇다	92	47.9		
매우 그렇다	40	20.8		
합 계	192	100.0		

미디어교육 과목의 정규교과목화(성적에 반영)

응답항목	빈도	퍼센트	평균	표준편차
매우 그렇지 않다	12	6.3	3.95	1.55
상당히 그렇지 않다	28	14.6		
약간 그렇지 않다	30	15.6		
그저 그렇다	50	26.0		
약간 그렇다	40	20.8		
상당히 그렇다	24	12.5		
매우 그렇다	8	4.2		
합 계	192	100.0		

미디어교육 수업시간의 확대

응답항목	빈도	퍼센트	평균	표준편차
매우 그렇지 않다	5	2.6	4.58	1.40
상당히 그렇지 않다	12	6.3		
약간 그렇지 않다	21	10.9		
그저 그렇다	46	24.0		
약간 그렇다	59	30.7		
상당히 그렇다	35	18.2		
매우 그렇다	14	7.3		
합 계	192	100.2		

학생들의 적극적인 관심 및 참여

응답항목	빈도	퍼센트	평균	표준편차
매우 그렇지 않다	0	0	5.13	1.12
상당히 그렇지 않다	4	2.1		
약간 그렇지 않다	11	5.7		
그저 그렇다	33	17.2		
약간 그렇다	73	38.0		
상당히 그렇다	51	26.6		
매우 그렇다	20	10.4		
합 계	192	100.0		

학부모들의 적극적인 참여 및 자원 봉사의 확대

응답항목	빈도	퍼센트	평균	표준편차
매우 그렇지 않다	3	1.6	4.67	1.25
상당히 그렇지 않다	7	3.6		
약간 그렇지 않다	23	12.0		
그저 그렇다	42	21.9		
약간 그렇다	68	35.4		
상당히 그렇다	40	20.8		
매우 그렇다	9	4.7		
합 계	192	100.0		

학부모들을 위한 미디어교육 연수 프로그램의 개발 및 활성화

응답항목	빈도	퍼센트	평균	표준편차
매우 그렇지 않다	4	2.1	4.79	1.31
상당히 그렇지 않다	6	3.1		
약간 그렇지 않다	22	11.5		
그저 그렇다	35	18.2		
약간 그렇다	65	33.9		
상당히 그렇다	48	25.0		
매우 그렇다	12	6.3		
합 계	192	100.2		

학교장/교감을 위한 미디어교육 연수의 실행

응답항목	빈도	퍼센트	평균	표준편차
매우 그렇지 않다	2	1.0	5.07	1.31
상당히 그렇지 않다	6	3.1		
약간 그렇지 않다	17	8.9		
그저 그렇다	27	14.1		
약간 그렇다	63	32.8		
상당히 그렇다	54	28.1		
매우 그렇다	23	12.0		
합 계	192	100.0		

미디어교육 단체나 기관으로부터의 국내/외 교사들을 위한 미디어교육 연수의 확대

응답항목	빈도	퍼센트	평균	표준편차
매우 그렇지 않다	1	.5	5.55	1.12
상당히 그렇지 않다	2	1.0		
약간 그렇지 않다	7	3.6		
그저 그렇다	18	9.4		
약간 그렇다	52	27.1		
상당히 그렇다	76	39.6		
매우 그렇다	36	18.8		
합 계	192	100.0		

미디어교육 단체나 기관으로부터의 교사를 위한 뉴미디어 테크놀로지 교육의 확대

응답항목	빈도	퍼센트	평균	표준편차
매우 그렇지 않다	2	1.0	5.63	1.10
상당히 그렇지 않다	2	1.0		
약간 그렇지 않다	5	2.6		
그저 그렇다	13	6.8		
약간 그렇다	46	24.0		
상당히 그렇다	91	47.4		
매우 그렇다	33	17.2		
합 계	192	100.2		

학교로부터 교사를 위한 미디어교육 연수 경비 및 행정적 지원

응답항목	빈도	퍼센트	평균	표준편차
매우 그렇지 않다	1	.5	5.82	1.15
상당히 그렇지 않다	3	1.6		
약간 그렇지 않다	2	1.0		
그저 그렇다	19	9.9		
약간 그렇다	32	16.7		
상당히 그렇다	77	40.1		
매우 그렇다	58	30.2		
합　　계	192	100.0		

미디어의 상업적 이용과 교육적 이용(올바른 이용)을 구분할 수 있는 방안의 마련

응답항목	빈도	퍼센트	평균	표준편차
매우 그렇지 않다	0	0	5.65	1.05
상당히 그렇지 않다	2	1.0		
약간 그렇지 않다	4	2.1		
그저 그렇다	22	11.5		
약간 그렇다	41	21.4		
상당히 그렇다	86	44.8		
매우 그렇다	37	19.3		
합　　계	192	100.0		

미디어교육을 지원할 지역 미디어 센터의 설립과 적극적인 활용

응답항목	빈도	퍼센트	평균	표준편차
매우 그렇지 않다	2	1.0	5.51	1.20
상당히 그렇지 않다	3	1.6		
약간 그렇지 않다	7	3.6		
그저 그렇다	19	9.9		
약간 그렇다	48	25.0		
상당히 그렇다	78	40.6		
매우 그렇다	35	18.2		
합　　계	192	100.2		

대학의 미디어교육 전문가 양성학과 구축

응답항목	빈도	퍼센트	평균	표준편차
매우 그렇지 않다	2	1.0	5.27	1.31
상당히 그렇지 않다	7	3.6		
약간 그렇지 않다	6	3.1		
그저 그렇다	35	18.2		
약간 그렇다	44	22.9		
상당히 그렇다	68	35.4		
매우 그렇다	30	15.6		
합 계	192	100.0		

미디어교육 단체들의 네트워크의 활성화를 통한 교류의 확대

응답항목	빈도	퍼센트	평균	표준편차
매우 그렇지 않다	2	1.0	5.48	1.20
상당히 그렇지 않다	4	2.1		
약간 그렇지 않다	3	1.6		
그저 그렇다	24	12.5		
약간 그렇다	53	27.6		
상당히 그렇다	70	36.5		
매우 그렇다	36	18.8		
합 계	192	100.0		

타 지역 미디어교육 교사 모임과의 교류를 통한 정보 교환의 확대

응답항목	빈도	퍼센트	평균	표준편차
매우 그렇지 않다	2	1.0	5.50	1.23
상당히 그렇지 않다	4	2.1		
약간 그렇지 않다	4	2.1		
그저 그렇다	26	13.5		
약간 그렇다	44	22.9		
상당히 그렇다	74	38.5		
매우 그렇다	38	19.8		
합 계	192	100.2		

미디어교육의 미래

앞으로 교육현장에서 미디어교육은 활성화될 것이다.

응답항목	빈도	퍼센트	평균	표준편차
매우 그렇지 않다	3	1.6	5.57	1.14
상당히 그렇지 않다	7	3.6		
약간 그렇지 않다	20	10.4		
그저 그렇다	51	26.6		
약간 그렇다	69	35.9		
상당히 그렇다	42	21.9		
매우 그렇다	192	100.0		
합　　계	192	100.0		

향후 미디어교육의 중요성이 더욱 부각될 것이다.

응답항목	빈도	퍼센트	평균	표준편차
매우 그렇지 않다	0	0	5.57	1.15
상당히 그렇지 않다	3	1.6		
약간 그렇지 않다	8	4.2		
그저 그렇다	20	10.4		
약간 그렇다	47	24.5		
상당히 그렇다	73	38.0		
매우 그렇다	41	21.4		
합　　계	192	100.0		

장래에 미디어교육은 제도화(정규교과목화)되어야 한다.

응답항목	빈도	퍼센트	평균	표준편차
매우 그렇지 않다	4	2.1	4.64	1.42
상당히 그렇지 않다	13	6.8		
약간 그렇지 않다	19	9.9		
그저 그렇다	48	25.0		
약간 그렇다	55	28.6		
상당히 그렇다	35	18.2		
매우 그렇다	18	9.4		
합　　계	192	100.0		

미디어 교육에 대한 인지도, 전문성, 만족도, 유용성

선생님께서는 미디어교육에 대한 지식이나 정보가 있다.

응답항목	빈도	퍼센트	평균	표준편차
매우 그렇지 않다	1	.5	4.41	1.25
상당히 그렇지 않다	13	6.8		
약간 그렇지 않다	31	16.1		
그저 그렇다	51	26.6		
약간 그렇다	61	31.8		
상당히 그렇다	27	14.1		
매우 그렇다	8	4.2		
합 계	192	100.0		

선생님께서는 미디어교육에 대한 이해가 풍부한 편이다.

응답항목	빈도	퍼센트	평균	표준편차
매우 그렇지 않다	1	.5	4.21	1.28
상당히 그렇지 않다	17	8.9		
약간 그렇지 않다	39	20.3		
그저 그렇다	57	29.7		
약간 그렇다	46	24.0		
상당히 그렇다	26	13.5		
매우 그렇다	6	3.1		
합 계	192	100.0		

선생님께서는 미디어 전반에 대한 이해가 풍부한 편이다.

응답항목	빈도	퍼센트	평균	표준편차
매우 그렇지 않다	1	.5	4.20	1.23
상당히 그렇지 않다	17	8.9		
약간 그렇지 않다	39	20.3		
그저 그렇다	57	29.7		
약간 그렇다	46	24.0		
상당히 그렇다	26	13.5		
매우 그렇다	6	3.1		
합 계	192	100.0		

선생님께서는 미디어교육이 필요하다고 생각한다.

응답항목	빈도	퍼센트	평균	표준편차
매우 그렇지 않다	1	.5	5.34	1.16
상당히 그렇지 않다	4	2.1		
약간 그렇지 않다	4	2.1		
그저 그렇다	33	17.2		
약간 그렇다	57	29.7		
상당히 그렇다	64	33.3		
매우 그렇다	29	15.1		
합 계	192	100.0		

선생님께서는 현재 시행중인 미디어교육에 만족하고 있다.

응답항목	빈도	퍼센트	평균	표준편차
매우 그렇지 않다	9	4.7	3.56	1.16
상당히 그렇지 않다	25	13.0		
약간 그렇지 않다	50	26.0		
그저 그렇다	76	39.6		
약간 그렇다	23	12.0		
상당히 그렇다	8	4.2		
매우 그렇다	1	.5		
합 계	192	100.0		

선생님께서는 현재 학교의 미디어교육을 위한 기자재/시설/설비에 만족하고 있다.

응답항목	빈도	퍼센트	평균	표준편차
매우 그렇지 않다	23	12.0	3.29	1.44
상당히 그렇지 않다	37	19.3		
약간 그렇지 않다	49	25.5		
그저 그렇다	44	22.9		
약간 그렇다	25	13.0		
상당히 그렇다	12	6.3		
매우 그렇다	2	1.0		
합 계	192	100.2		

미디어교육이 학생들의 학습능력 향상에 도움이 될 것이다.

응답항목	빈도	퍼센트	평균	표준편차
매우 그렇지 않다	3	1.6	5.07	1.24
상당히 그렇지 않다	5	2.6		
약간 그렇지 않다	14	7.3		
그저 그렇다	25	13.0		
약간 그렇다	65	33.9		
상당히 그렇다	67	34.9		
매우 그렇다	13	6.8		
합　　계	192	100.0		

미디어교육은 학생들의 건전한 인성 확립에 도움이 될 것이다.

응답항목	빈도	퍼센트	평균	표준편차
매우 그렇지 않다	4	2.1	4.95	1.36
상당히 그렇지 않다	9	4.7		
약간 그렇지 않다	10	5.2		
그저 그렇다	39	20.3		
약간 그렇다	55	28.6		
상당히 그렇다	57	29.7		
매우 그렇다	18	9.4		
합　　계	192	100.0		

미디어교육이 학생들의 폭 넓은 문화/교양/사회화 능력의 향상에 도움이 될 것이다.

응답항목	빈도	퍼센트	평균	표준편차
매우 그렇지 않다	2	1.0	5.68	1.12
상당히 그렇지 않다	1	.5		
약간 그렇지 않다	7	3.6		
그저 그렇다	12	6.3		
약간 그렇다	42	21.9		
상당히 그렇다	89	46.4		
매우 그렇다	39	20.3		
합　　계	192	100.2		

미디어교육은 직업 세계의 이해, 진로의식 등 학생들의 진로활동에 도움이 될 것이다.

응답항목	빈도	퍼센트	평균	표준편차
매우 그렇지 않다	1	.5	5.72	1.14
상당히 그렇지 않다	2	1.0		
약간 그렇지 않다	8	4.2		
그저 그렇다	13	6.8		
약간 그렇다	37	19.3		
상당히 그렇다	84	43.8		
매우 그렇다	47	24.5		
합　　계	192	100.0		

기타 유용성

기타 유용성	빈도	퍼센트	평균	표준편차
학생 가치관정립에 간접기여	1	.5	NA	NA
흥미유발	2	1.0		
이해쉬움(기억용이)	1	.5		
기타(정보격차 해소등)	2	1.0		
다양성(기회제공)	2	1.0		
합　　계	8	4.2		

미디어교육 학부모대상 결과

미디어교육내용

미디어 콘텐츠 제작 교육(영상물, 광고물, 홈페이지 제작 및 신문기사작성)

응답항목	빈도	퍼센트	평균	표준편차
매우 그렇지 않다	3	1.6	4.90	1.24
상당히 그렇지 않다	3	1.6		
약간 그렇지 않다	11	5.7		
그저 그렇다	57	29.7		
약간 그렇다	57	29.7		
상당히 그렇다	41	21.4		
매우 그렇다	20	10.4		
합　　계	192	100.2		

미디어의 교육적 도구로서 활용 교육(교육을 위한 시청각교재)

응답항목	빈도	퍼센트	평균	표준편차
매우 그렇지 않다	4	2.1	5.38	1.25
상당히 그렇지 않다	2	1.0		
약간 그렇지 않다	4	2.1		
그저 그렇다	24	12.5		
약간 그렇다	71	37.0		
상당히 그렇다	48	25.0		
매우 그렇다	39	20.3		
합　　계	192	100.2		

미디어 콘텐츠의 이해 교육(미디어 메시지 분석, 해석, 비평, 평가, 이해)

응답항목	빈도	퍼센트	평균	표준편차
매우 그렇지 않다	1	.5	5.13	1.20
상당히 그렇지 않다	3	1.6		
약간 그렇지 않다	10	5.2		
그저 그렇다	44	22.9		
약간 그렇다	58	30.2		
상당히 그렇다	51	26.6		
매우 그렇다	25	13.0		
합　　계	192	100.0		

미디어의 특성 이해 교육(특징, 기능, 구조 및 영향력)

응답항목	빈도	퍼센트	평균	표준편차
매우 그렇지 않다	1	.5	4.93	1.17
상당히 그렇지 않다	3	1.6		
약간 그렇지 않다	16	8.3		
그저 그렇다	46	24.0		
약간 그렇다	65	33.9		
상당히 그렇다	45	23.4		
매우 그렇다	16	8.3		
합 계	192	100.0		

인터넷, 게임, 뉴커뮤니케이션 테크놀로지 및 사이버사회에 대한 이해 교육

응답항목	빈도	퍼센트	평균	표준편차
매우 그렇지 않다	5	2.6	4.81	1.47
상당히 그렇지 않다	4	2.1		
약간 그렇지 않다	28	14.6		
그저 그렇다	41	21.4		
약간 그렇다	49	25.5		
상당히 그렇다	37	19.3		
매우 그렇다	28	14.6		
합 계	192	100.2		

미디어 윤리 교육(미디어의 병폐, 문제점, 부작용, 역기능, 악영향과 그 대책)

응답항목	빈도	퍼센트	평균	표준편차
매우 그렇지 않다	1	.5	5.44	1.44
상당히 그렇지 않다	7	3.6		
약간 그렇지 않다	10	5.2		
그저 그렇다	35	18.2		
약간 그렇다	31	16.1		
상당히 그렇다	51	26.6		
매우 그렇다	57	29.7		
합 계	192	100.0		

스피치와 토론 교육

응답항목	빈도	퍼센트	평균	표준편차
매우 그렇지 않다	4	2.1	5.14	1.47
상당히 그렇지 않다	7	3.6		
약간 그렇지 않다	11	5.7		
그저 그렇다	40	20.8		
약간 그렇다	45	23.4		
상당히 그렇다	44	22.9		
매우 그렇다	41	21.4		
합 계	192	100.0		

미디어교육의 내용으로 더 포함되어야 할 내용

응답항목	빈도	퍼센트	평균	표준편차
예절(윤리등)	6	3.1	NA	NA
공부관련자료	4	2.1		
예능(음악 무용)	1	.5		
미디어(미래 미디어등)	2	1.0		
조별활동(학생참여 모듬활동 등)	1	.5		
기타(미래사회 모습 성 게임등)	5	2.6		
정보선별능력	1	.5		
합 계	20	10.4		

바람직한 미디어교육방식

교사 주도의 강의식 수업

응답항목	빈도	퍼센트	평균	표준편차
매우 그렇지 않다	13	6.8	4.10	1.63
상당히 그렇지 않다	20	10.4		
약간 그렇지 않다	36	18.8		
그저 그렇다	45	23.4		
약간 그렇다	36	18.8		
상당히 그렇다	27	14.1		
매우 그렇다	15	7.8		
합 계	192	100.0		

학생들이 주도하며 교사는 사회자 역할만을 수행하는 토론식 수업

응답항목	빈도	퍼센트	평균	표준편차
매우 그렇지 않다	6	3.1	5.01	1.52
상당히 그렇지 않다	7	3.6		
약간 그렇지 않다	18	9.4		
그저 그렇다	33	17.2		
약간 그렇다	43	22.4		
상당히 그렇다	54	28.1		
매우 그렇다	31	16.1		
합 계	192	100.0		

학생들의 참여를 유도하는 질문식 수업

응답항목	빈도	퍼센트	평균	표준편차
매우 그렇지 않다	4	2.1	5.45	1.36
상당히 그렇지 않다	1	.5		
약간 그렇지 않다	11	5.7		
그저 그렇다	27	14.1		
약간 그렇다	40	20.8		
상당히 그렇다	63	32.8		
매우 그렇다	46	24.0		
합 계	192	100.0		

제작 및 실습 수업

응답항목	빈도	퍼센트	평균	표준편차
매우 그렇지 않다	1	.5	5.48	1.31
상당히 그렇지 않다	4	2.1		
약간 그렇지 않다	11	5.7		
그저 그렇다	25	13.0		
약간 그렇다	43	22.4		
상당히 그렇다	61	31.8		
매우 그렇다	47	24.5		
합 계	192	100.0		

사례 조사 및 발표 수업

응답항목	빈도	퍼센트	평균	표준편차
매우 그렇지 않다	4	2.1	4.86	1.41
상당히 그렇지 않다	5	2.6		
약간 그렇지 않다	22	11.5		
그저 그렇다	41	21.4		
약간 그렇다	57	29.7		
상당히 그렇다	36	18.8		
매우 그렇다	27	14.1		
합 계	192	100.0		

시청각 교재를 활용한 수업(NIE 및 모니터링 포함)

응답항목	빈도	퍼센트	평균	표준편차
매우 그렇지 않다	1	.5	5.07	1.33
상당히 그렇지 않다	7	3.6		
약간 그렇지 않다	16	8.3		
그저 그렇다	33	17.2		
약간 그렇다	61	31.8		
상당히 그렇다	44	22.9		
매우 그렇다	30	15.6		
합 계	192	100.2		

연극 및 공연 중심 수업

응답항목	빈도	퍼센트	평균	표준편차
매우 그렇지 않다	3	1.6	4.46	1.35
상당히 그렇지 않다	8	4.2		
약간 그렇지 않다	34	17.7		
그저 그렇다	55	28.6		
약간 그렇다	56	29.2		
상당히 그렇다	17	8.9		
매우 그렇다	19	9.9		
합 계	192	100.0		

미디어교육의 교수법으로 더 포함되어야 할 내용

응답항목	빈도	퍼센트	평균	표준편차
현장탐방(실습)	2	1.0	NA	NA
영상물 교육(인터넷, TV활용)	1	.5		
취미 재량활동	3	1.6		
학부모참여 의견들어 함께 수업	2	1.0		
토론을 통한 의견주장	1	.5		
창의적인 수업	1	.5		
조별활동	1	.5		
흥미유발	1	.5		
기타	3	1.6		
이해 용이	1	.5		
전문교사활용, 적성교육	4	2.1		
합 계	20	10.4		

미디어교육현황

창의적 재량활동

응답항목	빈도	퍼센트	평균	표준편차
매우 그렇지 않다	2	1.0	5.33	1.32
상당히 그렇지 않다	6	3.1		
약간 그렇지 않다	9	4.7		
그저 그렇다	25	13.0		
약간 그렇다	52	27.1		
상당히 그렇다	60	31.3		
매우 그렇다	35	18.2		
합 계	189	98.4		

교과내에서 교사의 재량수업

응답항목	빈도	퍼센트	평균	표준편차
매우 그렇지 않다	4	2.1	5.33	1.32
상당히 그렇지 않다	12	6.3		
약간 그렇지 않다	17	8.9		
그저 그렇다	42	21.9		
약간 그렇다	62	32.3		
상당히 그렇다	39	20.3		
매우 그렇다	13	6.8		
합 계	189	98.4		

특별활동(방송반, 신문반, 교지반 등)

응답항목	빈도	퍼센트	평균	표준편차
매우 그렇지 않다	3	1.6	4.84	1.39
상당히 그렇지 않다	10	5.2		
약간 그렇지 않다	16	8.3		
그저 그렇다	43	22.4		
약간 그렇다	52	27.1		
상당히 그렇다	46	24.0		
매우 그렇다	20	10.4		
합 계	190	99.0		

방과 후 특기적성교육

응답항목	빈도	퍼센트	평균	표준편차
매우 그렇지 않다	4	2.1	4.85	1.42
상당히 그렇지 않다	8	4.2		
약간 그렇지 않다	18	9.4		
그저 그렇다	42	21.9		
약간 그렇다	50	26.0		
상당히 그렇다	45	23.4		
매우 그렇다	22	11.5		
합 계	189	98.4		

통합교과(정규과목)

응답항목	빈도	퍼센트	평균	표준편차
매우 그렇지 않다	9	4.7	4.56	1.54
상당히 그렇지 않다	12	6.3		
약간 그렇지 않다	21	10.9		
그저 그렇다	39	20.3		
약간 그렇다	53	27.6		
상당히 그렇다	37	19.3		
매우 그렇다	17	8.9		
합 계	188	97.9		

그 밖의 다른 바람직한 수업형태

	빈도	퍼센트	평균	표준편차
교과서 위주	2	1.0	NA	NA
체험학습(실험)	2	1.0		
방과후 특기적성교육	4	2.1		
토론 발표	1	.5		
조별활동	2	1.0		
전문가초빙 질높은교육	1	.5		
방학중 특별반	1	.5		
학부모대상 미디어교육	1	.5		
합 계	14	7.3		

적절한 미디어교육 수업 실행 빈도(월평균)

*적절한 수업 횟수

실행횟수	빈도	퍼센트	평균	표준편차
1.00	11	5.7	4.92	3.60
2.00	27	14.1		
2.50	2	1.0		
3.00	15	7.8		
3.50	1	.5		
4.00	64	33.3		
5.00	7	3.6		
6.00	4	2.1		
7.00	6	3.1		
8.00	16	8.3		
10.00	9	4.7		
12.00	1	.5		
15.00	5	2.6		
20.00	2	1.0		
21.00	1	.5		
합계	171	89.1		

*적절한 수업 시간(분)

실행횟수	빈도	퍼센트	평균	표준편차
60.00	37	9.3	267.68	225.20
90.00	2	1.0		
120.00	34	17.7		
160.00	1	.5		
180.00	7	3.6		
240.00	30	15.6		
270.00	1	.5		
300.00	7	3.6		
320.00	1	.5		
360.00	4	2.1		
420.00	2	1.0		
480.00	23	12.0		
600.00	13	6.8		
900.00	3	1.6		
960.00	1	.5		
1200.00	2	1.0		
합계	168	87.5		

우리나라 미디어교육의 문제점

정부 부처나 관련 단체의 인식 및 지원이 부족하다.

응답항목	빈도	퍼센트	평균	표준편차
매우 그렇지 않다	5	2.6	5.18	1.39
상당히 그렇지 않다	3	1.6		
약간 그렇지 않다	9	4.7		
그저 그렇다	38	19.8		
약간 그렇다	53	27.6		
상당히 그렇다	48	25.0		
매우 그렇다	36	18.8		
합 계	192	100.0		

교사들의 인식 및 관심이 부족하다.

응답항목	빈도	퍼센트	평균	표준편차
매우 그렇지 않다	0	0	4.77	1.30
상당히 그렇지 않다	9	4.7		
약간 그렇지 않다	24	12.5		
그저 그렇다	44	22.9		
약간 그렇다	61	31.8		
상당히 그렇다	34	17.7		
매우 그렇다	20	10.4		
합 계	192	100.0		

학부모들의 인식 및 관심이 부족하다.

응답항목	빈도	퍼센트	평균	표준편차
매우 그렇지 않다	3	1.6	4.89	1.26
상당히 그렇지 않다	5	2.6		
약간 그렇지 않다	14	7.3		
그저 그렇다	47	24.5		
약간 그렇다	57	29.7		
상당히 그렇다	51	26.6		
매우 그렇다	15	7.8		
합 계	192	100.0		

미디어교육 전담교사가 부족하다.

응답항목	빈도	퍼센트	평균	표준편차
매우 그렇지 않다	2	1.0	5.05	1.33
상당히 그렇지 않다	6	3.1		
약간 그렇지 않다	12	6.3		
그저 그렇다	46	24.0		
약간 그렇다	47	24.5		
상당히 그렇다	52	27.1		
매우 그렇다	27	14.1		
합 계	192	100.0		

미디어교육 전담교사의 전문성이 부족하다.

응답항목	빈도	퍼센트	평균	표준편차
매우 그렇지 않다	2	1.0	4.95	1.33
상당히 그렇지 않다	6	3.1		
약간 그렇지 않다	15	7.8		
그저 그렇다	49	25.5		
약간 그렇다	49	25.5		
상당히 그렇다	47	24.5		
매우 그렇다	24	12.5		
합 계	192	100.0		

미디어교육에 대한 연수(교육)가 부족하다

응답항목	빈도	퍼센트	평균	표준편차
매우 그렇지 않다	3	1.6	4.90	1.24
상당히 그렇지 않다	3	1.6		
약간 그렇지 않다	15	7.8		
그저 그렇다	47	24.5		
약간 그렇다	64	33.3		
상당히 그렇다	42	21.9		
매우 그렇다	18	9.4		
합 계	192	100.0		

미디어교육을 수행할 교육기자재/설비/시설이 부족하다.

응답항목	빈도	퍼센트	평균	표준편차
매우 그렇지 않다	3	1.6	5.21	1.50
상당히 그렇지 않다	10	5.2		
약간 그렇지 않다	10	5.2		
그저 그렇다	36	18.8		
약간 그렇다	37	19.3		
상당히 그렇다	53	27.6		
매우 그렇다	43	22.4		
합 계	192	100.0		

미디어교육의 원리나 원칙이 분명하지 않다.

응답항목	빈도	퍼센트	평균	표준편차
매우 그렇지 않다	3	1.6	4.78	1.39
상당히 그렇지 않다	11	5.7		
약간 그렇지 않다	16	8.3		
그저 그렇다	45	23.4		
약간 그렇다	60	31.3		
상당히 그렇다	35	18.2		
매우 그렇다	22	11.5		
합 계	192	100.0		

미디어교육의 목표가 불명확하다.

응답항목	빈도	퍼센트	평균	표준편차
매우 그렇지 않다	4	2.1	4.71	1.41
상당히 그렇지 않다	11	5.7		
약간 그렇지 않다	20	10.4		
그저 그렇다	40	20.8		
약간 그렇다	63	32.8		
상당히 그렇다	35	18.2		
매우 그렇다	19	9.9		
합 계	192	100.0		

미디어에 대한 근본적인 이해가 부족하다.

응답항목	빈도	퍼센트	평균	표준편차
매우 그렇지 않다	1	.5	4.90	1.37
상당히 그렇지 않다	11	5.7		
약간 그렇지 않다	14	7.3		
그저 그렇다	46	24.0		
약간 그렇다	56	29.2		
상당히 그렇다	37	19.3		
매우 그렇다	27	14.1		
합 계	192	100.0		

미디어교육이 입시위주의 현행 교육제도와 연관성이 낮다.

응답항목	빈도	퍼센트	평균	표준편차
매우 그렇지 않다	4	2.1	5.04	1.52
상당히 그렇지 않다	8	4.2		
약간 그렇지 않다	16	8.3		
그저 그렇다	42	21.9		
약간 그렇다	40	20.8		
상당히 그렇다	42	21.9		
매우 그렇다	40	20.8		
합 계	192	100.0		

교사와 학생들 간에 미디어 정보 격차가 심각하다

응답항목	빈도	퍼센트	평균	표준편차
매우 그렇지 않다	2	1.0	4.78	1.39
상당히 그렇지 않다	9	4.7		
약간 그렇지 않다	23	12.0		
그저 그렇다	46	24.0		
약간 그렇다	51	26.6		
상당히 그렇다	38	19.8		
매우 그렇다	23	12.0		
합 계	192	100.0		

기타 문제점

기타 문제점	빈도	퍼센트	평균	표준편차
학생들의 관심부족(수동적 획일적 집중력 떨어짐등)	5	2.6	NA	NA
필요성불분명(현실성낮음)	2	1.0		
시설미비(설비, 인력)	1	.5		
기타(이해가 어려움 , 지겨움,이해정도 파악어려움)	1	.5		
교훈, 윤리적내용	1	.5		
비용	1	.5		
현행제도와 연관성 떨어짐	2	1.0		
합 계	13	6.8		

미디어교육의 문제점에 대한 개선 방안 및 해결책

정부로부터 미디어교육 담당 전문 교사 양성 및 지원

응답항목	빈도	퍼센트	평균	표준편차
매우 그렇지 않다	3	1.6	5.30	1.41
상당히 그렇지 않다	6	3.1		
약간 그렇지 않다	9	4.7		
그저 그렇다	32	16.7		
약간 그렇다	48	25.0		
상당히 그렇다	50	26.0		
매우 그렇다	44	22.9		
합 계	192	100.0		

정부로부터 재정적 예산 지원

응답항목	빈도	퍼센트	평균	표준편차
매우 그렇지 않다	2	1.0	5.34	1.37
상당히 그렇지 않다	9	4.7		
약간 그렇지 않다	5	2.6		
그저 그렇다	27	14.1		
약간 그렇다	54	28.1		
상당히 그렇다	53	27.6		
매우 그렇다	42	21.9		
합 계	192	100.0		

정부로부터 미디어교육 기자재/설비/시설 확충

응답항목	빈도	퍼센트	평균	표준편차
매우 그렇지 않다	3	1.6	5.51	1.43
상당히 그렇지 않다	5	2.6		
약간 그렇지 않다	7	3.6		
그저 그렇다	28	14.6		
약간 그렇다	44	22.9		
상당히 그렇다	44	22.9		
매우 그렇다	61	31.8		
합 계	192	100.0		

정부로부터 미디어교육 시청각 자료들을 공유할 수 있는 웹사이트의 개설 및 운영

응답항목	빈도	퍼센트	평균	표준편차
매우 그렇지 않다	2	1.0	5.29	1.37
상당히 그렇지 않다	4	2.1		
약간 그렇지 않다	10	5.2		
그저 그렇다	42	21.9		
약간 그렇다	40	20.8		
상당히 그렇다	51	26.6		
매우 그렇다	43	22.4		
합 계	192	100.0		

교육 정책을 담당하는 관료들의 미디어교육에 대한 인식 및 전문성 확보

응답항목	빈도	퍼센트	평균	표준편차
매우 그렇지 않다	3	1.6	5.31	1.39
상당히 그렇지 않다	4	2.1		
약간 그렇지 않다	11	5.7		
그저 그렇다	35	18.2		
약간 그렇다	42	21.9		
상당히 그렇다	54	28.1		
매우 그렇다	43	22.4		
합 계	192	100.0		

미디어교육 과목의 정규교과목화(성적에 반영)

응답항목	빈도	퍼센트	평균	표준편차
매우 그렇지 않다	12	6.3	4.26	1.56
상당히 그렇지 않다	16	8.3		
약간 그렇지 않다	28	14.6		
그저 그렇다	42	21.9		
약간 그렇다	55	28.6		
상당히 그렇다	26	13.5		
매우 그렇다	13	6.8		
합 계	192	100.0		

미디어교육 수업시간의 확대

응답항목	빈도	퍼센트	평균	표준편차
매우 그렇지 않다	5	2.6	4.69	1.32
상당히 그렇지 않다	5	2.6		
약간 그렇지 않다	22	11.5		
그저 그렇다	45	23.4		
약간 그렇다	63	32.8		
상당히 그렇다	39	20.3		
매우 그렇다	13	6.8		
합 계	192	100.0		

학부모들의 적극적인 참여 및 자원 봉사의 확대

응답항목	빈도	퍼센트	평균	표준편차
매우 그렇지 않다	3	1.6	4.64	1.31
상당히 그렇지 않다	11	5.7		
약간 그렇지 않다	16	8.3		
그저 그렇다	53	27.6		
약간 그렇다	63	32.8		
상당히 그렇다	31	16.1		
매우 그렇다	15	7.8		
합 계	192	100.0		

학부모들을 위한 미디어교육 연수 프로그램의 개발 및 활성화

응답항목	빈도	퍼센트	평균	표준편차
매우 그렇지 않다	2	1.0	4.84	1.32
상당히 그렇지 않다	7	3.6		
약간 그렇지 않다	21	10.9		
그저 그렇다	41	21.4		
약간 그렇다	62	32.3		
상당히 그렇다	38	19.8		
매우 그렇다	21	10.9		
합 계	192	100.0		

미디어교육 단체나 기관으로부터의 국내/외 교사들을 위한 미디어교육 연수의 확대

응답항목	빈도	퍼센트	평균	표준편차
매우 그렇지 않다	1	.5	5.08	1.20
상당히 그렇지 않다	3	1.6		
약간 그렇지 않다	15	7.8		
그저 그렇다	35	18.2		
약간 그렇다	67	34.9		
상당히 그렇다	48	25.0		
매우 그렇다	23	12.0		
합 계	192	100.0		

미디어교육 단체나 기관으로부터의 교사를 위한 뉴미디어 테크놀러지 교육의 확대

응답항목	빈도	퍼센트	평균	표준편차
매우 그렇지 않다	2	1.0	5.16	1.26
상당히 그렇지 않다	3	1.6		
약간 그렇지 않다	13	6.8		
그저 그렇다	37	19.3		
약간 그렇다	50	26.0		
상당히 그렇다	63	32.8		
매우 그렇다	24	12.5		
합 계	192	100.0		

미디어교육을 지원할 지역 미디어 센터의 설립과 적극적인 활용

응답항목	빈도	퍼센트	평균	표준편차
매우 그렇지 않다	2	1.0	5.16	1.21
상당히 그렇지 않다	1	.5		
약간 그렇지 않다	11	5.7		
그저 그렇다	42	21.9		
약간 그렇다	56	29.2		
상당히 그렇다	54	28.1		
매우 그렇다	26	13.5		
합 계	192	100.0		

대학의 미디어교육 전문가 양성학과 구축

응답항목	빈도	퍼센트	평균	표준편차
매우 그렇지 않다	1	.5	5.18	1.23
상당히 그렇지 않다	1	.5		
약간 그렇지 않다	13	6.8		
그저 그렇다	44	22.9		
약간 그렇다	52	27.1		
상당히 그렇다	50	26.0		
매우 그렇다	31	16.1		
합 계	192	100.0		

미디어교육 단체들의 네트워크의 활성화를 통한 교류의 확대

응답항목	빈도	퍼센트	평균	표준편차
매우 그렇지 않다	2	1.0	5.28	1.28
상당히 그렇지 않다	2	1.0		
약간 그렇지 않다	9	4.7		
그저 그렇다	42	21.9		
약간 그렇다	44	22.9		
상당히 그렇다	58	30.2		
매우 그렇다	35	18.2		
합 계	192	100.0		

타 지역 미디어교육 학부모 모임과의 교류를 통한 정보 교환의 확대

응답항목	빈도	퍼센트	평균	표준편차
매우 그렇지 않다	2	1.0	4.96	1.39
상당히 그렇지 않다	7	3.6		
약간 그렇지 않다	18	9.4		
그저 그렇다	43	22.4		
약간 그렇다	51	26.6		
상당히 그렇다	42	21.9		
매우 그렇다	29	15.1		
합 계	192	100.0		

미디어교육의 미래

앞으로 교육현장에서 미디어교육은 활성화될 것이다.

응답항목	빈도	퍼센트	평균	표준편차
매우 그렇지 않다	3	1.6	5.24	1.35
상당히 그렇지 않다	4	2.1		
약간 그렇지 않다	10	5.2		
그저 그렇다	34	17.7		
약간 그렇다	54	28.1		
상당히 그렇다	49	25.5		
매우 그렇다	38	19.8		
합 계	192	100.0		

향후 미디어교육의 중요성이 더욱 부각될 것이다.

응답항목	빈도	퍼센트	평균	표준편차
매우 그렇지 않다	2	1.0	5.20	1.34
상당히 그렇지 않다	2	1.0		
약간 그렇지 않다	16	8.3		
그저 그렇다	38	19.8		
약간 그렇다	49	25.5		
상당히 그렇다	47	24.5		
매우 그렇다	38	19.8		
합 계	192	100.0		

장래에 미디어교육은 제도화(정규교과목화)되어야 한다.

응답항목	빈도	퍼센트	평균	표준편차
매우 그렇지 않다	7	3.6	4.74	1.54
상당히 그렇지 않다	10	5.2		
약간 그렇지 않다	17	8.9		
그저 그렇다	48	25.0		
약간 그렇다	48	25.0		
상당히 그렇다	34	17.7		
매우 그렇다	28	14.6		
합 계	192	100.0		

미디어 교육에 대한 인지도, 전문성, 만족도, 유용성

선생님께서는 미디어교육에 대한 지식이나 정보가 있다.

응답항목	빈도	퍼센트	평균	표준편차
매우 그렇지 않다	10	5.2	3.97	1.46
상당히 그렇지 않다	26	13.5		
약간 그렇지 않다	28	14.6		
그저 그렇다	58	30.2		
약간 그렇다	40	20.8		
상당히 그렇다	25	13.0		
매우 그렇다	5	2.6		
합 계	192	100.0		

선생님께서는 미디어교육에 대한 이해가 풍부한 편이다.

응답항목	빈도	퍼센트	평균	표준편차
매우 그렇지 않다	9	4.7	3.71	1.31
상당히 그렇지 않다	28	14.6		
약간 그렇지 않다	42	21.9		
그저 그렇다	61	31.8		
약간 그렇다	35	18.2		
상당히 그렇다	16	8.3		
매우 그렇다	1	.5		
합 계	192	100.0		

선생님께서는 미디어 전반에 대한 이해가 풍부한 편이다.

응답항목	빈도	퍼센트	평균	표준편차
매우 그렇지 않다	12	6.3	3.77	1.36
상당히 그렇지 않다	23	12.0		
약간 그렇지 않다	40	20.8		
그저 그렇다	61	31.8		
약간 그렇다	38	19.8		
상당히 그렇다	15	7.8		
매우 그렇다	3	1.6		
합 계	192	100.0		

선생님께서는 미디어교육이 필요하다고 생각한다.

응답항목	빈도	퍼센트	평균	표준편차
매우 그렇지 않다	2	1.0	5.13	1.20
상당히 그렇지 않다	4	2.1		
약간 그렇지 않다	9	4.7		
그저 그렇다	37	19.3		
약간 그렇다	60	31.3		
상당히 그렇다	61	31.8		
매우 그렇다	19	9.9		
합 계	192	100.0		

선생님께서는 현재 시행중인 미디어교육에 만족하고 있다.

응답항목	빈도	퍼센트	평균	표준편차
매우 그렇지 않다	10	5.2	3.79	1.29
상당히 그렇지 않다	18	9.4		
약간 그렇지 않다	43	22.4		
그저 그렇다	72	37.5		
약간 그렇다	34	17.7		
상당히 그렇다	10	5.2		
매우 그렇다	5	2.6		
합 계	192	100.0		

선생님께서는 현재 학교의 미디어교육을 위한 기자재/시설/설비에 만족하고 있다.

응답항목	빈도	퍼센트	평균	표준편차
매우 그렇지 않다	15	7.8	3.71	1.40
상당히 그렇지 않다	19	9.9		
약간 그렇지 않다	45	23.4		
그저 그렇다	64	33.3		
약간 그렇다	31	16.1		
상당히 그렇다	12	6.3		
매우 그렇다	6	3.1		
합 계	192	100.0		

미디어교육이 학생들의 학습능력 향상에 도움이 될 것이다.

응답항목	빈도	퍼센트	평균	표준편차
매우 그렇지 않다	6	3.1	4.90	1.31
상당히 그렇지 않다	7	3.6		
약간 그렇지 않다	7	3.6		
그저 그렇다	38	19.8		
약간 그렇다	71	37.0		
상당히 그렇다	49	25.5		
매우 그렇다	14	7.3		
합 계	192	100.0		

미디어교육은 학생들의 건전한 인성 확립에 도움이 될 것이다.

응답항목	빈도	퍼센트	평균	표준편차
매우 그렇지 않다	6	3.1	4.85	1.39
상당히 그렇지 않다	9	4.7		
약간 그렇지 않다	11	5.7		
그저 그렇다	37	19.3		
약간 그렇다	64	33.3		
상당히 그렇다	49	25.5		
매우 그렇다	16	8.3		
합 계	192	100.0		

미디어교육이 학생들의 폭 넓은 문화/교양/사회화 능력의 향상에 도움이 될 것이다.

응답항목	빈도	퍼센트	평균	표준편차
매우 그렇지 않다	6	3.1	5.276	1.35
상당히 그렇지 않다	1	.5		
약간 그렇지 않다	10	5.2		
그저 그렇다	28	14.6		
약간 그렇다	55	28.6		
상당히 그렇다	60	31.3		
매우 그렇다	32	16.7		
합 계	192	100.0		

미디어교육은 직업 세계의 이해, 진로의식 등 학생들의 진로활동에 도움이 될 것이다.

응답항목	빈도	퍼센트	평균	표준편차
매우 그렇지 않다	5	2.6	5.18	1.42
상당히 그렇지 않다	5	2.6		
약간 그렇지 않다	10	5.2		
그저 그렇다	34	17.7		
약간 그렇다	50	26.0		
상당히 그렇다	53	27.6		
매우 그렇다	35	18.2		
합 계	192	100.0		

기타 유용성

기타 유용성	빈도	퍼센트	평균	표준편차
흥미유발	1	.5	NA	NA
실생활에 유용	1	.5		
기타(정보격차 해소등)	2	1.0		
예술적 감각발달(문화교양)	2	1.0		
다양성(기회제공)	1	.5		
합 계	7	3.6		

미디어교육 학생대상 결과

미디어교육과 관련하여 배우고 싶은 내용(들)

미디어 콘텐츠 제작 교육(영상물, 광고물, 홈페이지 제작 및 신문기사작성)

응답항목	빈도	퍼센트	평균	표준편차
매우 그렇지 않다	12	6.2	4.65	1.46
상당히 그렇지 않다	8	4.1		
약간 그렇지 않다	7	3.6		
그저 그렇다	47	24.4		
약간 그렇다	69	35.8		
상당히 그렇다	35	18.1		
매우 그렇다	15	7.8		
합 계	193	100.0		

미디어의 교육적 도구로서 활용 교육(교육을 위한 시청각교재)

응답항목	빈도	퍼센트	평균	표준편차
매우 그렇지 않다	5	2.6	4.60	1.38
상당히 그렇지 않다	12	6.2		
약간 그렇지 않다	17	8.8		
그저 그렇다	51	26.4		
약간 그렇다	58	30.1		
상당히 그렇다	36	18.7		
매우 그렇다	14	7.3		
합 계	193	100.0		

미디어 콘텐츠의 이해 교육(미디어 메시지 분석, 해석, 비평, 평가, 이해)

응답항목	빈도	퍼센트	평균	표준편차
매우 그렇지 않다	7	3.6	4.25	1.34
상당히 그렇지 않다	11	5.7		
약간 그렇지 않다	32	16.6		
그저 그렇다	60	31.1		
약간 그렇다	51	26.4		
상당히 그렇다	24	12.4		
매우 그렇다	8	4.1		
합 계	193	100.0		

미디어의 특성 이해 교육(특징, 기능, 구조 및 영향력)

응답항목	빈도	퍼센트	평균	표준편차
매우 그렇지 않다	4	2.1	4.19	1.31
상당히 그렇지 않다	14	7.3		
약간 그렇지 않다	39	20.2		
그저 그렇다	57	29.5		
약간 그렇다	49	25.4		
상당히 그렇다	23	11.9		
매우 그렇다	7	3.6		
합 계	193	100.0		

인터넷, 게임, 뉴커뮤니케이션 테크놀러지 및 사이버사회에 대한 이해 교육

응답항목	빈도	퍼센트	평균	표준편차
매우 그렇지 않다	1	.5	5.17	1.38
상당히 그렇지 않다	6	3.1		
약간 그렇지 않다	17	8.8		
그저 그렇다	32	16.6		
약간 그렇다	57	29.5		
상당히 그렇다	40	20.7		
매우 그렇다	40	20.7		
합 계	193	100.0		

미디어 윤리 교육(미디어의 병폐, 문제점, 부작용, 역기능, 악영향과 그 대책)

응답항목	빈도	퍼센트	평균	표준편차
매우 그렇지 않다	3	1.6	4.48	1.36
상당히 그렇지 않다	10	5.2		
약간 그렇지 않다	31	16.1		
그저 그렇다	57	29.5		
약간 그렇다	45	23.3		
상당히 그렇다	33	17.1		
매우 그렇다	14	7.3		
합 계	193	100.0		

스피치와 토론 교육

응답항목	빈도	퍼센트	평균	표준편차
매우 그렇지 않다	12	6.2	4.11	1.52
상당히 그렇지 않다	17	8.8		
약간 그렇지 않다	34	17.6		
그저 그렇다	49	25.4		
약간 그렇다	46	23.8		
상당히 그렇다	25	13.0		
매우 그렇다	10	5.2		
합 계	193	100.0		

기타 배우고 싶은 것

기타 배우고 싶은 것	빈도	퍼센트	평균	표준편차
예능(음악 무용)	8	4.1	NA	NA
미디어(미래 미디어등)	2	1.0		
야외수업(체험학습)	1	.5		
컴퓨터(동영상 인터넷 사이버사회등)	13	6.7		
기타(미래사회 모습 성 게임등)	8	4.1		
합 계	32	16.6		

바람직한 미디어교육내용

기타 배우고 싶은 것	빈도	퍼센트	평균	표준편차
보조역할	3	1.6	NA	NA
학습에 도움 되는 쪽	15	7.8		
토론 발표	2	1.0		
진루	2	1.0		
창의성	4	2.1		
윤리	5	2.6		
실생활에 유용한 것	8	4.1		
기타	23	11.9		
합 계	62	32.1		

바람직한 미디어교육 방식

교사 주도의 강의식 수업

응답항목	빈도	퍼센트	평균	표준편차
매우 그렇지 않다	18	9.3	3.84	1.59
상당히 그렇지 않다	25	13.0		
약간 그렇지 않다	35	18.1		
그저 그렇다	41	21.2		
약간 그렇다	50	25.9		
상당히 그렇다	14	7.3		
매우 그렇다	10	5.2		
합 계	193	100.0		

학생들이 주도하며 교사는 사회자 역할만을 수행하는 토론식 수업

응답항목	빈도	퍼센트	평균	표준편차
매우 그렇지 않다	6	3.1	4.56	1.48
상당히 그렇지 않다	11	5.7		
약간 그렇지 않다	26	13.5		
그저 그렇다	50	25.9		
약간 그렇다	44	22.8		
상당히 그렇다	38	19.7		
매우 그렇다	18	9.3		
합 계	193	100.0		

학생들의 참여를 유도하는 질문식 수업

응답항목	빈도	퍼센트	평균	표준편차
매우 그렇지 않다	8	4.1	4.74	1.42
상당히 그렇지 않다	8	4.1		
약간 그렇지 않다	14	7.3		
그저 그렇다	40	20.7		
약간 그렇다	66	34.2		
상당히 그렇다	41	21.2		
매우 그렇다	16	8.3		
합 계	193	100.0		

제작 및 실습 수업

응답항목	빈도	퍼센트	평균	표준편차
매우 그렇지 않다	4	2.1	5.61	1.30
상당히 그렇지 않다	0	0		
약간 그렇지 않다	10	5.2		
그저 그렇다	16	8.3		
약간 그렇다	46	23.8		
상당히 그렇다	64	33.2		
매우 그렇다	53	27.5		
합 계	193	100.0		

사례 조사 및 발표 수업

응답항목	빈도	퍼센트	평균	표준편차
매우 그렇지 않다	8	4.1	4.29	1.49
상당히 그렇지 않다	17	8.8		
약간 그렇지 않다	27	14.0		
그저 그렇다	53	27.5		
약간 그렇다	52	26.9		
상당히 그렇다	20	10.4		
매우 그렇다	16	8.3		
합 계	193	100.0		

시청각 교재를 활용한 수업(NIE 및 모니터링 포함)

응답항목	빈도	퍼센트	평균	표준편차
매우 그렇지 않다	4	2.1	4.82	1.32
상당히 그렇지 않다	6	3.1		
약간 그렇지 않다	10	5.2		
그저 그렇다	57	29.5		
약간 그렇다	62	32.1		
상당히 그렇다	31	16.1		
매우 그렇다	23	11.9		
합 계	193	100.0		

연극 및 공연 중심 수업

응답항목	빈도	퍼센트	평균	표준편차
매우 그렇지 않다	10	5.2	4.61	1.61
상당히 그렇지 않다	9	4.7		
약간 그렇지 않다	28	14.5		
그저 그렇다	39	20.2		
약간 그렇다	47	24.4		
상당히 그렇다	34	17.6		
매우 그렇다	26	13.5		
합 계	193	100.0		

기타 수업 방법

기타 수업 방법	빈도	퍼센트	평균	표준편차
현장탐방(실습)	1	.5	NA	NA
영상물 교육(인터넷, TV활용)	4	2.1		
취미 재량활동	1	.5		
토론을 통한 의견주장	2	1.0		
게임을 통한 참여교육	2	1.0		
창의적인 수업	1	.5		
흥미유발	2	1.0		
기타	3	1.6		
합 계	16	8.3		

미디어교육의 현황

미디어교육의 실행 형태

미디어교육의 실행 형태	빈도	퍼센트	평균	표준편차
창의적 재량 활동	49	8.0	NA	NA
교과 내에서 교사의 재량수업	112	18.4		
특별활동(방송반, 신문반, 교지반 등)	40	6.6		
방과 후 특기적성교육	24	3.9		
통합교과(정규과목)	67	11.0		
기타	13	2.1		
합 계*	610	100		

*다중응답문항이므로 전체 N수 193이 넘음.

바람직한 미디어교육 형태

미디어교육의 실행 형태	빈도	퍼센트	평균	표준편차
창의적 재량 활동	24	20.9	NA	NA
교과 내에서 교사의 재량수업	26	22.6		
특별활동(방송반, 신문반, 교지반 등)	13	11.3		
방과 후 특기적성교육	12	10.4		
통합교과(정규과목)	24	20.9		
기타	16	13.9		
합 계*	115	100		

*무응답=78개

미디어교육의 문제점

교사들의 인식 및 관심이 부족하다.

응답항목	빈도	퍼센트	평균	표준편차
매우 그렇지 않다	8	4.1	4.07	1.44
상당히 그렇지 않다	19	9.8		
약간 그렇지 않다	39	20.2		
그저 그렇다	52	26.9		
약간 그렇다	44	22.8		
상당히 그렇다	22	11.4		
매우 그렇다	9	4.7		
합 계	193	100.0		

미디어교육 교사의 전문성이 부족하다.

응답항목	빈도	퍼센트	평균	표준편차
매우 그렇지 않다	7	3.6	4.30	1.52
상당히 그렇지 않다	19	9.8		
약간 그렇지 않다	33	17.1		
그저 그렇다	44	22.8		
약간 그렇다	43	22.3		
상당히 그렇다	35	18.1		
매우 그렇다	12	6.2		
합 계	193	100.0		

미디어교육을 수행할 교육기자재/설비/시설이 부족하다.

응답항목	빈도	퍼센트	평균	표준편차
매우 그렇지 않다	9	4.7	4.55	1.64
상당히 그렇지 않다	14	7.3		
약간 그렇지 않다	29	15.0		
그저 그렇다	38	19.7		
약간 그렇다	39	20.2		
상당히 그렇다	41	21.2		
매우 그렇다	23	11.9		
합 계	193	100.0		

미디어교육 수업이 정규화 되어있지 않다.

응답항목	빈도	퍼센트	평균	표준편차
매우 그렇지 않다	2	1.0	4.81	1.44
상당히 그렇지 않다	8	4.1		
약간 그렇지 않다	28	14.5		
그저 그렇다	43	22.3		
약간 그렇다	43	22.3		
상당히 그렇다	42	21.8		
매우 그렇다	26	13.5		
합 계	192	99.5		

미디어교육이 입시위주의 현행 교육제도와 연관성이 낮다.

응답항목	빈도	퍼센트	평균	표준편차
매우 그렇지 않다	3	1.6	4.60	1.45
상당히 그렇지 않다	11	5.7		
약간 그렇지 않다	28	14.5		
그저 그렇다	54	28.0		
약간 그렇다	42	21.8		
상당히 그렇다	32	16.6		
매우 그렇다	23	11.9		
합 계	193	100.0		

교사와 학생들 간의 미디어 정보 격차 문제가 심각하다.

응답항목	빈도	퍼센트	평균	표준편차
매우 그렇지 않다	7	3.6	4.14	1.46
상당히 그렇지 않다	19	9.8		
약간 그렇지 않다	36	18.7		
그저 그렇다	54	28.0		
약간 그렇다	45	23.3		
상당히 그렇다	19	9.8		
매우 그렇다	13	6.7		
합 계	193	100.0		

기타 문제점

기타 문제점	빈도	퍼센트	평균	표준편차
학생들의 관심부족(수동적 획일적 집중력 떨어짐 등)	3	1.6	NA	NA
교사들의 활용도 낮음	7	3.6		
시설미비(설비, 인력)	6	3.1		
기타(이해가 어려움, 지겨움, 이해정도 파악어려움)	7	3.6		
교훈, 윤리적 내용	1	.5		
합 계	24	12.4		

미디어교육의 문제점에 대한 개선 방안 및 해결책

미디어교육 담당 전문 교사 양성 및 지원

응답항목	빈도	퍼센트	평균	표준편차
매우 그렇지 않다	2	1.0	4.90	1.23
상당히 그렇지 않다	4	2.1		
약간 그렇지 않다	15	7.8		
그저 그렇다	45	23.3		
약간 그렇다	72	37.3		
상당히 그렇다	34	17.6		
매우 그렇다	21	10.9		
합 계	193	100.0		

미디어교육 기자재/설비/시설 확충

응답항목	빈도	퍼센트	평균	표준편차
매우 그렇지 않다	2	1.0	5.29	1.35
상당히 그렇지 않다	4	2.1		
약간 그렇지 않다	15	7.8		
그저 그렇다	26	13.5		
약간 그렇다	56	29.0		
상당히 그렇다	49	25.4		
매우 그렇다	41	21.2		
합 계	193	100.0		

미디어교육 시청각 자료들을 공유할 수 있는 웹사이트의 개설 및 운영

응답항목	빈도	퍼센트	평균	표준편차
매우 그렇지 않다	2	1.0	5.18	1.27
상당히 그렇지 않다	4	2.1		
약간 그렇지 않다	12	6.2		
그저 그렇다	36	18.7		
약간 그렇다	51	26.4		
상당히 그렇다	62	32.1		
매우 그렇다	26	13.5		
합 계	193	100.0		

미디어교육 과목의 정규교과목화(성적에 반영)

응답항목	빈도	퍼센트	평균	표준편차
매우 그렇지 않다	28	14.5	3.59	1.69
상당히 그렇지 않다	28	14.5		
약간 그렇지 않다	30	15.5		
그저 그렇다	55	28.5		
약간 그렇다	24	12.4		
상당히 그렇다	18	9.3		
매우 그렇다	10	5.2		
합 계	193	100.0		

미디어교육 수업시간의 확대

응답항목	빈도	퍼센트	평균	표준편차
매우 그렇지 않다	3	1.6	4.78	1.53
상당히 그렇지 않다	17	8.8		
약간 그렇지 않다	15	7.8		
그저 그렇다	46	23.8		
약간 그렇다	44	22.8		
상당히 그렇다	40	20.7		
매우 그렇다	28	14.5		
합 계	193	100.0		

미디어교육의 미래

앞으로 교육현장에서 미디어교육은 활성화될 것이다.

응답항목	빈도	퍼센트	평균	표준편차
매우 그렇지 않다	4	2.1	5.12	1.33
상당히 그렇지 않다	3	1.6		
약간 그렇지 않다	14	7.3		
그저 그렇다	33	17.1		
약간 그렇다	57	29.5		
상당히 그렇다	54	28.0		
매우 그렇다	28	14.5		
합 계	193	100.0		

향후 미디어교육의 중요성이 더욱 부각될 것이다.

응답항목	빈도	퍼센트	평균	표준편차
매우 그렇지 않다	3	1.6	5.12	1.29
상당히 그렇지 않다	4	2.1		
약간 그렇지 않다	15	7.8		
그저 그렇다	24	12.4		
약간 그렇다	71	36.8		
상당히 그렇다	50	25.9		
매우 그렇다	26	13.5		
합 계	193	100.0		

장래에 미디어교육은 제도화(정규교과목화)될 것이다.

응답항목	빈도	퍼센트	평균	표준편차
매우 그렇지 않다	8	4.1	4.56	1.46
상당히 그렇지 않다	10	5.2		
약간 그렇지 않다	20	10.4		
그저 그렇다	49	25.4		
약간 그렇다	56	29.0		
상당히 그렇다	33	17.1		
매우 그렇다	17	8.8		
합 계	193	100.0		

미디어 교육에 대한 인지도, 흥미도, 필요성, 만족도, 유용성

귀하는 미디어교육에 대한 지식이나 정보가 있다.

응답항목	빈도	퍼센트	평균	표준편차
매우 그렇지 않다	8	4.1	4.22	1.36
상당히 그렇지 않다	13	6.7		
약간 그렇지 않다	30	15.5		
그저 그렇다	58	30.1		
약간 그렇다	52	26.9		
상당히 그렇다	26	13.5		
매우 그렇다	6	3.1		
합 계	193	100.0		

귀하는 미디어교육에 흥미가 있다.

응답항목	빈도	퍼센트	평균	표준편차
매우 그렇지 않다	5	2.6	4.72	1.47
상당히 그렇지 않다	13	6.7		
약간 그렇지 않다	24	12.4		
그저 그렇다	25	13.0		
약간 그렇다	67	34.7		
상당히 그렇다	41	21.2		
매우 그렇다	18	9.3		
합 계	193	100.0		

귀하는 미디어교육이 필요하다고 생각한다.

응답항목	빈도	퍼센트	평균	표준편차
매우 그렇지 않다	4	4	4.89	1.32
상당히 그렇지 않다	7	7		
약간 그렇지 않다	11	11		
그저 그렇다	43	43		
약간 그렇다	67	67		
상당히 그렇다	41	41		
매우 그렇다	20	20		
합 계	193	100.0		

현재 학교의 미디어교육에 만족하고 있다.

응답항목	빈도	퍼센트	평균	표준편차
매우 그렇지 않다	14	7.3	3.65	1.33
상당히 그렇지 않다	20	10.4		
약간 그렇지 않다	49	25.4		
그저 그렇다	66	34.2		
약간 그렇다	28	14.5		
상당히 그렇다	13	6.7		
매우 그렇다	3	1.6		
합 계	193	100.0		

현재 학교의 미디어교육을 위한 기자재/시설/설비에 만족하고 있다.

응답항목	빈도	퍼센트	평균	표준편차
매우 그렇지 않다	20	10.4	3.58	1.43
상당히 그렇지 않다	23	11.9		
약간 그렇지 않다	44	22.8		
그저 그렇다	55	28.5		
약간 그렇다	38	19.7		
상당히 그렇다	9	4.7		
매우 그렇다	4	2.1		
합 계	193	100.0		

미디어교육이 학생들의 학습능력 향상에 도움이 된다.

응답항목	빈도	퍼센트	평균	표준편차
매우 그렇지 않다	6	3.1	4.50	1.34
상당히 그렇지 않다	8	4.1		
약간 그렇지 않다	27	14.0		
그저 그렇다	49	25.4		
약간 그렇다	57	29.5		
상당히 그렇다	38	19.7		
매우 그렇다	8	4.1		
합 계	193	100.0		

미디어교육은 학생들의 건전한 인성 확립에 도움이 된다.

응답항목	빈도	퍼센트	평균	표준편차
매우 그렇지 않다	3	1.6	4.46	1.22
상당히 그렇지 않다	9	4.7		
약간 그렇지 않다	24	12.4		
그저 그렇다	63	32.6		
약간 그렇다	54	28.0		
상당히 그렇다	35	18.1		
매우 그렇다	5	2.6		
합 계	193	100.0		

미디어교육이 학생들의 폭 넓은 문화/교양/사회화 능력의 향상에 도움이 된다.

응답항목	빈도	퍼센트	평균	표준편차
매우 그렇지 않다	3	1.6	4.93	1.31
상당히 그렇지 않다	9	4.7		
약간 그렇지 않다	11	5.7		
그저 그렇다	40	20.7		
약간 그렇다	59	30.6		
상당히 그렇다	55	28.5		
매우 그렇다	16	8.3		
합 계	193	100.0		

미디어교육은 직업 세계의 이해, 진로의식 등 학생들의 진로활동에 도움이 된다.

응답항목	빈도	퍼센트	평균	표준편차
매우 그렇지 않다	2	1.0	4.98	1.32
상당히 그렇지 않다	5	2.6		
약간 그렇지 않다	17	8.8		
그저 그렇다	42	21.8		
약간 그렇다	56	29.0		
상당히 그렇다	46	23.8		
매우 그렇다	25	13.0		
합 계	193	100.0		

기타 유용성

기타 유용성	빈도	퍼센트	평균	표준편차
흥미유발	8	4.1	NA	NA
이해쉬움(기억용이)	3	1.6		
기타(정보격차 해소등)	2	1.0		
다양성(기회제공)	1	.5		
합 계	14	7.3		

【찾아보기】

저자 약력

주형일_ 서울대학교 신문학과 졸업
프랑스 파리 5대학교 사회학 석사, 박사
영남대학교 언론정보학과 부교수

강길호_ 서울대학교 신문학과 졸업
서울대학교 신문학 석사
미국 미시간주립대학교 언론학 박사
영남대학교 언론정보학과 교수

김경아_ 영남대학교 아동학과 졸업
영남대학교 교육학 석사
영남대학교 교육학 박사
영남대학교 국어생활상담연구센터 연구교수

서용순_ 성균관대학교 졸업
프랑스 파리 10대학교 철학 석사
프랑스 파리 8대학교 철학 박사
세종대학교 교양학부 초빙교수

홍종배_ 계명대학교 신문방송학과 졸업
계명대학교 신문방송학 석사
미국 Murray State University 언론학 석사
미국 Southern Illinois University 언론학 박사
성균관대학교 미디어문화콘텐츠연구소 책임연구원

미디어교육의 원리와 방법

초판 인쇄 2008년 6월 5일 | **초판 발행** 2008년 6월 15일

지은이 주형일 강길호 김경아 서용순 홍종배 | **펴낸이** 우동기
펴낸곳 영남대학교출판부 | **디자인** GukjeAD

출판등록 1975년 9월 5일 경산 제16-1호 | **주소** 경북 경산시 대동 214-1
전화 053) 810-1801~3 | **FAX** 053) 810-4722 | **홈페이지** book.yu.ac.kr

ISBN 978-89-7581-350-4 93020

• 값은 표지 뒷면에 있습니다.
• 잘못 만들어진 책은 바꾸어 드립니다.